소통과 혁신의 리더십

3선 시장·군수·구청장에게 듣는다

이재은·윤석인 엮음
대한민국시장·군수·구청장협의회 기획

소통과 혁신의 리더십
3선 시장·군수·구청장에게 듣는다

초판 1쇄 인쇄 2022년 7월 22일
초판 1쇄 발행 2022년 7월 29일

엮은이 이재은·윤석인
기획 대한민국시장·군수·구청장협의회

펴낸이 홍석 | **이사** 홍성우 | **진행** 온현정
인문편집팀장 박월 | **편집** 박주혜 | **표지·본문 디자인** 박정미
마케팅 이송희·이가은·한유리 | **관리** 최우리·김정선·정원경·홍보람·조영행·김지혜

펴낸곳 도서출판 풀빛 | **등록** 1979년 3월 6일 제2021-000055호
주소 07547 서울시 강서구 양천로 583 우림블루나인 A동 21층 2110호
전화 02-363-5995(영업), 02-364-0844(편집) | **팩스** 070-4275-0445
홈페이지 www.pulbit.co.kr | **전자우편** inmun@pulbit.co.kr

ⓒ 대한민국시장·군수·구청장협의회, 2022

ISBN 979-11-6172-844-5 03300

소통과 혁신의 리더십

3선 시장·군수·구청장에게 듣는다

이재은·윤석인 엮음
대한민국시장·군수·구청장협의회 기획

풀빛

곽상욱
(오산시장, 대한민국시장·군수·구청장협의회 대표회장)

제가 민선 5·6·7기(2010. 7. 1. ~ 2022. 6. 30.) 3선 연임하고 퇴임하시는 시장·군수·구청장들을 만난 건 2022년 1월 마지막 주 즈음이었을 겁니다. 충북 영동군에 있는 한 연수원에서 12년 동안 주민과 지역발전을 위해 밤낮없이 수고하신 3선 시장·군수·구청장들을 위로하고, 저도 3선 시장이자 '대한민국시장·군수·구청장협의회' 대표회장으로서 그동안 도와주신 것에 감사 겸 작별의 인사를 드리고자 조촐한 자리를 마련했습니다.

이런저런 많은 얘기가 오가다가 "현장에서 3선 시장·군수·구청장의 12년 경험은 매우 귀중한 자산이며 임기 만료로 사장되어 버린다면 큰 손실이다. 3선으로 퇴임하는 시장·군수·구청장들의 경험과 노하우를 잘 정리해서 후배들이 참고하게 하고, 궁극적으로 주민의 삶을 더욱 풍요롭게 하고 지역을 발전시키는 데 작은 보탬이 되게 하자"라는 이야기가 있었습니다.

그래서 협의회는 3선으로 퇴임하는 30명의 시장·군수·구청장 중 28명을 만나 인터뷰를 진행했습니다. 지방정부의 장으로 출마한 계기, 지역사회에서 이루고 싶었던 가치나 꿈, 재임 기간의 역점사업과 성과, 아쉬웠던 일, 힘들었던 일, 후임 시장·군수·구청장에게 당부하고 싶은 말 등을 묻고, 3선의 노하우와 비법(?)도 들었습니다.

시장·군수·구청장을 주민의 손으로 직접 뽑는 민선 지방자치가 1995년에 시작되고 어느덧 민선 7기를 지나 민선 8기를 맞이하고 있습니다. 민선 1기에서 4기가 '관선시대'를 벗어나기 위해 몸부림친 지방자치 '태동기'를 거쳐 청사를 새로 짓고 도로 깔고 다리 놓는 등 '하드웨어의 시대'였다면, 민선 5·6·7기는 이를 바탕으로 현장에서 주민의 더 나은 삶을 위한, 좀 더 촘촘하고 디테일한 정책과 사업들을 추진한 '소프트웨어의 시대'였다고 생각합니다.

특히 2020년 「지방자치법」 전부개정안이 통과되면서 '주민참여'와 '주민중심'의 지방자치 시대로 획기적인 변화의 계기를 맞이했습니다. 이번 인터뷰에서도 '주민과의 소통', '주민참여와 거버넌스'가 가장 중요한 키워드로 떠올랐습니다. 즉 "현장에서의 행정방식은 옛날과는 완전히 다르다. 과거에는 관이 주도했다면 지금은 주민소통이나 거버넌스 없이는 어떤 일도 추진할 수 없고 한 발짝도 뗄 수 없다"는 게 공통된 의견이었습니다.

다가오는 민선 8기 지방자치의 모습은 어떨까요? 아마도 '소통과 혁신'의 시대가 될 것입니다. 전국 228명(제주·서귀포시장 포함)의 시장·군수·구청장 모두 끊임없이 주민과 소통하고, 혁신과 변화를 이루어 성공한 리더십으로 남기를 진심으로 바라며, 아무쪼록 이 책이 조금이라도 보탬이 되길 기대합니다. 감사합니다.

차 례

민선 3선 시장·군수·구청장 인터뷰

민선 8기 지방자치 발전의 과제와 방향
3선 단체장의 경험에서 배운다

이재은

지방자치의 새로운 패러다임?

2022년 한국 지방자치는 새로운 단계로 들어선다. 2020년 12월 9일 「지방자치법」 전부개정법률안이 국회 본회의를 통과하고 2021년 1월 12일 공포되었다. 공포일로부터 1년이 경과한 2022년 1월 13일부터 개정법률안은 효력이 발효되었다. 1987년 헌법에서 지방자치를 제한했던 옛 부칙 조항이 제거되고, 1988년 전부개정되었던 「지방자치법」이 32년 만에 다시 전면 개정된 것이다. 또 2022년은 대통령선거를 실시하는 해인 동시에 전국동시지방선거가 있는 해인데, 대선 결과는 정권이 교체되었으며, 지방선거도 새로운 여당이 압도적으로 승리했다. 바야흐로 민선 8기 지방자치가 어떻게 전개될지 주목된다.

「지방자치법」 전부개정에 대해 대통령소속 자치분권위원회는 지방자치 1.0 시대에서 지방자치2.0 시대로의 전환을 의미한다고 자평한다. 지방자치 복원을 통해 민주주의의 회복을 목표로 했던 지난 30년이 지방자치1.0 시대라면 실질적 자치분권을 통해 주민이 진정한 주민자치의 주인이 되는 시대를 지방자치2.0 시대라고 설명한다. 또 이제까지의 중앙정부-지방정부 간 관계는 강력한 중앙집권체제로서 중앙정부가 자치단체를 지도·감독하는 수직적 지배·종속관계였다면, 지방자치2.0 시대는 유연한 자치분권 체제로서 중앙-지방정부가 수평적 대등·협력관계로 바뀔 것이라고 기대한다.

행정안전부도 「지방자치법」 전부개정으로 '보충성 원칙(subsidiarity principle)'을 사무배분 원칙으로 규정하고, 주민자치 원리를 명시하여, 단체중심 제도자치로부터 주민중심 생활자치로 전환하려는 것이라고 설명한다. 그러나 정부의 설명대로 「지방자치법」 전부개정이 가져올 제도적 변화가 지난 30년과는 확연히 구분되는 패러다임의 변화를 가져올 수 있을지는 더 지켜볼 필요가 있다.

「지방자치법」 전부개정이 이루어지기까지 지방에서는 다양한 자치분권 운동이 전개되었다. 1961년 군사정변으로 해산된 지방의회가 1991년에 복원되고, 단체장 직선도 1995년에 복원되어 외형상 지방자치가 온전하게 복원된 것처럼 보였다. 그러나 민선 단체장 1-2기를 거치며 지방자치는 제도적 형식만 있을 뿐, 실제로 시장·군수·구청장은 중앙정부 또는 광역자치단체의 지역출장소장에 불과하다는 인식이 공유되었다. 권한도 재원도 자치행정의 자율성을 발휘할 수 없을 정도로 아주 제한적으로 작동하고 있었다. 2000년 무렵에 지방분권운동이 전국적으로 조직되기 시작한 이유이다.

2002년 대통령선거에서 여야 세 후보가 모두 지방분권개혁에 동의했고, 노무현 정부에서 대통령소속 정부혁신지방분권위원회가 출범하며 본격적으로 지방분권개혁이 추진되었다. 이후 모든 정부가 형식적으로 대통령소속 위원회를 유지했고, 문재인 정부는 지방분권을 자치분권으로 고쳐 부르며 적극적인 개혁을 추진했다. '연방제에 버금가는 자치분권공화국'을 구호로 자치분권형 개헌안까지 국회에 제출했으나 제대로 된 논의도 없이 개헌안은 사장되었다. 하지만 지방분권 법령 사전협의제 도입, 「지방이양일괄법」과 2단계에 걸친 재정분권개혁, 자치경찰제 도입 등 굵직한 개혁을 추진했고, 「지방자치법」 전부개정으로 결실을 맺었다. 민선 8기는 전부개정된

「지방자치법」이 발효하는 해에 출범하며, 그 발전을 책임지게 된다.

3선 연임 단체장의 자치행정 경험은 중요한 지적 자산

지난 20년 동안 자치분권운동과 자치분권개혁이 전개되었다면 지방자치 현장에서는 실질적으로 어떤 변화가 나타나고 있었을까? 이러한 질문에 답을 찾고자 2022년 6월 30일에 임기가 끝나는 시장·군수·구청장 중 3선 연임한 30명에게 진솔한 의견을 듣고자 설문지 인터뷰와 대면 인터뷰를 진행했다. 진행은 필자와 대한민국시장·군수·구청장협의회의 윤석인 사무총장과 전문위원들이 수행했다. 설문지 응답과 대면 인터뷰의 내용은 별도의 지면으로 상세히 소개하겠지만, 필자는 전체적인 조사결과를 바탕으로 그동안 학계나 시민사회에서 제기해온 문제점과 3선 단체장들이 체험해온 현실의 문제점을 대비하면서 민선 8기 지방자치의 바람직한 방향을 모색해보고자 한다.

주지하는 대로 민선 5·6·7기는 민선 4기까지와 달리 지방자치 현장에서 커다란 변화가 나타난 기간이다. 따라서 어려운 지방선거에서 12년간 3선에 성공할 수 있었던 시장·군수·구청장의 지방자치와 지방행정에 대한 경험과 지적 자산은 매우 소중하다. 이들의 경험과 지적 자산을 공유하여 민선 8기를 맞이하는 단체장들에게 좋은 지적 경험의 기회를 제공하는 것이 이번 인터뷰의 주요 목적이다.

민선 5·6·7기는 지방자치의 변곡점

그동안 학계와 시민사회는 지방자치 복원 이후 10년마다 지난 10년간 지방자치가 이룬 성과와 문제점을 조명하고 종합적인 평가를 하여 이후 한국 지방자치의 바람직한 방향성을 모색해왔다. 2010년을 전후해서도 지방자치 복원 20년을 평가하는 많은 발표와 토론이 진행되었다. 여기에서 논의된 주요한 결과를 살펴보면, 좋은 성과보다는 문제점을 지적하는 견해가 더 많았다. 우선 지방자치의 좋은 성과로 주민밀착형 서비스 행정의 실현, 자율적·창의적 지역발전정책, 지방의회를 통한 민주주의 훈련과 절차적 민주주의 전개, 주민 참여를 통한 아래로부터의 민주주의 태동 등을 꼽았다.

반면, 지방자치가 안고 있는 문제점으로는 부정부패와 자치역량 미흡, 주민의 관심 부족과 낮은 참여율, 선심성 전시행정의 만연, 지역 이기주의, 비정상적인 선거 관행, 중앙-지방 간 권한 및 재원의 불균형, 지역 기득권 구도의 강화, 지역정치의 부재와 중앙예속, 강력한 중앙통제, 지방자치 관련 제도의 미비, 지방의회의 전문성과 책임성 부족, 주민에 대한 책임성 부족, 정당공천제의 파행 및 지방의회의 인사조직권 미약 등이 지적되었다.

즉 민선 5기가 시작하는 시점에서의 지방자치에 대한 종합적 평가는 법·제도적으로 지방자치권이 제약되어 무늬만 지방자치였지 풀뿌리 민주주의가 뿌리내리지 못했다는 것이었다. 노무현 정부에서 시작된 지방분권개혁이 이명박 정부와 박근혜 정부에 이르기까지 지속하긴 했지만, 논의에 그쳤다는 평가가 많았다.

지방자치는 자기결정 원리를 현실 정치에 실현하는 것을 목적으로 하는 동시에, 지방행정의 민주성, 효율성, 정책의 다양성을 구현하는 수단이다. 개정된 「지방자치법」은 제1조에서 "국가와 지방자치단체 사이의 기본적인 관계를 정함으로써 지방자치행정을 민주적이고 능률적으로 수행하고, 지방을 균형 있게 발전시키며, 대한민국을 민주적으로 발전시키려는 것을 목적"으로 규정하고 있다. 그동안 지방자치에서 민주성·효율성·형평성 등 가치의 관점이 중시되었지만, 현장에서는 자치행정의 실체적 내용의 한계를 인식하고 지방분권과 협치의 중요성을 강조하기 시작했다.

2010년 민선 단체장 5기는 이러한 지방자치의 현실적 문제점이 표출되고 그것을 극복해야 하는 과제를 안고 출범했다. 그런데 민선 5기는 새로운 철학과 실천의지를 가진 단체장들이 대거 진출했지만, 처음부터 재정위기라는 공포를 안고 출범했다.

민선 4기에 몇몇 자치단체가 경전철 등 무리한 민자유치사업의 실패로 채무 위기에 빠졌다. 또 대형 축제와 청사 신축 등 낭비적 재정 운용으로 지방재정 파탄에 대한 우려가 커지고 있었다. 일부 지역에서는 지역 토호들과 유착된 토목 중심의 지역개발사업이 전개되면서 부정부패가 드러나기도 했다. 몇몇 지역은 민선 1기부터 연속으로 단체장이 구속되는 등 불명예 퇴진했다.

그 결과 민선 5기에는 지방자치의 혁신을 외치며 486세대들이 대거 단체장에 당선되었다. 그런데 취임 직후 이재명 성남시장의 모라토리엄(채무 불이행) 선언은 전국적으로 충격을 주었다. 이를 계기로 자치단체들이 재정진단을 실시하고, 여기저기서 채무 제로(zero)를 외치는 상황이 벌어졌다.

민선 5기가 출범할 때 지방재정여건은 급속하게 나빠졌다. 우선 대외적으로 2008년 미국에서 시작된 세계적 금융위기가 한국경제에도 충격을 주었다. 이명박 정부는 경기침체에 규제 완화와 감세정책으로 대응했다. 그 결과 국가도 지방자치단체도 재정위기 우려가 커지는 상황이었다.

이 당시 지방재정의 긴장 상태는 일부 자치단체의 파행적 재정운용이 원인이기도 했지만, 중앙정부의 감세정책이 지방재정에 전반적으로 충격을 준 것이 근본 원인이었다. 그러나 새로 출범하는 단체장들은 외부요인을 인식하기 이전에 내부 점검에 골몰할 수밖에 없었다.

자치분권개혁이 본질적 개혁과 괴리되는 이유는 자치행정이나 자치재정에 대한 중앙정부의 통제 기제를 명확히 인식하지 못하고 그때그때 표피적

요인에 주목하기 때문이다. 민선 5기 이전부터 중앙정부가 결정한 사회복지 지출이 지방정부로 전가되기 시작했다. 사회복지보조금이 증가하고, 의무적인 지방비 분담도 증가했다. 급증하는 복지비 부담으로 지방재정 여력은 고갈되기 시작했다. 구청 단위에서는 복지비 지출 비중이 60%를 넘어서기도 하며 독자적 사업기회가 거의 없어질 만큼 축소되었다.

여기에 지방세입에 직접 영향을 미치는 중앙정부의 감세정책이 일방적으로 결정, 시행되었다. 즉 이명박 정부의 감세정책이 지방세수와 지방교부세 재원이 급감하는 원인이었다. 그러나 일부 지방재정학자들 외에는 여야 막론하고 경제여건이 나빠 세수가 줄어든 정도로 이해했다. 지방세의 감면은 인식해도 국세 감면이 지방재정에 심각한 타격을 준다는 사실은 잘 이해하지 못했다. 게다가 민선 5기에 단체장들이 대대적으로 바뀌면서 민선 4기에 있었던 세제개혁의 효과를 잘 이해하지 못했던 탓도 있다.

단체장이나 지방의원은 국세와 지방세·지방교부세·보조금의 관계를 잘 이해해야 한다. 지방소득세는 국세 소득세·법인세 세액의 10%이고, 지방교부세는 내국세액의 19.24%, 지방교육재정교부금은 내국세의 20.79%이다. 예컨대 중앙정부가 국세인 소득·법인세를 10조 원 감세하면 지방소득세가 1조 원 감소, 지방교부세가 1조 9240억 원 감소, 지방교육재정교부금이 2조 790억 원 감소한다. 감소액을 합하면 5조 30억 원이다. 즉 국세 감세 규모의 절반이 지방재정의 재원감소로 귀결된다.

이명박 정부가 국세인 소득·법인세와 종합부동산세를 감세했는데, 2008년도부터 2012년도까지 5년간 지방세, 지방교부세, 부동산교부세의 감소액이 29조 원 남짓으로 계산되었다. 여기에 부동산정책을 이유로 지방세인 취·등록세를 연거푸 감세했다. 결국 모든 자치단체가 재원 부족에 허덕일 수밖에 없었다. 중앙정부가 정책 수단으로 지방세를 활용하며 자치재정권을 침해하는 사례는 반복되었다.

그러나 재정위기가 예상되면 지방재정의 세출 점검이 이뤄진다. 성남시의 사례가 대표적이다. 평상시라면 삭감하기 힘든 세출항목들이 재정위기를 계기로 대폭 축소 또는 폐지된다. 민선 5기에 자치단체의 세출구조가 크게 변모한 이유이기도 하다. 민선 4기까지 지방재정의 주축이 토건족이 주도하는 지역개발사업이었다면, 민선 5기부터 주민복지와 문화·교육정책, 미세먼지 등 주거환경개선, 낙후지역 도시재생 등으로 정책의 초점이 전환되었다.

민선 5기부터 단체장의 공약에 '사람'이 많이 들어갔다. 여야를 불문하고 전체적으로 '지속가능한 발전' 또는 '내발적 발전'이 주요 정책이념으로 등장했다. 정책의 초점이 주민(사람)이었고, 정책 결정도 시민·주민이 중심이었다. 주민이 참여하여 정책을 결정하는 민관협치(거버넌스)가 다양한 방식으로 시도되었다. 300인 원탁토론, 시정 운영 시민평가단, 참여예산제도의 전면 실시 등 우수한 사례가 우후죽순 생겨났다. 대표적으로 수원시의 '도시기본계획 시민계획단'은 초등학교 4학년 교과서에 수록되기도 했다. 이전과는 다른 자치철학과 다양한 거버넌스 행정실험을 추구한 민선 5기 단체장들이 민선 6기에도 당선되었고, 이들 중 30명이 3선에 성공했다. 3선 단체장들은 당파를 불문하고 새로운 자치철학과 자치행정을 추구했던 분들이다.

3선 연임 단체장의 공통된 특징

선출된 226명 기초자치단체장의 공약을 전부 분석하면 어떤 결과가 나올지 모르지만, 일단 3선에 성공한 단체장들은 확고한 가치관과 소명감을 피력했다. 출마의 계기로 보면, 지방의원이나 시민운동 등을 통해 지방자치와 지역사회 문제를 천착해온 분도 있고, 중앙·지방에서 공직에 근무하다 우연한 여건(단체장의 중도 퇴진 등)에 주변의 요청으로 출마한 분도 있었다. 대면 인터뷰를 하면서 말로 하는 소명감이 아니라 확실한 가치관(기후위기, 지역 살리기, 사람중심 삶의 질 중시 등)을 가지고, 관련 경험과 지식을 바탕으로 지역사회의 미래를 설계하려는 정책 의지가 확고했다는 인상을 많이 받았다. 3선까지의 업적을 스스로 평가해 달라는 요청에는 대부분 겸양의 말로 시민의 평가에 맡겼다.

3선 단체장들이 중점을 둔 정책에 흐르는 일관된 철학은 '주민이 행복해야 지역도 살아난다'는 것이다. 득표에 불리할 것이라는 상식(?)을 깨트리며 역사와 문화를 강조하거나 지역 환경보전을 우선하기도 하고, 기초단체장의 권한 범위에 있지 않은 교육에 몰입하기도 했다. 특히 민선 5기가 지방자치의 전환에 큰 영향을 미친 것이 다양한 거버넌스체계의 도입과 실험이었다. '복지허브 동'(서대문구) 등 다양한 주민자치 실험을 통해 그 성과가 전국적으로 확산하기도 했다. 3선 단체장 지역은 대부분 도서관과 미술관 등 주민의 인문학적 소양을 진작시키는 사업을 잘 추진했다. 서울 구로구에는 도서관이 120개에 달한다. 한국이 선진국으로 진입하는 원인은 국민소득 수준이 아니라 지역에서 뿌리내리는 주민의 문화적 품격 향상이 아닐까 생각해 본다. 그리고 지역의 주민자치 실험이 그동안 단체자치 중심의 지방자치 패러다임의 변화를 추동하는 원인으로 작동했다.

3선 단체장들의 첫 출마의 계기는 제각각이었지만, 모두가 확고한 자치 철학과 지역에 대한 애착, 그리고 지역발전의 핵심과제를 잘 이해하고 있고, 고집스레 그 해결에 집중했다는 점이다. 심혈을 기울인 정책이 모두 성공하지는 못했지만, 실패의 원인은 주로 상급정부(중앙정부와 광역자치단체)의 반대 또는 주민들의 지역이기주의, 의회의 반대 등이었다. 주민이나 의회의 반대가 많았음에도 결국 성공한 정책은 치밀한 준비와 끈질긴 소통, 즉 거버넌스 행정의 결과였다. 어떤 단체장은 반대에도 불구하고 10년 이상 지속적으로 추진하여 성공한 사례도 있었다.

3선 단체장들이 중점을 둔 정책을 보면 교육과 문화 그리고 환경이다. 3선 단체장들은 교육자치가 분리되어 있음에도 지역발전의 키워드로 교육을 설정하고 좋은 교육을 위해 많은 재원을 투입했다. 아이들이 중·고등학생이 되면 인근 대도시로 전출하는 시민이 많았던 오산시는 교육환경 개선에 많은 투자를 하면서 정주율이 현저하게 개선되었고, 교육도시 이미지를 확립하는 데 성공했다. 오산시 외에도 이른바 인구급감지역(소위 지역소멸 대상지역)에서 청소년인구 유입을 위한 정책으로 교육에 초점을 두기도 했다. 이와 관련해 3선 단체장들은 한결같이 교육자치와 일반자치의 통합문제에 대해 그 필요성을 강조하고 있다.

문화정책을 적극적으로 펼치고 있는 점도 3선 지역의 특징이다. 국민소득 2만 달러를 넘어서면서 국민들이 문화향유를 중요한 삶의 가치로 인식하기 시작한 영향도 있겠지만, 지역문화를 잘 살려내는 것은 지역주민의 삶의 질을 높이는 데 기여할 뿐 아니라 지역 이미지를 향상시켜 관광객이 늘어나는 데도 크게 이바지한다. 담양군처럼 토목개발정책보다 문화정책에 바탕을 둔 지역발전정책이 관광객 유입과 주민소득 증대에도 더 크게 기여함을 알 수 있다.

3선 단체장들이 보는 지방자치의 문제점

2022년 6월 30일 이임한 3선 단체장은 서울 등 대도시지역의 시장·구청장과 중소도시의 시장·군수가 반반이다. 그러다 보니 설문에 대한 응답의 특징도 자치단체의 규모나 소재 지역의 특성에 따라 달라진다. 지방자치 전문가들이 제시하는 개혁과제들과 현장에서 자치행정을 주도하는 단체장들이 제시하는 개혁과제는 일치하기도 하고 차별성이 드러나기도 한다.

3선 단체장들이 지적하는 자치분권의 핵심문제는 '획일적 통제'이다. 전문가들은 권한이나 세원의 이양이 자치분권의 핵심과제라고 지적한다. 그러나 더 기본적인 문제는 전국을 시·군과 구로 구분하고 모든 시·군과 구의 권한이나 세원 배분을 동일하게 규정하는 획일성이다. 우리나라 「지방자치법」이나 「지방재정법」, 「지방세법」은 지역의 특성을 반영하여 특성에 따라 차등적으로 규정하고 있지 않다. 그것은 권위적 중앙집권주의시대의 통제를 전제로 한 입법원칙이었다. 유연한 자치분권 공화국에서는 통제가 아니라 협력·협치가 기본원리여야 한다. 자치권은 주민에게 있으며 지역의 특성에 따라 자율적으로 결정할 수 있어야 한다. 2만~3만 명의 농산어촌 군과 100만 대도시에 획일적 기준으로 제도를 설계하는 것은 양쪽 모두에게 불합리하다. 보편적 원칙으로서 권한 배분의 보충성의 원칙이 교과서에 잠자는 논리여선 안 된다.

3선 단체장들이 자치분권개혁에서 가장 중요하다고 지적하고 있는 재정분권과 관련해서는 재정전문가로서 커다란 장벽을 만난 것 같은 느낌이다. 재정분권에 대해서는 전반적으로 책임성보다는 더 많은 재원확보와 자율성을 선호한다. 자율과 책임은 동전의 양면임에도, 세원 이양을 통한 주민의 조세부담 책임보다는 교부금의 증가를 통한 재원사용의 자유도를 더 선호한다. 한국의 지방재정에서 재정책임성은 거의 작동하지 않는다. 책임성이 작동하지 않는다는 것은 국민의 세금이 경제적 효율성을 충족시키도록 사용되지 않는다는 것을 의미한다. 지방세제의 설계가 지방세 원칙에 맞지 않고, 지방세제 자체가 지역 간 세수격차를 확대하는 문제에는 거의 관심이 없다.

재정분권의 구체적 방법에 대해서는 서로 다른 대안을 주장하고 있다. 특·광역시 구청장이나 대도시 시장들은 대체로 세원 이양(지방세목의 이양과

세율인상)을 요구하지만, 소도시 시장이나 군수들은 일반재원인 지방교부세의 증액을 요구한다. 이러한 요구사항의 차이는 당연하게도 지역경제력의 차이에 근거한 담세력 또는 재정력의 차이에서 비롯된다. 그런데 더 중요한 것은 재정전문가가 아닌 단체장들은 지방재정제도의 복잡한 상호연관성을 이해하지 못한 탓인지, 부분적으로 옳고 부분적으론 틀린 요구를 하고 있다.

재정분권이 단순히 재원확충에 초점을 맞추다 보니 재정 운영의 기본원리인 재정책임성(fiscal accountability)은 소홀히 여겨지고 있다. 지방정부는 중앙정부의 국세를 더 이양해주기를 바라지만, 중앙정부는 지방정부가 필요한 재원을 스스로 증세로 해결하기를 기대한다. 자치단체장에게 일부 과표조정권이나 탄력세율 조정권을 법적으로 부여하고 있지만, 3선 단체장 누구도 탄력세율을 활용한 사례는 없다. 다만, 행정안전부가 주민세 균등할의 상한선(1만 원)을 증액하려 했다가 여론이 악화하자 행정안전부의 권고로 자치단체에 들이민 것을 수용해 주민세 균등할을 1만 원으로 올린 사례가 있을 뿐이다. 3선 단체장들이 내세운 성공한 정책 중 중앙정부나 광역자치단체로부터 조정교부금이나 보조금을 따내 성공한 사업이 많다는 것은, 정책의 우수성에 앞서 중앙정부(광역자치단체)에 대한 설득 능력이 더 중요한 요소라는 점을 보여주는 것으로 씁쓸하다.

구청장들은 특·광역시의 조정교부금 제도의 파행성을 지적하고 있다. 시·군 조정교부금은 법으로 정해놓았지만, 자치구 조정교부금은 특·광역시가 조례로 정하도록 하면서 지역에 따라 조정교부율이 다른 문제점을 지적하고 있다.

3선 단체장들은 지방채 활용실적이 거의 없었다. 이것은 민선 5기 시작 시점에 광풍처럼 불어닥친 재정위기설의 영향 때문으로 이해된다. 그러나 건전재정 원칙은 재정운영의 기본원리이긴 하지만 투자적 지출이나 비용편익 관계가 명료한 재정사업을 시행할 때에는 지방채를 적극 활용하는 것도 필요하다. 대규모 토지가 필요한 사업의 경우엔 기채를 해서라도 미리 확보해 놓는 것이 비용을 절약할 수 있다. 또는 당장 주민의 안전이나 삶에 직결된 시급한 행정서비스가 있는데도 재원확보 때까지 미루는 것보다는, 주민 동의를 받아 기채로 당장 해결하고 장기적 공채상환기금을 적립해 상환하는 것이 응익원칙에도 맞고 재정효율을 높이는 재정운영방식이다.

민선 8기 공천과정에서 여야를 막론하고 볼썽사나운 추태를 보여 이를 지켜본 국민을 실망시켰는데, 3선 단체장들도 기초자치단체 정당공천제에 대해 매우 부정적이었다. 정당정치의 낙후성과 지역 국회의원의 원초적 이기심이 상승작용을 하고 있지만, 지역정치의 중앙예속은 지방자치의 발전을 저해하는 핵심요인이라고 지적하고 있다. 단순한 공천제의 폐해가 아니라, 군 단위 낙후지역은 지역위원장이 4~5개 군을 지배한다. 한 사람이 단체장 5명과 각 군의 지방의원 7~8명을 공천한다. 한마디로 한 사람이 40여 명의 공천권을 독식하고 있는 꼴이다. 이 정도면 봉건시대의 소(小)영주에 버금간다. 한 사람이 재량적으로 주민의 대표자를 공천하고, 공천하면 당선되는 현상은 정당민주주의라는 이름으로 주민의 선거권 자체를 무력화하는 것이다. 때론 선거도 없이 공천되면 당선된다. 헌법상 보장된 선거권이 박탈되는 것이다. 이 문제는 여야가 따로 없다. 경상도와 전라도를 보면 쉽게 보인다. 3선 단체장 중에는 무소속도 있다. 그런데 사실 무소속이 아니었고, 지역위원장이 3선 공천에서 탈락시키는 바람에 무소속으로 출마하여 당선된 것이다. 한국 지방자치의 선진화는 국회의원이나 지역위원장이 공천을 좌지우지하는 구조를 제거하지 않고는 불가능하다고 볼 수 있다.

정당공천제는 폐지하거나 아니면 정당정치의 선진화가 실현될 때까지 유보하는 것이 정답으로 보인다. 여기에 그럴듯하게 대의민주주의와 정당정치를 거론하지만, 위선일 뿐이다. 폐지가 어렵다면 '지역정당' 제도를 도입하면 된다. 선진국이라면 많은 나라에서 허용하는 지역정당제가 한국에서만 기득권 양당 세력의 나눠 먹기 공존 논리 때문에 거부당하고 있다. 민선 8기에는 양당 체제가 아니라 다당체제가 유지될 수 있도록 선거구 제도도 바뀌고, 정당공천제도, 지역정당 제도, 선거 기호 추첨제 등 지방자치가 중앙정치에 휘둘리지 않고 지역공동체가 잘 작동되도록 변화·발전하길 소망한다.

3선 단체장들에게 사무권한의 배분문제와 지침, 지시, 통첩 등 행정간섭 중에서 어느 것이 더 자치행정에 불편을 초래했느냐는 질문에 후자의 문제점을 지적하는 단체장이 여럿이었다. 그동안 자치분권개혁은 대부분 사무권한의 재배분과 재원 확충에 집중되었다. 그러나 현장의 공직자들에게는 오히려 무형의 다양한 행정통제가 자율적 행정을 제약하는 실질적 요인이었다.

이와 관련해 3선 단체장들이 이구동성으로 지적하는 문제점은 중앙-지방정부 간 관계에서의 지시통제 못지않게 광역자치단체의 지시와 간섭이 심각하다는 것이었다. 이것은 분권론자들이 그동안 소홀하게 다루었던 주제이다. 권한 이양이나 재원 이양, 중앙-지방정부협력회의 등 자치분권개혁을 논할 때 대상은 대부분 중앙-광역자치단체 간 분권이었다. 보충성의 원칙에 입각한 분권은 자치분권종합계획에 문구로만 존재하는 죽은 언어였다. 대부분의 3선 단체장들은 광역-기초자치단체 간 협력관계를 법령이나 조례로 명문화할 필요가 있다고 지적하고 있다.

민선 8기에는 이제까지 분권개혁 의제로 채택했던 것 이외에, 중앙정부 또는 상급 지방정부가 하급정부에 행정 관여방식이 아니라 법적 관여방식(법절차에 의한 관여)으로만 관여할 수 있도록 개편해야 한다. 일본은 지방분권개혁을 통해 「지방자치법」에서 지도·감독이라는 용어를 삭제하는 대신 관여라는 용어를 도입했고, 관여는 법령에 정해져 있을 때만 필요 최소한으로 허용한다고 명시했다. 우리나라 「지방자치법」 체계에서도 중앙정부의 지방정부에 대한 관여는 법적 관여방식을 적용하고, 상급지방정부의 하급지방정부에 대한 관여도 같은 법체계를 준용할 필요가 있다.

이와 관련해 자치단체 사무 관련 사전심의제도도 강화해야 한다. 지방정부에 각종 부담을 주는 사무 관련 법령의 제·개정 시에는 사무 구분 및 배분, 중앙정부의 관여, 중앙과 지방 간 재정부담 등에 대해 필수적으로 사전심의를 거치도록 해야 한다.

전문가 의견과 현장의 의견 사이에 간극이 보이는 사항은 전부개정한 새 「지방자치법」이 도입한 '자치단체 기관구성 다양화' 문제이다. 전문가들은 지방정부의 기관구성도 지금까지의 '강(强)시장-약(弱)의회'라는 획일적 형태에서 탈피하여 주민 의사에 따라 기관통합형이나 권한분산형 등 다양한 제도를 도입하는 게 가능해야 한다고 주장한다. 그러나 3선 단체장 다수는 현행 제도를 지지하고 있다. 인구 급감지역 등에서는 선진국의 사례처럼 의원내각제 방식의 다양한 방식을 도입하는 것이 효율적이라는 전문가들의 견해에 대해, 12년 현장을 경험한 단체장들은 아직도 지방의원의 자질문제가 사라지지 않은 지방의회의 현실을 모르고 하는 주장이라 비판한다. 어쩌면 이 문제는 앞에서 거론한 현행 선거구제와 정당공천제의 산물이며, 선거구제 개혁과 정당공천제 폐지가 선결과제일 수도 있다.

3선 단체장 중에는 자치분권이 제대로 이루어지려면 헌법개정이 불가피하다고 제언한다. 헌법규정의 취약성 때문에 「지방자치법」으로는 한계가 있다는 지적이다. 특히 자치입법권이 보장되지 않으면 실질적 자치가 어렵다는 것이다. 2018년 문재인 정부가 제안한 자치분권형 헌법(안)에서는 지방자치의 주체를 지방자치단체에서 지방정부로 바꾸고, 중앙-지방정부의 사무·권한 배분의 기본원칙으로 보충성의 원칙을 선언하고, 국세와 지방세를 구분하고 지방세를 지방법률(조례)로 결정할 수 있도록 하는 등 지방정부의 자치입법권을 확실하게 규정하고 있었다는 점에서 아무런 논의 없이 사장된 것은 못내 아쉽다.

민선 8기 후임 단체장들에게 당부하고 싶은 말을 요청하자, 이구동성으로, 주민·시민이 최우선이라는 생각을 가지고 주민과의 소통과 거버넌스를 중시하며, 공직자라는 인식을 잊지 말고, 거창한 개발사업보다 지역의 정체성이나 문화·교육·환경 같은 사회적 가치를 중시하라고 강조한다.

특히 단체장이 바뀌었다고 전임자 흔적 지우기를 하는 건 가장 나쁜 행태이고, 중요한 가치는 공유하고 정책의 연속성을 존중하는 것이 바람직하다고 이야기한다. 또 선거에서 승리했다고 측근들을 전문직에 중용하는 것은 비리의 가능성을 높인다고 지적한다. 예컨대 외부에서 데려온 사람을 비서실에 다년간 근무시키는 것은 시장의 권력 구축을 빌미로 권한을 남용할 우려를 키우고 부정부패의 가능성을 높인다고 경계했다.

민선 8기 자치분권 개혁의 내실화

민선 8기 지방자치가 제대로 작동하기 위해서는 자치분권개혁을 내실 있게 지속해야 한다. 그런데 자치분권개혁은 지역에 따라 정파에 따라 그 내용이 다르다. 중앙집권체제의 가장 큰 문제점은 전국을 획일적으로 통제하는 것이다. 지역의 특성이 다름에도 획일적인 정책으로 243개 광역·기초자치단체를 통제하려는 것이 국회와 중앙정부 관료들의 행태이다.

지방정부는 자율과 책임이라는 지방자치의 고유한 원리를 충실히 실천하는 자세가 중요하다. 자율과 책임에 기초해 지방정부 간 경쟁과 협력을 조화시켜야 한다. 주민과 소통하며 주민참여에 바탕을 둔 주민자치를 발전시키는 동시에 지역 간에도 소통하고 협력할 때 자치가 더 성숙할 수 있다. 지역 문제에 대한 책임은 지역에 있다는 책임의식이 중요하다. 도덕적 해이는 중앙의존적 행태에서 비롯된다. 예컨대 지역의 역량은 없으면서 중앙정부의 지원을 전제로 대규모 국제행사를 개최하는 것은 자치원칙과는 배치된다. 외국에서는 대규모 국제행사의 유치가 주민투표에서 거부되는 사례가 많다. 지방자치의 책임성을 주민 스스로 구현하고 있는 사례이다.

자치분권개혁을 논의할 때도 자율과 책임이 중요하다. 지역에 따라 권한과 재정을 달리할 수도 있어야 하는데, 평등의식이 강한 한국 사회에선 쉽지 않은 과제이다. 그러다 보니 특별·특례라는 이름으로 차등적 권한을 부여한다. 처음부터 지역의 특성에 따라 권한을 배분하고, 재정을 설계하면 굳이 특정지역에 특별이라는 이름을 부여할 필요가 없다. 즉 자치분권개혁이 내실을 거두려면 차등분권(차별적 분권이 아니다)을 바탕으로 제도가 설계되어야 한다. 마치 보편적 복지와 잔여적 복지가 조화를 이루어야 국민의 삶의 안전망이 구축될 수 있듯이, 자치분권도 보편적 권한과 잔여적 권한으로 나누어 논의할 필요가 있다.

중앙-지방정부 간 관계를 재설정하기 위해서는 사무구분 체계를 개편해야 한다. 자치분권종합계획에서도 이미 기관위임사무 폐지를 포함하고 있다. 기관위임사무는 중앙정부가 일방적으로 정책을 결정하고 이를 지방자치단체장에게 획일적으로 위임·집행시키는 것이다. 또 사무·사업이나 시설 등을 중앙정부가 결정하고 지방정부에게 강제하는 의무강제도 집권체제의 중요한 기제이다. 기관위임사무와 의무강제는 국고보조금에 의한 정책유도와 함께 중앙집권체제의 핵심 기제들이다. 이들 제도는 지방자치단체의 사무·사업을 획일적, 일방적으로 통제하여 지역의 특수성과 자율성을 저해한다. 민선 8기에는 이러한 통제 기제를 개선하기 위해 적극적으로 노력할 필요가 있다.

　재정분권의 방향은 지방의 자율성을 높이는 동시에 재정책임성도 강화하는 방향으로 전개되어야 한다. 지역경제의 여건이 상이하므로 세원이양(국세의 세목이나 세수 일부를 지방으로 이전하는 것)을 원칙으로 하되, 소득이나 소비와 같이 세원 자체가 빈약한 지역은 지방교부세의 격차시정 효과를 강화해야 한다. 이때 고려할 점은 지방세 체계를 현재와 같이 시·군세와 자치구세의 두 틀로 유지해서는 개혁이 어렵다. 시세, 군세, 특별시 자치구세, 광역시 자치구세 등 적어도 네 가지 틀로 구분하여 국세와 지방세, 광역세와 기초세로 재배분해야 시·군·구의 특성을 반영할 여지가 생긴다.

　특히 이번 인터뷰에서 다수의 단체장이 지적하는 것처럼, 중앙정부나 광역자치단체가 결정한 보조사업을 기초자치단체에 할당하면서 지방비 분담 의무를 강제하는 제도를 원천적으로 금지해야 한다. 그래야 중앙정부가 보편적 복지정책을 확대하면서 그 부담을 지방으로 떠넘기지 못하게 할 수 있다. 국민최저수준(national minimum) 보장은 중앙정부의 책임이기 때문이다.

　또 상급정부(중앙정부·광역자치단체)가 하급정부(광역 또는 기초자치단체)에 법령외적으로 지시·통제하지 못하도록 「지방자치법」에 명시할 필요가 있다. 관여는 반드시 법률에 근거해야 한다. 만약 보조금의 지방비 분담 의무를 폐지하고 중앙정부의 법정외 관여를 금지한다면, 다른 자치분권개혁이 미진해도 자치단체는 지역의 특성에 따라 사무·사업을 결정하고, 그 재원을 지방세나 지방교부세로 조달할 가능성이 커질 수 있다.

　'고향사랑기부금' 제도가 도입되었으나 재원확충 효과는 제한적이다. 그동안 학계나 정치권에서 제안된 법정외세(法定外稅)도 일본의 사례에 비추어 보면 일부 지역 외에는 역시 재원확충 효과가 미미하다. 재정분권의 핵심은 세원배분(국세-지방세의 배분)과 세출권한배분(중앙-지방 간 권한의 배분)의 비례성을 확보하는 세제개편이 핵심이고, 그 밖에 중앙-지방정부 간 통제 기제를 제거하는 것이 재정의 자율성을 확보하는 충분조건이 될 것이다.

끝으로 전부개정된 「지방자치법」이 주민 중심 주민자치를 지향점으로 제시하고 있듯이 민선 8기에는 '주민자치기본법'을 조속히 제정하고, 단체장이나 지방의원들은 주민이 주체가 되어 협력적 지역공동체를 가꾸어나갈 수 있도록 지역 특성에 맞게 주민자치회를 발전시켜나가야 한다. 지방자치가 국가적 위기의 안전망이듯 지역적 위기의 안전망이 읍·면·동 주민자치회라는 사실을 직시해야 한다. 민선 5기부터 3선 연임한 단체장들은 나름대로 특색있게 주민자치회를 발전시키려 애쓰고 있었고, 거버넌스 체계의 내실화와 함께 3선의 비결 중 하나였다고 말하기도 했다.

「지방자치법」 전부개정이 시민사회나 자치단체들의 요구를 충분히 반영하고 있지는 않지만, 새로운 패러다임을 여는 기폭제가 될 것인지 여부는 민선 8기 단체장과 의원들의 정책 의지와 적극적 행동에 달려 있다. 정파적 대립이나 자기 이익에 치중한 자치행정·자치의정으로는 지역사회경제와 지방자치의 발전은 요원하다. 3선 단체장들이 주는 경구처럼 미래를 내다보며, 관례에 얽매이지 말고, 말이 아닌 행동으로, 군림하지 않고 주민을 섬기는 공직자가 되어야 한다.

다시 한번 민선 8기에는 선진국 대한민국에 걸맞은 자치와 분권이 실현될 수 있도록 주민주권, 자치입법권, 자치행정권, 자치재정권 등이 보장되는 헌법개정에도 뜻을 모아 국회를 압박해주기를 기대한다.

지방자치의 주요 쟁점에 대한 시각

윤석인

3선 연임 단체장들의 의견은 비슷했다. 정당공천제 등 지방자치 발전과 관련한 몇몇 쟁점들에서 서울·수도권과 지방, 영·호남 등 지역별 여건에 따라 의견이 제법 달라질 수 있을 거라는 예상은 대체로 빗나갔다. 제도 개선 또는 합리적 운영을 요구하는 중립적이거나 신중한 의견도 적지 않았지만, 명백한 찬성 또는 반대 의견이 주를 이루며 하나의 흐름을 형성했다.

정당공천제는 폐지 의견이 대세

기초지방선거 후보자 정당공천제*에 대한 3선 단체장들의 의견은 '폐지'가 대세였다. '유지'해야 한다는 의견은 28명 중 단 1명이었는데, 그나마 지방의원 공천은 폐지해야 한다는 단서를 달았다. 서울시 구청장 2명과 전남·경북의 시장·군수 3명 등 5명은 공천 절차 등에서 '제도 개선'을 하거나 "국민에게 물어 결정하자"는 중립적인 의견을 밝혔고, 서울시 구청장 1명은 "우리 정치 현실에서 폐지 가능한가요?"라고 냉소적으로 응답하며 지방의원부터 먼저 폐지하는 단계적 접근법이 현실적인 것 같다는 의견을 밝혔다. 나머지 21명은 소속 정당을 불문하고 단호하게 '폐지'해야 한다는 의견이었다.

---

* 기초자치단체장인 시장·군수·구청장은 1995년 민선 부활 당시부터 후보자 정당공천제를 시행했고, 시·군·구의원은 1991년 지방자치 부활 당시에는 정당공천제가 아니었으나 2006년 지방선거 때부터 정당공천제로 바뀌었다.

기초지방선거 후보자 정당공천제에 대해서는 처음부터 생활정치 구현이라는 시대적 흐름에 부합하지 않으며, 지역주민(유권자)의 의견보다 공천권자인 국회의원과 정당의 눈치를 보는 등 지방자치가 중앙정치에 종속될 것이라는 우려와 비판이 많았다. 반면, 지방의 토호세력이 학연·지연·혈연 등을 활용해 지방정치를 농단하는 것을 막을 수 있고, 후보자에 대해 각 정당이 사전 검증하는 것이므로 주민의 후보 선택에 도움을 줄 수 있다는 순기능을 강조하는 의견도 만만치 않았다. 그런데 민선 5·6·7기를 연임한 3선 단체장 인터뷰에서는 민선 자치 부활 이후 7기에 이르기까지 27년간 정당공천제를 시행한 결과, 일부 긍정적인 측면에도 불구하고 현실에서 드러나는 여러 가지 폐단이 풀뿌리 민주주의의 발전을 통째로 위협할 만한 수준에 이르렀다는 데 공감대를 형성하고 있었다. 또 실질적인 공천권자인 국회의원에게 맡겨서는 법령과 제도 개혁이 이뤄지지 않을 것이므로 지역주민과 시민사회가 직접 나서서 정당공천제 폐지 운동을 벌여야 한다는 주문도 제기했다.

문석진 서울 서대문구청장은 "기초단체장은 정치적 영역의 성격이 강하므로 공천제를 유지해야 한다"고 짧게 응답한 뒤 "기초의원은 정당공천제를 폐지해 국회의원의 기득권을 타파해야 한다. 지방의원을 국회의원이나 지역위원장의 수족으로 생각하는 현 수준을 벗어나지 못하면 지방의회 수준이 계속 낮아질 수밖에 없다. 기초지방의회가 시민사회 대표들로 구성될 수 있도록 하는 사회적인 운동이 필요하다"고 밝혔다.

권영세 안동시장 등은 중립적인 의견을 밝혔다. "정당공천제의 취지에 대해 어느 정도 공감하지만, 지방자치가 중앙정치에 예속되면서 지나치게 정치화하면 지방자치의 본질을 훼손할 수 있다. 정당은 보수와 진보 등으로 나뉘지만 지방자치는 이를 구별하고 있지 않기 때문이다. 지금까지 논쟁이 계속되고 있는 것은 칼자루가 분명 정당에 있음을 의미하는데, 정당공천제의 문제점에 대해 대대적인 수술을 해야 할지 제도를 폐지할 것인지 국민의 판단에 맡겨야 할 듯하다."

반면 대다수 단체장은 강력히 폐지를 주장했다. 박용갑 대전 중구청장은 "정치적 성격보다 행정적인 성격이 더 강한 기초자치단체는 주민의 이해에 기반한 행정을 펼치는 것이 무엇보다 중요하다"면서 "정당공천제가 가진 정치적이고 중앙집권적인 속성으로 인해 지역 정치인들은 주민의 이해에 기반한 행정과 의정을 펼치는 데 많은 어려움을 겪고 있다"고 밝혔다. 민선 5기 때 정당공천을 받지 못해 무소속으로 출마했던 김문오 대구 달성군수는 "당시 박근혜 대표 주변에서 '호가호위'하는 사람들을 바로잡자는 의협심에서 무소속 출마했다"고 추억하며 "지방자치를 이끌어갈 인재 발굴은커녕 갈수록 국회의원 말 잘 듣고 돈 많은 사람으로 공천이 하향평준화하고 있다"며 안타까워했다. 일부 단체장은 최근 정당공천제가 과거보다 더 부패한 수준으로 운영되고 있다고 진단했다. 서울시 한 구청장은 "갈수록 상식을 초월하고 있다. 김영삼·김대중 대통령 시절보다 더 교묘해지고 훨씬 부패한 상황"이라며 "시의원·구의원이 의원회관에서 일하는 보좌관보다 1.5배 이상 더 충성해야 버틸 수 있는 상황에서 주민이 어떻게 안중에 들어올 수 있겠느냐"고 반문했다.

정당공천제의 폐해를 바로잡기 위한 해법으로는 시민운동, 지역정당* 도입, 국회의원 3선 제한, 정부 입법 개정 등을 다양하게 거론했다. 김영종 서울 종로구청장은 "먼저 자치분권 역량 및 자치분권 세력의 확장이 필요하며,

---

* 지역정당(local party)은 특정 지역 또는 선거구에서 오랫동안 활동하며 특별한 지지기반을 구축하고 있는 정당 또는 시민사회단체 등을 포괄해 일컫는 말이다. 우리나라에서는 5·16 군사정변 이후 만들어진 「정당법」의 제17조·제18조에서 '5개 이상 광역자치단체'에 시·도당을 두고 각각 1000명 이상의 당원을 등록해야만 정당으로 인정한다고 규정하고 있어 지역정당이 명함조차 내밀지 못하고 있다.

기초지방선거 정당공천제 폐지 시민운동을 함께 전개하는 것도 필요하다"고 말했다. 염태영 수원시장은 "풀뿌리 민주주의의 토양 강화를 위해 가장 바람직한 정치개혁 과제는 '지역정당' 설립을 가능하게 하는 것"이라고 제안했다. 정상혁 보은군수는 "국회의원이 자신의 정치생명 연장에 유리한 방향으로 공천권을 행사하는 것이 정당공천제 폐단의 시작이므로 이를 바로잡으려면 국회의원도 3선 제한을 두는 게 마땅할 것"이라고 말했다. 김석환 홍성군수는 "지역 일꾼을 뽑는 지방선거에서까지 정당 대결로 주민 분열과 갈등을 유발하는 정당공천제는 반드시 폐지되어야 한다"며 "국회 스스로는 의지가 없으므로 차기 국회의원 출마자들이 공약으로 채택하게 하고, 정부에서 법률 개정안을 만들어 제출하면 가능하지 않을까"라고 말했다.

지방자치단체 기관구성 다양화에 대해선 반대 의견이 다수

지방자치단체 기관구성 형태 다양화에 대해서도 현행 제도를 그대로 유지해야 한다는 의견이 더 많았다. 원칙적인 찬성 의견을 밝힌 단체장은 1명(경기)이었고, 조건부 찬성 의견 1명(전북), 공론화 등의 절차를 거쳐 주민의 선택을 받아보자는 중립적인 의견이 서울시 구청장 3명 등 4명, 한두 군데 '시범실시'해본 뒤 신중하게 논의하자는 의견 1명(경북)이었다. 나머지 19명은 현행 체제 유지였으며, 2명은 무응답이었다.

지방자치단체 기관구성 형태 다양화란 자치단체의 집행기관과 의결기관의 구성을 기관대립형 또는 기관통합형 등 어느 하나로만 일률적으로 정하지 말고, 각 지역의 여건에 맞게 주민 스스로 선택할 수 있도록 다양한 선택지를 법률로 열어두는 것을 일컫는다. 2021년 1월 「지방자치법」 전부개정 때 특례규정(제4조)을 신설하면서 근거를 마련했고, 행정안전부가 2022년 2월 특별법에 자치단체 기관구성 유형 세 가지를 추가한 '추진방안'을 마련하고 의견수렴 절차를 밟으면서 언론 등에서 쟁점이 되었다. 행안부가 제시한 유형은 ① 자치단체장 지방의회 선출형: 지방의회가 자치단체장 지원자 중에서 단체장 선출 등, ② 지방의원의 집행기관 참여형: 지방의회가 지방의원 중에서 단체장 선출하고, 단체장이 지명하는 의원들이 집행기관 참여, ③ 자치단체장 권한분산형: 주민직선제로 단체장 선출하되 인사·감사·조직·예산 편성권을 지방의회 등으로 분산, ④ 현행 기관대립형: 단체장과 지방의원 주민직선제 유지 등 네 가지였다. 이에 대해《동아일보》등 언론기관과 자치분권 전문가들은 행안부가 자치단체장의 권한을 대폭 축소하는 데 초점을 맞춘 방안을 '졸속 추진'하려 한다는 등으로 비판했다.

안병용 의정부시장은 원칙적인 찬성 의견을 밝혔다. "지방자치 특히 주민자치는 지방자치단체의 여건과 상황에 따라 다양하게 운영하는 것이 필요하다고 생각합니다. 기관구성의 다양화는 그런 측면에서 현재 논의되고 있는 행정안전부의 세 가지 유형 중 어느 것이든 다 의미가 있고, 또 논의해 볼 필요가 있다고 생각합니다." 이환주 남원시장도 조건부 찬성 의견을 밝혔다. "법 개정 과정에서 지자체와 주민 의견이 반영될 수 있는 공론화 과정을 반드시 거쳐야 합니다. 또 법령에서는 기관구성의 다양성에 대한 근거 기준만 제시하고, 기관구성의 방식 및 절차 등에 대해서는 운용 당사자인 지자체에서 조례로 정할 수 있도록 해야 할 것입니다."

반면 대다수 단체장은 현행 제도(④) 유지를 고수하며, 다양화에 대해선 '긴 호흡의 공론화와 신중한 추진'을 요구했다. 곽상욱 오산시장은 "기관구성 다양화는 주민직선제를 핵심으로 한 지방자치제 기본정신을 훼손하고, 삼권분립의 원칙인 입법기관과 행정기관의 견제와 균형을 약화시킬 우려가 있다"면서 "풀뿌리 민주주의의 근간을 바꾸는 중차대한 사안임을 감안할 때 국민 공론화 과정이 미흡하면 많은 혼란과 시행착오가 발생할 것"이라고 우려했다. 최형식 담양군수는 "우리 현실로 볼 때 정당이 주민 뜻과 다르게 개입할 우려와 매관매직이 이루어질 소지가 매우 크며, 지방의회에서 자치단체장을 선출하는 것은 직접선거의 원칙을 훼손할 우려가 있다"며 "지방자치단체장은 주민이 선출하고, 감사위원회를 지방의회 소속으로 설치하는 것이 맞다"고 절충안을 제시했다.

지방소멸의 해법은 자치분권 개헌과 균형발전

지방소멸과 관련해서는 3선 단체장들 대부분이 저출생·고령화와 일자리 부족, 수도권으로의 청년 유출 등을 핵심 원인으로 지적했다. 이어 소득과 복지, 육아·교육·의료체제 등의 미비, 주택문제 등을 다음 순위 원인으로 지적했고, 몇몇 단체장은 강고한 중앙집권 정치체제나 자치분권 개헌 불발 등을 주요 원인의 하나로 지적했다. 해법 또는 대안으로는 자치분권과 균형발전 추진을 고르게 꼽았다.

정상혁 보은군수는 "지금의 지방 쇠퇴의 원인은 저출산 지역인 비수도권에서 초(超)저출산 지역인 수도권과 대도시로의 인구의 급격한 유출에 기인한 측면이 크다"면서 "농촌지역은 인구 유출로 인한 지역 쇠퇴가 더 큰 문제이므로 국가의 저출산 대책과는 다른 각도의 대응이 필요하다. 일자리, 교육, 복지, 교통 등이 포함된 정주 여건의 격차에서 기인하기 때문에 지역균형발전이 가장 중요하다"고 말했다. "각 지방자치단체가 스스로 문제를 진단하고 문제해결을 위한 사업을 추진할 수 있도록 자치분권을 강화하는 한편, 중앙정부가 관심을 가지고 지자체와 지속적으로 지역 특화를 추진해야 하며, 이를 위한 포괄적인 지원이 이뤄져야 농촌지역 인구의 도시 이탈을 막고 균형발전을 이룰 수 있습니다."

황숙주 순창군수 등은 자치분권 개헌을 강조했다. "우리나라에서 지역소멸론이 대두하고 있는 가장 큰 이유는 그동안 지역균형발전이 제대로 안 되었기 때문입니다. 지방분권이 되지 않아서 지방이 참여할 기회가 없었고, 의사결정권 또한 없었습니다. 따라서 지방분권과 지방균형발전은 당연히 이뤄져야 하고, 지방정부에 지역 문제를 책임지고 해결할 수 있는 행위능력을 부여하도록 헌법을 개정해야 합니다. 특히 새 헌법에 담겨야 할 조항은 지방균형발전과 농업분야의 기초농산물 보장제도 등입니다."

자치분권 개혁을 위한 최우선 과제는 재정분권

자치분권 개혁으로 나아가는 가장 중요한 과제가 무엇이냐는 설문에 대해서는 3선 단체장 대다수가 '재정분권'을 최우선으로 꼽았다. 재정분권 다음으로는 '자치조직권'을 꼽았으며, 정당공천제 폐지, 광역-기초자치단체 간 관계 개혁, 자치경찰제 도입 등이 뒤를 이었다.

처음부터 '정당공천제 폐지' 또는 '광역-기초정부 간 관계 개혁'을 최우선 과제로 꼽은 단체장은 각 2명이었으며, 자치단체라는 명칭부터 지방정부로 명확히 바꿔야 한다거나 자치입법권 확보가 최우선 과제라고 꼽은 단체장도 각 1명씩 있었다. 이들도 다음 순위로는 대부분 재정분권을 꼽았다. 원창묵 원주시장은 "정당공천제 폐지는 지방정치가 중앙정치에 귀속되지 않기 위해 꼭 필요하고, 광역과 기초자치단체의 관계 재설정은 하향식 정책 전달이 아닌 진정한 자치분권 실현을 위해 꼭 이루어져야 한다"면서 "자치조직권은 지방자치단체 운영을 위한 대표적인 자치사무이기에 근본적으로 중앙정부가 관여해선 안 될 것이며, 재정·경찰·교육 등의 문제는 재정 재배분이 공정하고 합리적으로 이루어져야만 비로소 자치다운 자치가 가능해질 것"이라고 말했다.

김석환(홍성), 김성기(가평), 정상혁(보은) 군수 등 광역자치단체장과 다른 정당 또는 무소속으로 활동한 단체장들은 광역-기초단체의 관계 개혁을 주요 과제로 제기했다. 김석환 군수는 구체적인 사례를 들어 광역-기초단체 간 관계 개혁의 절실함을 호소했다. "내포신도시의 축산악취 문제를 해결하기 위해 홍북읍에 위치한 돈사 2만 4848㎡를 군비 6억 4천만 원을 투자해 매입·철거하고, 균형발전위원회 공모에서 '홍성군 청소년 문화의 집' 건립사업이 선정되어 145억 원의 사업비를 확보했어요. 사업예산의 부담비율은 국비 80%, 지방비 20%로 매우 유리한 조건이었는데, 사업예산이 중앙정부에서 충청남도로 이양되면서 문제가 발생했습니다. 지방이양 공문에 예산 부담비율을 준수하라는 정부의 지침이 있었음에도 충남도에서 부담비율을 도비 30% 대 군비 70%로 변경한 겁니다. 홍성군은 부담비율을 최소한 50%로 하향 조정해달라고 충남도에 건의했지만 받아들여지지 않았고, 결국 부족한 군 재정으로는 재원조달이 어려워 이 사업을 포기했습니다."

대도시는 과세자주권, 지방 중소도시는 지방교부세율 상향 우선

재정분권을 위한 주요 개혁과제와 관련해선 수도권과 대도시 구청장들은 대부분 '지방세 세목과 세율 조정' 등 과세자주권을 우선 요구했고, 지방 중소도시 시장·군수들은 지방교부세 등 일반재원 우선 확대를 강조했다. 노현송 서울 강서구청장은 "실질적인 재정분권을 이루기 위해서는 국세와 지방세의 비율 조정 등을 통해 지방재원을 확대해 양적 권한을 키우는 것도 중요하지만, 세부적으로 세목과 과표·세율 등을 지자체가 자율적으로 결정할 수 있는 과세자주권을 정립하는 게 더 시급하다"고 말했다. 이성 서울 구로구청장도 "단지 '지방소비세 몇 퍼센트' 수준에서 국세를 일부 나눠주는 것이 아니라 법인세나 지방소득세 등 구조적으로 과세권을 지자체에 이양하는 방식이 되어야 한다"고 강조했다.

반면 곽용환 고령군수는 "지방소비세율 향상 등 1·2단계 재정분권을 통해 지방재정의 규모는 다소 커졌지만, 주민 요구와 현장에 맞는 시책을 실현해 나갈 수 있는 의사결정 권한의 자율성은 여전히 부족하다"면서 "지방재정의 지속적 확충과 지역 간 재정 격차 완화를 위해 지방교부세율의 단계적 상향 조정이 필요하며, 기초연금·아동수당·의료급여 등 주민기초생활 보장과 관련된 복지사업의 국고 보조율 상향 조정도 검토해야 한다"고 말했다. 나아가 최형식 담양군수는 전환사업 국비보전분의 영구적 지원을 위한 법률 명시화와 교부세 감소분 선(先)보전을 강조했다. "현행 제도에서는 재정분권에 따른 교부세 자연감소분을 보전해주지 않고 순증된 재원에 대해 소비세로 배분하게 됩니다. 이는 교부세 감소의 영향을 받지 않는 서울·경기 등 불교부 단체가 지방소비세 인상으로 재정을 확충하게 되는 것이며, 비수도권 재정이 수도권으로 이전되는 결과를 초래합니다."

박형우 인천 계양구청장은 특별시·광역시의 조정교부세율 상향을 최우선 과제로 지적했다. "조정교부금을 인천시가 20% 줍니다. 다른 광역시는 22%, 광주광역시처럼 23% 주는 곳도 있어요. 시·군 단위는 지방재정법에 교부율이 27%로 정해졌는데, 특·광역시는 조례로 정하도록 하고 있습니다. 계양구의 경우 3% 정도 더 받으면 아마 300억 원 이상 될 겁니다. 자치구들이 1억짜리 2억짜리 사업에 시비 지원해달라고 올리는데, 조정교부금을 2~3%만 올려주고 가이드라인을 정해서 '얼마 이하 사업은 시비 지원 없다'고 정리하면 서로 업무도 줄고 얼마나 좋습니까. 취지 그대로 자치분권이 되는 것인데, 그걸 계속 요구해도 안 해줍니다."

광역·기초정부협의회 제도화 필요

광역-기초정부의 관계 정상화를 위한 방안으로 3선 단체장들은 대부분

'중앙·지방정부협력회의'와 유사한 '광역·기초정부협의회'(가칭) 구성과 운영을 제도화해야 한다는 의견을 밝혔다. 고윤환 문경시장은 "중앙정부와 기초단체 간 관계가 법령에 기초한 제도적인 규제와 간섭이라면, 광역시·도와 기초단체의 관계는 중앙 법령의 집행과정에서 겉으로 드러나지 않으면서 기초단체의 자율성을 침해하고 집행력을 약화시키는 행정 내부적 규제 행태가 많이 나타났다"면서 "앞으로 이 문제는 기초단체의 자치분권 강화라는 측면에서 많은 개선이 필요하므로 광역·기초정부협의회를 제도화해 운영할 필요가 있다"고 말했다.

이동진 서울 도봉구청장은 중앙정부의 일방통행 행정과 특·광역시의 조정교부세율 문제 등을 제도화 필요성의 근거로 제시했다. "중앙정부는 늘 일방적이었지요. 예컨대 기초지방세의 근간인 재산세를 기초정부와 아무런 사전협의 없이 부동산정책의 일환이라며 일방적으로 세율을 인하합니다. 종부세도 결국은 다 나눠주는 것인데, 아무런 사전협의나 검토 없이 맘대로 정해요. 그런데 광역단체도 비슷합니다. 지방재정법으로 정한 시·군 단위의 조정교부금 재원 징수율은 27%인데, 조례로 정하는 특·광역시의 조정교부금 징수율은 20~23% 수준입니다. 27% 넘는 데가 한 곳도 없어요. 문재인 정부에서 1·2차 재정분권을 했는데, 1차 때 그 과실을 광역 7, 기초 3으로 배분했지요. 그래서 2차 때는 반대로 기초 7, 광역 3으로 하자고 협의했는데, 유감스럽게도 광역 6, 기초 4로 다시 결론이 났어요."

부시장·부군수·부구청장을 자기 시·군·구 공무원 중에서 임명해야

자치조직권 확대의 걸림돌을 묻는 설문에는 대부분 조직편성권을 1순위로 꼽았으며, 공무원 정원, 인사권 등이 그 뒤를 이었다. 최형식 담양군수는 "2018년 「지방자치단체의 행정기구와 정원기준 등에 관한 규정」(대통령령)

이 개정되어 과(課) 단위 이하 기구 설치가 자유로워졌으나, 실·국 설치에 대해서는 여전히 제한을 두고 있다"며 "공무원 정원에서도 자치단체별 여건과 필요에 따라 자율적으로 정원을 관리할 수 있게 개정했으나, 기준인건비 범위 안의 인건비 집행분에 대해서만 보통교부세 기준 재정수요에 반영해주도록 해, 공무원 인건비를 보통교부세로 충당하는 자치단체에는 여전히 공무원 정원을 제한하는 요인으로 작용하고 있다"고 진단하며 실질적인 자치조직권 보장을 위한 대통령령 개정이 시급하다고 말했다. 정상혁 보은군수는 "사회가 전문화·고도화하면서 전문인력(노무사·변호사 등) 채용의 필요성이 높아지고 있으나, 기준인건비 범위 안의 기구 설치 및 직급별 인원 기준, 기존 조직체계의 열악한 처우와 부족한 승진기회 등은 이를 가로막고 있다"며 "다양한 유인책 마련을 통해 전문인력을 확보할 수 있도록 자율성을 보장해야 한다"고 말했다. 정 군수는 이어 시·도가 사실상 부단체장을 임명해 파견하는 것은 명백한 「지방자치법」 위반이라며 "지역의 실정을 가장 잘 아는, 그 고장 출신 시·군·구 공무원이 승진해 부단체장을 할 수 있도록 정상화해야 한다"고 주장했다.

탄력세율 활용은 주민세 인상이 전부

재임 중 자치단체의 세율결정권(탄력세율)*을 활용한 적이 있느냐는 설문에는 7명만이 있다고 응답했는데, 모두 주민세를 1만 원으로 인상한 결정이었다. 2017년 「지방세법」에서 규정한 주민세 개인분의 세율에 대하여 1만 원

---

* 정부가 법률로 정한 기본세율을 탄력적으로 변경하여 운영하는 세율을 말한다. 조세의 경기조절기능을 수행하기 위한 목적에서 마련된 제도인데, 지방세에서는 지역별 선호나 특성의 차이를 반영함으로써 자원 배분의 효율성을 높이기 위한 목적으로 도입해 활용하고 있다.

을 초과하지 아니하는 범위에서 지방자치단체의 장이 조례로 탄력세율을 정할 수 있도록 함에 따라 상당수 기초단체가 주민세를 최고세율인 1만 원으로 인상하고, 그렇게 확보한 세입증가분을 주민참여예산제 등을 통해 주민편익과 복리증진 등 숙원사업예산으로 배정해 환원해준 것이다.

재임 중 지방채를 발행한 적이 있는가라는 설문에는 단체장 9명이 적게는 53억 원부터 많게는 4816억 원까지 발행했다고 응답했으며, 대구시 달성군수는 임기 말인 5월 중에 발행할 예정이라고 응답했다. 경기도 시장 4명은 모두 있다고 응답했고, 서울시 구청장 8명은 모두 없다고 응답했다. 4명은 취임 전 전임 단체장이 발행한 지방채가 있었으나, 본인 재임 중 모두 상환했다고 응답했다.

민선 3선 시장·군수·구청장
인터뷰

김영종 서울 종로구청장

한양대 대학원 행정학박사
건축사
한양대학교 공공정책 (행정자치) 대학원 겸임교수
서울시 도시계획위원회 위원

민선 5·6·7기 종로구청장

"종로구는 '급격한 인구증가와 과밀화의 도시'였는데, 어느 날 갑자기 인구가 빠져나가는 도심 공동화 현상을 맞이했지요. 학교·학원들의 강남 이전, 기업의 수도권 진입 불가, 공공기관 지방 이전 등의 정부 정책은 종로에 공동화 현상과 인구감소를 초래했습니다. 이것은 국가 구조적 문제인데 구청장의 잘못으로 오해받거나 공격을 받기도 했습니다. 실제 도시산업까지 쇠퇴했지요. 이 문제를 해결하기 위해 도시 활성화와 다시 사람이 돌아오게 하는 방안을 고민했습니다."

전공이 건축과 도시계획이어서 이 분야에 자신이 있었고, 종로는 역사와 문화를 잘 지켜야 하는 도시이기 때문에 종로에서부터 해보자 생각했다는 김영종 구청장은 처음부터 계획을 세워 놓고 출마했고, 당선 직후 곧바로 일을 시작했다고 회고했다. "구청장이 되고 나서 뭘 구상한 게 아니라 출마하기 전에 이미 이런 일을 해야지, 저런 거는 정말 좋은데 왜 안 하지 하는 생각에서 시작했습니다."

맑은 공기 만들기

김 구청장이 미리 구상한 첫 과제는 '맑은 공기 만들기'였다. 우선 공기가 맑아야 사람들이 다시 돌아와 살 수 있을 것으로 생각한 것이다.

그 첫째 사업이 도시매연 줄이기였다. "지금은 볼 수 없지만 2006년 당시

도로 위 미세먼지를 없애는 물청소 자동차

만 해도 버스가 시커먼 매연을 내뿜고 달렸습니다. 공약을 만들면서 공기를 맑게 하겠다고 하니까 아무도 안 믿어서 그 밑에 '먼지를 없애겠습니다'라고 쓰니까 이해하더라고요. 종로구는 지금도, 지난 12년 동안 날마다 하루도 빼지 않고 새벽 3시 반부터 아침까지 도로 위의 미세먼지를 물로 쓸어냅니다. 공동구에서 버리는 유출수를 도로 물청소에 활용하는데요, 서울시에서만 하루 17만 톤의 공동구 유출수가 나오는데 우리처럼 물청소에 사용하는 양은 1%도 채 안 된다고 합니다."

둘째 사업은 옥상 청소였다. "종로구는 도심이기 때문에 오래된 쓰레기가 옥상마다 엄청나게 쌓여 있습니다. 봄철 건조한 시기에 바람만 한번 불면 옥상 먼지가 날려 지나가는 시민들이 그대로 다 마시는 꼴이 됩니다. 시민들은 먼지를 마시는지도 모릅니다. 그래서 2010년 당선하자마자 도로나 집 앞에 옥상 쓰레기를 내려놓기만 하면 구청에서 무료로 치워주겠다고 홍보했습니다. 거동이 불편한 어르신들의 집은 공무원들이 직접 옥상에 올라

실내 공기 질 측정기(공예도서관)

가서 치웠습니다. 당시 처리비용만 1억 8천만 원이 들었는데, 한 집에서 10톤, 한 자리에서 187톤을 치운 사례도 있습니다. 그해에 전체 치운 게 대략 1200톤입니다. 쓰레기를 치운 옥상에는 시민들이 자발적으로 고추, 상추 등 텃밭을 가꾸도록 권장했습니다. 옥상이 깨끗해지니 텃밭 농사를 짓게 되고 농사를 지으니 청소를 하게 되고 먼지가 없어지니 공기가 깨끗해질 수밖에 없었던 거죠."

셋째는 실내 공기 질을 맑게 하는 일이었다. 하지만 건물주들의 항의를 많이 받았다. "극장에 가서 카펫을 걷어내라고 하니 극장주가 '카펫을 걷어내면 발소리가 시끄러워 영화를 관람할 수 없다'며 항의하더군요. 그래서 제가 그랬죠. '더 중요한 것은 공기입니다. 이러한 공기로 장사를 해서 되겠습니까?'라고 설득했지요. 취임 첫해에 1700만 원을 주고 공기측정기를 샀습니다. 직원들에게 직접 사용법을 익혀 측정하게 했습니다. 세탁소, 어린이집, 노인정, 당구장 등으로 대상을 확대했습니다. 어린이집은 시끄럽다고 문을 꼭 닫아놓는 경우가 많습니다. 공기를 측정해보니 매우 나빴습니다. 수시로 환기해달라고 계도했습니다. 단속은 하지 않았습니다. 그렇게 해마다 500군데 이상 관리해왔습니다. 이 밖에도 자동차 속도 늦추기(40km), 자동차 많이 타지 않기, 빈터에 나무 심기 캠페인 등도 시행했습니다."

그는 "2006년만 하더라고 미세먼지가 뭔지 몰랐고, 2010년·2011년에 와서야 미세먼지 얘기가 나오기 시작했는데, 당시 국회에서 미세먼지법 제정 토론회에서 종로구 사례를 발표하기도 했다. 주민과 직원교육을 많이 했고, 환경부와 종로구가 공동으로 관련 책자를 만들기도 했다"면서 "사람이 살아가는 데 가장 중요한, 건강한 동네를 만드는 것이 구청장으로서 가장 기본적으로 할 일이 아닌가 생각했다"고 말했다.

"구청장으로 할 수 없었던 건 차량 2부제 같은 겁니다. 이건 서울시장 권한입니다. 그리고 도시가스 연료나 공장 연료 변경, 중국발 미세먼지 등은 국가 차원에서 해결할 일입니다. 구청장의 권한 밖이지요. 나머지 구청에서 할 수 있는 건 다 했다고 자부합니다. 종로구청에 물청소 자동차가 15대 정도 있는데 5대는 대형청소차이고, 골목과 보도를 청소하기 위해 작은 청소차 10대는 자체 개량했습니다. 보도에 고압을 사용해서 껌딱지까지 떼어내는 거죠. 이상이 도시를 건강하게 만들어 사람이 다시 살기 위해 노력한 것들입니다."

품격 있는 도시 만들기

김 구청장이 미리 준비한 두 번째 과제는 '도시를 품격 있게 만드는 것'이었다. 도시가 품격이 있어야 한다는 것은 "옛날 집이라도 깨끗하게 가꾸고 명패 하나라도 반듯하게 하는 것"이라고 그는 생각했다. 어차피 건물을 몽땅 새로 지을 수 없다면, 그렇게 관리하는 것이 '오래된 도시로서의 힘'이라고 생각했다.

"구청장이 되고 인수위 보고를 받는데 웬 건물을 철거한다고 하길래 '왜 철거하느냐, 잠시만 보류하자'고 했어요. 며칠 뒤 현장을 가보고 사용할 수 있는 방안을 찾아보자고 했는데, 건물 위쪽에 윤동주의 '서시' 비가 있었습니다. 그 동네와 윤동주의 관계를 찾아보니 윤동주가 그곳에 직접 살았다는 겁니다. 그래서 그 건물을 '윤동주문학관'으로 만들었습니다. 오래된 것을 버리지 않고 우리의 흔적과 손때가 묻은 것을 통해 '오래된 것의 힘'을 확인했고, 도시재생으로 오래된 것으로 매력 있는 곳을 많이 만들려고 했습니다."

도시의 품격을 위해 그는 '200~300년 가는 친환경 보도와 계단 정비사업'도 중점 추진했다. "종로구는 종로에 맞는 친환경 보도블록을 개발해서 특허를 받았습니다. 보통 사용하는 것보다 2배쯤 두껍고 크게, 미끄럽지 않게 만들었는데, 12년 전부터 시작해 현재까지 전체 구간의 약 30%를 깔았습니다. 이 보도블록은 또 바닥 콘크리트 위에 치지 않고 모래 위에 그대로 얹어 깔기 때문에 나중에 보수공사를 할 때도 블록을 그대로 들어내고 보수한 뒤 다시 깔면 됩니다. 초기 비용은 조금 더 들어가지만, 길게 보면 훨씬 저렴한 것이지요. 거꾸로 제가 취임하기 전인 2009년 서울시가 350억 원을 들여 종로 1가에서 6가까지 새 보도블록을 깔았는데 지금은 누더기가 되었지요. 당시

친환경 계단

서울시가 추진한다는 이유로 종로구는 그대로 보고만 있었다는데, 실은 보도블록 교체나 하천 정비 등은 시장·군수·구청장의 권한입니다. 자치분권이 덜 되었다고 주장만 하지 말고 현행 법제가 허용하는 범위에서 할 수 있는 것은 다 하는 것이 바람직합니다."

도시 비우기의 어려움

도시의 품격 관련 가장 어려웠던 사업은 '도시 비우기'였다. "공무원들의 인식 변화를 위한 교육, 외부 유관기관과 주민의 이해 조정을 위한 설득의 과정이 너무 힘들었습니다. 안내 간판이 줄어드는 것에 대한 기관들의 불만이 특히 거셌지요. 하지만 끊임없는 검토와 설득, 조례 제정 등의 절차를 거쳐 장기적 관점에서 지속적으로 추진했습니다." 이런 어려움을 뚫고 상호 협조체계를 구축한 것이 결국 가장 큰 성공 요인이었다. 그 결과 지금은 시설물을 하나 새로 설치하려면 사전에 유관기관 간 협의를 거쳐 통합설치 등 예산을 절약하는 '미리 비우기'까지 추진하기에 이르렀다. 또 각종 시설물의 위험 요소를 없애고, 녹을 제거하고, 전봇대의 철사를 없애는 사업까지 추진하고 있다.

인근 자치구와 충돌하거나 갈등한 사례에 대해선, "충돌한 사례는 없고 주변 구의 협조를 얻어 추진한 사례는 있다"고 말했다. "견인차보관소의 경우 종로에는 땅이 없어서 서대문구와 협조해 서대문구 보관소를 공동 운영하고 있습니다. 쓰레기처리장도 마포구와 협력하여 소각 쓰레기를 처리하고 있습니다. 비용은 공동부담하고 있습니다. 또 도심관광특구 공동지정을 위해 중구·서대문구·마포구·성북구·종로구·용산구 6개 구가 관광협의체를 구성해 협력하고 있는데, 마포구에 관광버스를 주차하고 셔틀을 같이 운영하고 있습니다. 청소 차량은 세워 둘 곳이 없어 성동구에 협조를 구해 주차하고 있습니다."

거버넌스 개념의 확장

거버넌스에 대해서는 두 가지 개념을 보고 싶다고 했다. 보통 거버넌스라 하면 관(청)과 민(간)의 관계를 말하는데, 김 구청장은 더 넓은 의미에서 어떤 일을 함께하는 이해관계자 모두를 포함한 개념으로 보고 싶다는 것이다. "재산을 가진 사람과 재산이 없는 사람이 협력하는 것, 예를 들어 교회 공간의 일부를 어린이집으로 활용할 수 있습니다. 구청이 초기 인테리어 비용과 운영비 일부를 대면 구청은 부지 매입비를 절감할 수 있고 교회가 운영함으로써 시설운영비를 크게 절감할 수 있습니다. 이것은 기관-기관 간의 협력이죠."

그는 정독도서관에 화장실을 설치한 사례, 지하철 1호선 종각역과 5호선 광화문역을 연결하는 청진동 지하보도 설치 사례도 자세히 소개했다. "KT,

기관과 기관 간 협력으로 설치된 청진동 지하보도

대림, T-타워, 교보, 제일은행 등 5개 빌딩 주인들을 한자리에 모시고 제가 직접 도면을 그려주면서 모든 빌딩이 지하철과 연결하도록 구상해보라고 권유했습니다. 중요한 것은 '공공성'을 넣은 것입니다. 공공성을 이유로 구청이 도로점용료를 안 받는 대신 공사비 568억 원을 빌딩주들이 나누어 부담하도록 협의했습니다. 이것이 민과 관의 거버넌스 사례입니다. 관은 공공성을 추구하고 민간은 자기 재산의 가치를 올리고, 시민은 더욱 편리해진 것이지요."

미완의 과제: 주거복지

민선 5기 처음부터 구상했지만 끝내 마무리하지 못한 미완의 과제로는 '주거복지'를 꼽았다. "종로에서라도 주거복지를 이루고자 했는데, 못했습니다. 관내 저소득층이 사는 쪽방 문제를 해결하지 못한 아쉬움이 있습니다. 쪽방 문제는 복지 차원에서 해결해줘야 하는데, 이것을 개발사업으로 생각하니까 문제를 풀지 못하는 겁니다. 주거복지는 정부(지방자치단체)가 하는 것이지 개발업자가 하는 게 아닙니다."

그는 최소한 방과 부엌, 화장실, 발코니가 있는 거주공간이어야 주거복지를 이룬 집이라고 강조했다. 특히 수건이라도 널고 작은 화분이라도 둘 수 있는 '발코니'가 있어야 한다고 했다. "발코니가 없으면 사람이 사는 집이 아닙니다. 그냥 암실일 뿐입니다. 제가 이런 집을 마련하기 위해 직접 도면을 그려 서울시에도 주고 건설교통부와 서울주택공사(SH)에도 줬지만 아무 소용이 없었습니다. 유엔에서 이야기하는 주거복지의 기본 단위인 최소 1인당 14㎡는 확보해야 합니다. 1칸 짓는 데 7평이라 치고 1평당 조성비가 500만 원 든다면, 1채에 3500만 원, 넉넉잡아 5천만 원이면 되고, 그렇게 1천 채 짓는다면 500억 원이 필요합니다. 1000채면 종로는 쪽방 문제 해결합니다. 주

돈의동 홍반장

거복지는 국가 또는 지방이 소유한 공공임대 방식으로 해결해야 하며, 특히
화재에 취약한 곳에서는 인권 차원에서도 반드시 이행해야 합니다."

이런 소망이 이뤄지진 않았지만, 쪽방촌이 있는 종로3가 지역에서 그는
"생활환경 개선을 위해 별 짓거리를 다 했다"고 했다. 예컨대 동네의 골칫거
리인 문제아가 이웃사람을 도와주면 수당을 주는 '홍반장 제도'를 통해 동네
범죄율을 30%나 감소시켰다. 골목별로 길에 노란색·보라색 등 색깔을 입혀
화재나 범죄 등에 빠르고 효율적으로 대처하게 했고, 주민들이 자신의 장기
를 살릴 수 있도록 식재료비를 제공해 음식을 나누어 먹게 했고 공동세탁 등
일거리 제공도 추진했다. 주거복지는 이루지 못했지만 생활환경과 여건은
개선하려 애쓴 것이다.

창신동 채석장에 있는 기동대를 옮긴 뒤 그 자리에 지하주차장을 만들고

지상은 공원으로 개발하는 계획을 관철하지 못한 데 대한 아쉬움도 토로했다. "기획재정부는 700억 원에 사업을 가져가라고 했습니다. 구청 예산에 700억 원은 꿈도 못 꾸고 10년으로 나누어도 매년 70억 원씩인데, 저야 계약을 하면 어찌어찌하겠지만 후임자는 죽어나는 것입니다. 그래서 이 사업을 포기하고 대신 도시재생을 추진했습니다. 도시재생을 위한 청소부지는 결국 이루지 못했으나, 만약 했으면 브라질 쿠리치바의 오페라하우스가 되었을 것입니다."

몇 년 전부터 젊은이들의 핫플레이스가 된 이른바 '서촌'의 도시재생에 대해서는 서촌이란 지명부터 수정했다. "서촌이란 말은 틀린 말입니다. 주민들은 '해가 지는 마을'이라 해서 싫어했고요. 조선시대 정치세력 중 동쪽에 사는 분들을 동인이라 불렀는데, 동촌이라는 말은 없었습니다. 북촌과 남촌은 오랫동안 쓰인 말이지만, 동촌과 서촌은 없었습니다. 원래 이 지역은 '상촌(上村)', 윗마을이라고 했지요. 서촌이란 말은 서울대 교수인 로버트 파우저 박사가 처음 썼고 그것을 몇몇 시민단체가 받아쓰면서 생겨났는데, 저는 '세종마을 만들기'란 말을 사용했습니다. 우리가 잘 아는 '혜화성당'도 원래는 '백동성당'이라 했습니다. 잣나무가 많은 동네라고 해서 백동(栢洞)이란 이름이 붙었습니다. 제가 '백동우물'도 복원했는데, 처음에는 위험하고 지저분하다는 반대도 있었지만 깊지 않고 깨끗하게, 예쁘게 물이 솟는 샘으로 만들었습니다."

상급단체 공무원이 자치분권의 걸림돌

기초자치단체장으로서 가장 어려웠던 상대는 '중앙부처나 서울시 등 상급단체 공무원'이었다고 기억했다. "기득권을 내려놓지 않으려고 합니다. 마로니에공원을 만드는데 서울시에서 48억 원이 나왔다고 공사를 시작해야 한다고 해서 설계도를 보니까 화장실이 땅속에 있는 등 문제가 있어 일단 보류시켰습니다. 화장실이 땅속에 있으면 오수를 지상으로 펌핑해야 하므로 유지관리비가 많이 들고 시설물이 쉽게 부식되는 데다 가스 질식 등의 위험성이 높아집니다. 그래서 공원 설계를 다시 하자고 했더니 서울시에서 난리가 났습니다. '이미 도시계획위원회를 통과한 사안인데 일개 구청장이 바꾸라 한다'면서 '그대로 해라, 안 할 거면 48억 원 반납하라'고 하더군요. 그래서 구청장이 건의를 해도 말을 듣지 않는 엉터리 같은 공무원을 데리고 어떻게 일을 하느냐, 서울시장을 만나 직접 항의하겠다고 협박 아닌 협박을 했죠. 그랬더니 서울시 국장이 한번 만나자고 하길래, 문제점을 설명하고 개선 방법을 제시했지요. 결국 설계를 수정해서 공원을 만들었고 3년 만에 서울시는 마로니에공원을 미래유산으로 지정했습니다. 공원을 잘 만들었으니 그대로 잘 유지하라는 의미겠지요."

김 구청장은 같은 맥락에서 자치역량 부족의 문제는 주민보다는 구청 공무원들에게 있다고 진단했다. "구청 공무원이 역량을 키우려면 자기 권한을 내려놓아야 합니다. 공무원은 절대 권한을 내려놓지 않으려고 합니다. 우리가 해야 하고 우리가 시키면 되는 것으로 그렇게 생각합니다. 이제는 주민이 스스로 할 수 있도록 공무원의 권한을 더 내려놓아야 합니다."

성장현 서울 용산구청장

단국대 행정대학원(행정학 박사)
제1·2대 용산구의원
한미친선협의회 한국 측 위원장
단국대학교 겸임교수
전국시·군·구 및 서울시 구청장협의회장

민선 2·5·6·7기 용산구청장

"스물다섯이던 1978년, 처음 민주당에 입당해 지금까지 쭉 정치 생활을 했습니다. 1991년 용산지구당 조직부장을 할 때 지방선거가 실시됐는데, 당시 한영애 지역위원장의 '강권'으로 구의원에 출마했습니다. 두 번 구의원 하면서 민선 구청장의 역할이 얼마나 중요한지 깨달았고, 나도 구청장을 해서 구의 살림살이를 맡아 보겠다는 꿈을 갖게 되었죠. 마침 같은 당 소속 현직 구청장이 탈당하면서 당의 추천으로 1998년 민선 2기 구청장에 당선했습니다."

성장현 서울 용산구청장은 마흔셋의 젊은 나이에 구청장을 시작했다. 하지만 정치 역정이 순탄치만은 않았다. 공직선거법 위반으로 100만 원 벌금형이 확정돼 불과 2년 만에 자리에서 물러났다. "선거일 한 달 전, 39만 원어치 식사를 한 번 제공한 게 죄가 되었습니다. 검사 구형대로 확정됐는데, 법원이 단 1원만 깎아 주었어도 청장직을 유지할 수 있었죠."

그 이후 오랜 '야인생활'은 오히려 그에게 용산의 발전을 위해 충분히 준비할 수 있는 '전화위복의 기회'가 되었다. 용산 미군기지 반환부지 활용방안을 알아보고자 필리핀 수빅과 클라크의 미군기지를 찾아갔고, '주한미군 지위에 관한 한·미행정협정(SOFA)' 연구로 박사학위도 받았다. 대학교에서 학생들에게 지방자치를 가르치면서 이론과 실무에 대해 끊임없이 공부하고 고민했다. "언젠가 구민들이 저를 다시 불러 주실 것이라는 희망을 품고, 구청으

2022년 3월 23일에 개관한 용산역사박물관

로 돌아가면 제대로 해야겠다는 생각에서 열심히 공부하고 준비했습니다."

정확히 10년 만인 2010년, 그는 민선 5기 용산구청장으로 복귀하고 내리 3선에 성공했다. 민선 7기 첫해에는 '대한민국시장·군수·구청장협의회' 대표 회장을 역임했다.

역사를 두려워하는, 일 잘하는 구청장

"저는 역사를 두려워합니다. 용산 최초의 '4선 구청장'을 앞으로 역사가 어떻게 기록하고 평가할지 늘 두렵습니다. 그래서 용산 발전을 위해 헌신하고, 주민들이 더 편안하고 안정되게 살도록 일 잘하는 구청장으로 기억되는 게 제 소원이었고, 반드시 그렇게 되고자 열심히 준비하고 노력했습니다."

'준비된 구청장'으로서 성 구청장은 취임 직후부터 다양한 분야의 사업을 추진했다. 가장 먼저 용산의 경쟁력을 문화·역사·관광에서 찾겠다는 계획 아래 '역사 바로세우기 사업'에 심혈을 기울였다. 효창공원 '의열사' 재정비, 유관순 열사 추모비 건립, 이봉창 역사기념관 개관 등을 추진했다. 10년의 준

2017년 12월 11일에 개관한 용산 꿈나무종합타운

비 끝에 '용산역사박물관'을 개관하고 임시정부 수립 103주년을 맞아 '애국선열의 도시 용산'을 선포하면서 명실공히 '역사·문화도시'로 자리 잡았다. "과거와 현재, 미래를 잇는 상징적인 의미와 함께 실질적인 경제유발 효과로 지역경제 활성화를 도모하는 기반을 마련했습니다."

균등한 교육의 기회 제공과 미래인재의 양성 또한 성 구청장의 주요 관심사였다. 그는 취임 직후부터 '100억 꿈나무장학기금' 조성에 공을 들였다. 먼저 「용산구 장학기금 설치 및 운용조례」를 제정하여 제도적 기반을 마련하고, 2011년부터 기금조성에 돌입해 2년 만에 첫 장학금을 지급할 수 있었다. 2019년에는 목표금액인 100억 원을 달성했다. "지금까지 3천여 명의 학생들에게 총 12억 원의 장학금을 지급했습니다. 다양한 꿈과 재능을 가진 학생들이 용산의 미래를 책임질 꿈나무로 자라날 수 있을 것이라 기대합니다."

성 구청장은 '모두가 행복한 용산'을 만들기 위해 복지문제에도 힘을 쏟았다. 2016년 설립한 '용산복지재단'은 기본재산 37억 원으로 출발해 목표 모금액 100억 원을 초과 달성했으며, 정기 후원계좌만 7700여 개에 달한다. 복지재단을 통해 나눔네트워크 구축, 저소득 위기가정 지원, 청소년 장학금 지급 등의 사업을 추진했고, 소외계층 등 복지대상자들에게 약 131억 원의 성금과 물품을 지급했다. 민선 7기 이후에는 특히 '청년층 복지'에 역점을 두어 청년지원팀을 신설하고 민관협력 일자리사업과 청년기업 융자사업 등을 계속 추진했다. "청년정책이 정작 당사자인 청년들과 괴리되는 경우를 많이 봤습니다. 그래서 용산구는 정책의 기획과정부터 청년들을 참여시키는 '청년정책자문단'을 구성해 운영했습니다."

미군 공여부지 반환 협상 이끌어

미군기지 이전에 따른 '용산국가공원 조성' 사업도 성 구청장의 빼놓을 수 없는 치적이다. 역사와 문화, 생태가 어우러진 온전한 공원을 만들기 위해 그는 끊임없이 노력했다. "용산공원 조성 과정에서 자치구의 법적 권한 부재, 자치단체 참여 배제, 소통 미흡 등으로 과거 오랫동안 미군 주둔으로 인한 재산권 제약, 개발 저해 등 온갖 불이익을 감내해 온 지역주민들의 입장이 전혀 반영되지 못하는 상황이었어요. 관할 지자체로서 용산구민의 의견을 최대한 개진하고 관철하고자 노력했습니다."

성 구청장은 공원부지에 건립하려던 미 대사관 직원 숙소 계획의 문제점을 지적하고 대안까지 제시해 부지 1만 5천 평을 추가 확보했고, 남산에서 한강으로 이어지는 '녹지축'을 연결할 수 있었다. 또 공원 조성을 위한 '컨트롤타워'의 필요성을 정부에 끊임없이 제안해, 국무총리를 위원장으로 하는 '용산공원추진위원회'를 이끌어냈다.

현재 용산구청이 들어서 있는 '행정타운'은 원래 주한미군이 군사적 목

용산구 행정타운

적을 위해 우리 정부로부터 제공받은 공여지였다. 그런데 미군은 이 부지를 어느 택시회사에 빌려주고 임대료를 받으며 부당이득을 취하고 있었다. 이러한 부당함을 바로잡고자 성 구청장은 초선이던 1998년 11월에 '반환 협상'을 시작했다.

"남북 다 합쳐도 미국 캘리포니아 면적이 안 되는 나라에서 군사기지로 쓰라고 제공한 땅으로 (미군이) 임대업을 하고 있었어요. 제가 미군부지를 돌려받겠다고 하니 '미친 사람' 아니냐는 얘기도 나오더라고요. 그런데 저는 (부지 반환을 위해) '미친놈'도 꼭 있어야겠다고 당시에 생각했습니다." 성 구청장의 노력으로 이 문제는 이듬해 SOFA 정식 의제로 채택되었고, 이후 여러 차례 협상을 거쳐 용산구가 이 땅을 매입하는 것으로 매듭지었다. "용산구가 지방자치단체 최초로 미군부지를 돌려받는 기록을 세운 것입니다."

해방촌과 와이밸리, 용산제주유스호스텔

성 구청장은 관내의 거주환경 개선 및 지역경제 활성화를 위해 임기 내내 도시재생사업을 적극적으로 추진했다. '해방촌 도시재생사업'으로 침체한 골목상권을 회복하고 주민의 삶의 질과 지역경제를 동시에 향상했다. 용산전자상가 일대를 전자산업 기반의 신산업 복합문화공간인 '디지털 메이커 시티 와이밸리(Y-Valley)'로 조성해 상권 활성화는 물론 청년창업과 일자리 창출에도 이바지했다.

용산 Y밸리 혁신플랫폼 선포식(2018년 4월 3일)

"청년들을 위해 '창업지원센터'와 '청년지음센터'를 마련했습니다. 이 공간에서는 누구든 와서 전시도 하고 토론도 하면서, 휴식을 취할 수 있습니다. 어린이집과 놀이터, 그리고 탁구장과 헬스클럽 등 주민들을 위한 공간들도 잘 만들어져 있습니다."

기초지방자치단체 최초로 구민들을 위한 유스호스텔을 제주도에 연 것도 성 구청장의 업적이다. 2017년 서귀포에 개원한 '용산제주유스호스텔'은 용산구민이라면 나이, 성별, 소득에 관계 없이 누구나 이용할 수 있다. "서울의 중심지역인 용산구는 개발지역에 포함된 구유지를 매각해야 하는 상황이 많았어요. 예전에는 (매각대금을) 주로 일반예산으로 편성해 사용했지만, 장기적인 관점에서 우리 구민들을 위해 뭔가 남겨둬야 한다는 생각을 했습니다." 이런 이유로 2011년 자치구 최초로 「공유재산관리기금 조례」를 제정하고 그동안 차곡차곡 모은 자산 75억 원을 투입해 유스호스텔을 매입한 것이다.

'왜 제주도에 건립해야 하는지', '거액의 예산을 투입할 만한 가치가 있느냐' 등의 반대 여론도 많았다고 한다. 그러나 현재를 살아가는 구민들과 미래의 용산을 이끌어갈 우리 자녀들을 위한 일이라는 확신에서, 성 구청장은 과단성 있게 사업을 추진했다. "외부에서 빌린 돈 없이 우리 땅을 팔아 모은 돈으로 다시 투자한 것입니다. 결국 '구민의 복지'와 '구 자산 보존'이라는 두 마리 토끼를 모두 잡을 수 있었지요." 현재까지 유스호스텔 이용객이 14만 명에 이르고, 이용한 구민의 만족도도 매우 높다고 한다.

베트남 퀴논시와 다양한 교류 활성화

용산구와 베트남 퀴논시의 교류는 기초자치단체 단위의 국제교류 가운데 주목할 만한 사례로 알려져 있다. 퀴논시와 교류를 활성화한 데에도 성 구청장의 역할이 컸다. 그는 민선 5기 구청장 취임 직후부터 퀴논시와 교류를 본격화해 양 도시 간 '공무원 교환근무' 등 각종 인적교류는 물론, 저소득층 학생을 위한 장학금 지급, 퀴논시 우수학생 선발 및 관내 숙명여대 유학 알선, 백내장 환자 치료 지원, '꾸이넌 세종학당' 운영, 빈곤가정을 위한 '사랑의 집' 건립, 유치원 등 교육시설 건립 지원 등 열거할 수 없을 만큼 많은 실적을 일궈냈다. 이러한 공로들을 인정한 베트남 정부로부터 성 구청장은 2018년 '주석 우호훈장'을 받았는데, "베트남 축구 국가대표팀의 박항서 감독보다도 먼저 받은 것"이라고 자랑했다.

"용산구에서 창설한 맹호부대가 월남전 때 퀴논에 주둔했습니다. 아시다시피 두 나라 사이에는 서로 죽고 죽이는 참혹한 역사적 비극이 있었어요. 이런 역사적 아픔을 우리가 나서서 풀어나가야 한다는 생각으로, 퀴논시와의 교류에 진심을 담아 최선을 다했습니다. '친구 사이의 우정은 넓은 바다도 메운다'는 한 베트남 속담처럼, 용산구와 퀴논시 간 교류는 지난 20년 동안 눈부시게 발전했습니다."

베트남이 코로나19 '봉쇄조치'를 시행할 때 인근을 지나던 선박의 한국인

용산구와 퀴논시 교류 26주년 기념행사(2022년 4월 25일)

선장이 코로나19에 감염돼 위독한 상황이었는데, 베트남 정부의 봉쇄조치로 상륙이 도저히 불가능했다. 그러나 성 구청장이 베트남 정부에 간곡하게 부탁하여 환자를 베트남 현지 병원으로 신속하게 옮길 수 있었다고 한다. 또 퀴논시 현지의 한 음식점 간판에 있는 '욱일기'를 용산구 공무원의 노력으로 걷어낸 일은 한국 언론을 통해서도 잘 알려진 사례다. "국가도 하기 어려운 일을 지방정부 용산이 해낼 수 있었던 게 보람이고, 바로 이것이야말로 지방정부가 할 수 있는, 그리고 반드시 해야 할 외교라고 생각합니다."

구 재산과 자산은 늘리고, 집무실 책상과 소파는 낡은 것 사용

성 구청장은 '구의 살림'을 챙기는 데에도 소홀하지 않았다. 지역 곳곳에 흩어져 있는 구 소유의 부동산 등 재산들을 모두 확인하여 목록을 만들고 데

이터베이스로 구축하는 작업을 완료했다. "제가 취임하던 2010년도에 용산구 재산은 공시지가로 2조 4천억 원이었습니다. 지금은 4조 8천억 원으로 늘어났고, 감정가격으로는 족히 10조 원은 넘어갈 겁니다." 구(區) 재산을 찾고 자산을 늘리는 일에서는 어느 단체장과 비교해도 전혀 뒤지지 않을 것이라고 성 구청장은 자신했다.

성 구청장 집무실의 책상은 전임 구청장이 쓰던 것을 그대로 물려받은 것이라고 하니 최소한 11년 이상 된 것이고, 소파도 너무 낡아서 가죽이 너덜너덜해질 정도였다. 성 구청장이 타는 관용차도 너무 오래돼 요즘에는 정비소를 자주 들락거린다. "제가 쓰던 책상이나 차량을 신임 구청장에게 물려주는 건 아니잖습니까? 신임 구청장이 오시면 새로운 물건들로 바꿀 것이기 때문에 제가 굳이 바꾸지 않은 것이죠. 무슨 얘기냐면, '살림은 정말 무섭게 살아야 한다'는 걸 말씀드리고 싶은 것입니다." 구의 살림살이를 위해 자신부터 절약에 신경 썼다는 이야기다.

주로 '행정의 관점'에만 쏠려 있는 기존의 자치단체장 리더십에 '발상의 전환'이 필요하다고 성 구청장은 역설했다. "주민을 위한 복지사업은 구 재원이 충분해야 더욱 두터워질 수 있고, 또 경제가 어려워 세금이 적게 걷히는 경우라도 항구적으로 실시할 수 있습니다. 우리 용산구는 충분한 자산과 절약한 살림을 바탕으로 장학기금과 복지재단을 만들 수 있었고, 청소년기금과 중소기업자금도 2배로 늘릴 수 있었습니다. 따라서 단체장은 행정만 단순하게 하는 것이 아니라 구 재산 증식과 유지에 대한 '경영 마인드'도 반드시 가져야 한다고 생각합니다." 이러한 경영 마인드의 맥락에서, 성 구청장은 '대한민국시장·군수·구청장협의회' 대표회장 시절에 추진했던 '협의회 회관 매입'이 일부 자치단체장의 반대로 무산된 것을 매우 아쉬워했다.

치매마을과 노인대학은 구의회 반대 등으로 무산

성 구청장에게 아쉬움으로 남는 대목은 '치매마을' 무산이었다. "치매가 요즘 심각한 사회문제 아닙니까? 그래서 경기도 모 지역에 있는 우리 용산구 땅에 5천 평 규모의 '치매마을'을 만들려고 했습니다. 이를 위해 네덜란드 호그백까지 공무원들을 보내 연구도 하고 중앙투자심사위원회도 통과했는데, 구의원들이 '반대를 위한 반대'를 했어요. '왜 경기도에다 짓느냐'고 하면서요." 게다가 해당 자치단체가 건축 심의과정에서 입주 노인 수의 절반을 자기 지역주민으로 해달라는 다소 무리한 요구까지 하는 바람에 '치매마을'은 결국 무산되고 말았다.

'용산노인대학'의 설립도 성 구청장이 야심 차게 추진했지만 무산된 사례였다. 초고령화 사회에서 기존의 노인정 운영체제만으로는 노인문제를 근본적으로 해결할 수 없기에, 어르신들에게 희망과 의욕, 그리고 노인 일자리까지 창출하는 방안으로 '노인대학'을 추진했다. 전문기관에 연구용역까지 의뢰하면서 추진한 사업이었지만, 역시 '반대를 위한 반대'에 가로막혔다고 했다. "주민에게 이익이 되는 것이라면 구의회가 충분히 동의할 수 있는 것인데, 자기(구의원)의 다음 공천 때문에 정당 눈치를 보고 구청장 시책에 반대하는 거예요. 이래서는 지방자치가 도저히 발전할 수 없습니다!" 이런 이유로 성 구청장은 기초지방선거, 특히 기초의원의 정당공천제 폐지에 적극 찬성한다.

서울시의원 선거 폐지, 구의원 2명씩 겸직해야 바람직

지방재정의 자율성과 재정분권, 자치조직권 강화, 기초단위로의 자치경찰제 확대 등 시·군·구의 자치분권 관련 의제들에 대해 성 구청장은 대체로 동의했다. 그는 특히 중앙정부와 지방자치단체 사이에 충분한 소통이 중요하다는 점을 최근 '대통령실 용산 이전' 사례를 들면서 강조했다. "이번에 신임 대통령이 용산으로 집무실을 옮긴다고 발표했을 때 우리 용산구와는 사전에 아무런 논의나 동의 없이 무슨 '군사작전' 하듯이 일방적으로 추진했습니다. 그런데 '백지장도 맞들면 낫다'는 말 있잖습니까? 용산구와 미리 함께 이야기했다면, 자치구가 정부에 협조할 사항이 무엇인지, 또 주민 입장에서 개선해야 할 점이 무엇인지 등을 파악해서 이사 준비에 만전을 기할 수도 있었겠지요."

성 구청장은 최근의 행정체제 개편과 관련하여 '구의회 폐지' 논의에 반대하면서 오히려 '시의원 선거 폐지'라는 다소 독창적인 의견을 제안했다. "서울시의원과 구의원은 지역구가 같고 업무가 중첩되다 보니 서로 정치적인 갈등이 있고 협조가 잘 안되는 거예요. 특히 서울시의회는 구청장과 협조가 안 되는 경우가 참 많습니다. 그래서 저는 서울시의원을 선출하지 않고, 구의회 의원 2명 정도가 서울시의원을 겸직하는 방식이 바람직하다고 봅니다. 이렇게 하면 서울시는 자치구가 필요한 예산이 무엇인지, 또 자치구는 서울시 계획이 무엇인지 서로 파악하기도 쉽고, 선거비용과 운영비 등도 상당히 절감할 수 있습니다."

성 구청장과 인터뷰를 진행한 5월 11일은 마침 윤석열 대통령 취임 바로 다음 날이었다. 대통령 집무실이 용산으로 이전한 시기였고, 그래서 당일 성 구청장이 윤 대통령과 나란히 걷는 장면이 텔레비전에 다수 등장했다. "(새 대통령이) 청와대로 들어가셨으면 '종로구청장'의 임무였을 텐데, 우리 용산 관내로 오시니 '용산구청장'인 제가 맞이한 것이지요. 전날에는 문재인 전 대통령이 퇴임 인사하러 효창공원에 찾아오셔서, 역시 제가 모셨습니다. 가시는 대통령을 배웅하고 오시는 대통령을 영접한 기초단체장은 아마도 제가 최초 아니었을까요?"

유덕열 서울 동대문구청장

부산 동아대 정치외교학과
경희대 대학원 법학석사
경희대 대학원 박사과정 수료
서울시의원(원내대표, 운영위원장)
민주당 중앙당 사무부총장

민선 2·5·6·7기 동대문구청장

일시 | 2022년 5월 19일(목) 11:00

장소 | 동대문구청 집무실

"'부마항쟁'은 제가 정치를 시작하게 된 중요한 계기였습니다." 유덕열 서울 동대문구청장은 1979년 10월 '부마항쟁' 당시 동아대학교 정치외교학과 2학년 복학생으로 학생시위를 이끌었다. "유신철폐"·"독재타도"를 부르짖었던 대학생들의 시위에 부산과 마산지역 시민들이 합세하면서 대규모 항쟁으로 번졌다. 이어 발생한 10·26 사태로 군부독재가 역사에서 퇴장하는 듯했으나, 12·12 쿠데타로 등장한 신군부는 민주화 요구를 다시 짓밟았다. 그 역사의 소용돌이 속에서 유 구청장은 부마항쟁을 주도했다는 이유로 수배령을 받고 도피생활을 하다 검거되어 고문과 구타를 당하는 등 이루 말할 수 없는 고초를 겪었다.

유 구청장은 1985년 김대중·김영삼을 공동의장으로 하는 '민주화추진협의회'의 선전부장으로 정치를 시작하여 민주당 중앙당의 조직국장, 사무부총장, 조직위원장 등 주요 당직을 역임했다. 1995년 제1회 동시지방선거에서 서울시의원으로 당선했고, 3년 후 지방선거에서 현직 구청장을 꺾고 민선 2기 동대문구청장으로 당선했다. 다음 선거에서 낙선했지만, 2010년 민선 5기 지방선거부터 내리 3선에 성공하면서 '4선 구청장'의 위업을 달성했다.

"자치단체장은 자기의 뜻과 의지를 현장에서 직접 실현해볼 수 있는 자리잖아요. 주민의 삶을 위해 '말'로만이 아니라 '행동'으로 변화를 추구할 수 있는 권한과 의무가 있고, 그래서 나름대로 힘들고 어려워도 보람되고 의미 있

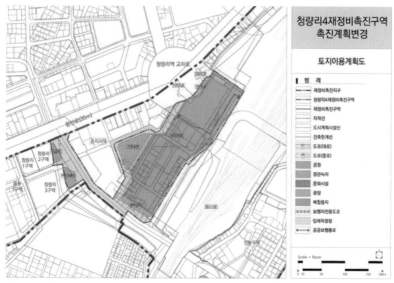

청량리4구역

는 직책이라 생각했습니다." '민추협' 시절부터 오랜 기간을 정치에 몸담아온 유 구청장이 굳이 국회의원이 아닌 자치단체장의 길을 선택한 이유이다.

'상전벽해'의 청량리, 그리고 구청장의 눈물

서울의 도심이자 변두리였던 동대문구는 유덕열 구청장 재임 기간에 고층건물이 속속 들어서고 전철 노선이 확장되는 등 눈부시게 발전했다. 특히 속칭 '588 집창촌'으로 악명 높았던 청량리역 인근 '청량리 4구역' 일대의 재개발과 정비사업을 본격 추진한 것은 유 구청장의 가장 주목할 만한 업적이다. "2016년부터 본격적으로 철거하며 재개발을 시작했습니다. 2023년 입주를 목표로 65층 규모의 주상복합건물 4개 동과, 호텔·백화점·공연장 등이 들어설 42층짜리 랜드마크 타워 1개 동이 지금 한창 공사 중입니다." 또 동부청과시장이 있던 인근 지역에도 59층 주상복합건물 4개 동을 짓고 있고, 청량리 3구역에도 40층 높이의 주상복합건물 2개 동을 역시 2023년 준공 목표로 짓고 있다. "모든 개발을 마무리하고 건물들이 들어서면, 그야말로 상전벽해(桑田碧海)의 청량리가 펼쳐질 것입니다."

재개발과정이 순조롭지만은 않았다. 청량리지역의 일부 주민들이 이주 대책과 추가 보상을 요구하면서 철거대상 건물 옥상에서 2019년 1월부터 무려 7개월 동안 농성을 이어갔다. 더워지는 날씨에 농성하는 사람들의 안전과 건강을 걱정한 유 구청장은 직접 '고가사다리'를 타고 건물 옥상으로 올라가 대화를 시도했다. 농성을 중단해 달라는 제안을 처음에는 완강하게 거부했지만, 유 구청장은 그래도 포기하지 않고 2시간 넘도록 함께 이야기하며 눈물로써 설득했다. "그분들의 고달픈 인생 이야기를 듣고 너무 마음이 아프고 서글퍼서 같이 한참을 울었어요. 제가 구청장인데 못 챙겨드린 것이 미안하고 속상해서 감정이 북받쳤던 거죠. 협상이 원만하게 진행될 수 있도록 돕겠다는 말씀을 드렸어요." 유 구청장의 진심이 전해졌는지 농성하던 주민 2명이 곧바로 건물 아래로 내려왔다. "큰 사고 없이 문제를 해결할 수 있어서 정말 다행이었어요. 구민 입장에서 생각하고 진심을 다해 대화를 이어간다면 아무리 어려운 일도 해결할 수 있다는 점을 새삼 실감했습니다."

늘어난 구립 동네도서관과 중랑천의 체육시설

공공도서관 수를 대폭 확대하여 동대문 지역의 문화지형을 변화시킨 것도 유덕열 구청장의 중요한 업적이다. '1개 동 1개 동네도서관 건립'이라는 선거공약을 실천하기 위해, 유 구청장은 2010년 당시 8개에 불과했던 구립 도서관을 2022년에는 28개까지 확대했다. 도서관의 '양적 성장'에 발맞추어 유 구청장은 다시 주민의 다양한 수요와 지역적인 특성을 반영한 '맞춤형 문화인프라' 조성에도 공을 들였다.

배봉산 숲속도서관

2019년에는 구민들이 자연 속에서 책을 읽고 문화생활을 할 수 있는 '배봉산 숲속도서관'을 개관하고, 2020년에는 동대문구청사 1층에 공공도서관과 북카페, 문화공간을 결합한 '동대문 책마당도서관'을 개관했다. "배봉산 숲속도서관'은 '자연친화적인 도서관'답게 설계와 시공단계부터 주변 자연환경에 잘 어우러지게 만들었어요. 배봉산에 있는 나무 한 그루도 훼손하지 않고 자연 그대로의 모습을 보존하려고 노력했지요. 개관 이후 평일에는 하루 1천여 명, 주말에는 2천~3천여 명이 찾아올 정도로 인기가 높습니다."

전농동 재정비촉진지구에 들어서는 '서울대표도서관'은 총면적 3만 5천여㎡의 세계적인 규모로 조성할 계획이다. 이미 타당성조사와 투자심사 등을 마쳤고, 2026년 개관 예정이다. "서울시와 오랜 협의를 거쳐 서울대표도서관을 동대문구에 유치할 수 있었어요. 구민들이 문화를 누릴 기회를 확대하고, 나아가 우리 구의 '문화 랜드마크'로 거듭날 것이라 기대합니다."

유 구청장은 구민의 건강한 삶을 위해 체육시설 확충에도 심혈을 기울였

2016 전국 기초단체장 매니페스토 경진대회 주민참여분야(보듬누리사업) 최우수상 수상

다. 군자교 인근 중랑천 제1체육공원에 9홀과 벙커 3개, 이동식 화장실 등 부대시설을 갖춘 '중랑천 파크골프장'을 개장하고, 전문강사를 초빙해 '파크골프 생활체육교실'을 개설했다. 겸재교 아래 제3체육공원에는 인조잔디구장과 파고라 등을 설치한 '중랑천 풋살장'을 열었다. 기존의 테니스장과 족구장, 게이트볼장 등과 마찬가지로 구민 모두가 사전 예약을 통해 이용할 수 있다. "구민들이 도심 한가운데에서 자연을 느끼며 운동할 수 있는 공간을 만드는 데 최선을 다했습니다."

사람과 사람, 마음이 통하는 동대문 '보듬누리사업'

유 구청장은 기존의 법과 제도로는 보호받지 못하는 관내 소외계층의 복지문제에도 관심을 기울였다. 2011년부터 본격 추진한 '보듬누리사업'은 동대문의 대표적인 복지사업으로, '희망결연 프로젝트'와 '동 희망복지위원회'로 구분된다. 동대문구청의 전 직원과 일반인, 민간단체 등이 소외이웃과

동대문구 각 동에서 활동하는 희망복지위원회 위원들

1대1로 결연을 맺고 기부 또는 지원하는 방식의 '희망결연 프로젝트'에는 총 3300여 명이 참여해 지난 10년 동안 79억 2천여만 원의 현금과 물품, 재능을 기부했다. 당연히 유 구청장도 관내에 거주하는 한 할머니와 자매결연을 맺고 있다. "지난 연말에 할머니를 찾아뵈었을 때 '추워 죽겠다'고 말씀하시는 거예요. 방바닥은 미지근한데 밖에서 바람이 솔솔 들어오길래, 방 여기저기를 살펴보니 유리창 틀을 거꾸로 붙여놔서 틈새가 열려 있는 거였어요. 같이 간 직원이랑 저랑 둘이서 창문을 세게 잡아당겨 겨우 빼내고 다시 바른 위치에 끼워 넣으니 그제서야 바람이 안 들어왔지요."

2013년부터 운영한 14개 동의 '동 희망복지위원회'는 9년 동안 20억 5천여만 원을 모금해 어려운 이웃을 지원했다고 한다. 희망복지위원회 위원으로 활동하는 주민 1500여 명은 개인의 특기들을 살려서 이·미용 서비스, 반찬 지원, 세탁, 홀몸어르신 생신상 차리기 등 다양한 지원사업을 하고 있다. "복지는 대부분 '세금'으로 하는 것이잖아요. 그런데 우리 동대문구는 주민들이 순수한 마음에서 자발적으로 재능기부를 하며 어려운 이웃을 돕는 형태로 하고 있어요. '보듬누리사업' 시행으로 복지가 필요한 분들에게 실제로 많은 도움을 드리고, 기부하는 주민들에게도 역할과 동기, 성취감을 부여할 수 있었습니다. 또 관내 자살률도 거의 반으로 줄었어요." 동대문구의 자살인구는 2009년에 115명이었으나, 2017년에는 64명으로 감소했다.

유 구청장은 지방정부의 복지사업이 단순한 '실적'이나 '생색내기'가 아닌, 사람과 사람이 마음으로 만나 소통하는 장으로 거듭나야 한다고 강조했다. "이제는 사과 한 상자 들고 가서 '할머니, 사과 가져왔어요. 사진 한 번 찍어요' 하는 시대가 아닙니다. 사과 한두 개라도 마주 앉아서 깎아 먹으며 '할머니, 몇 살 때 시집오셨어요?', '할아버지랑은 어디가 좋아서 결혼하셨어요?' 등의 대화를 나누고 마음도 나눌 수 있어야 합니다. 어려운 분들이 온정을 느끼며 희망과 용기를 가질 수 있게 만드는, 그런 복지로 발전해야 한다고 저는 생각합니다."

학생도 선생님도 돌아오는 교육환경 개선

유덕열 구청장은 동대문구의 열악한 교육환경을 개선하기 위해서도 많은 노력을 기울였다. '아이들의 미래가 곧 동대문구의 미래'라는 신념에서, 동대문구를 '교육을 위해 다시 돌아오는 도시'로 만들고자 교육문제를 최우선 과제로 삼았다. 2021년부터는 관내 모든 초·중·고교 학생들에게 '무상교육'과 '친환경 무상급식'을 전면 실시하고, 교복과 스마트기기 구입비용 등 '입학준비금 지원사업' 예산을 편성하여 누구도 소외되지 않고 평등한 교육 기회를 보장받을 수 있게 했다. 공교육을 강화하고 사교육비 부담을 줄이기 위해, 어려운 재정여건 속에서도 서울시 자치구 중 두세 번째로 많은 '교육경비 보조금'을 지원했다.

일선 교육현장에서 고생하는 관내 초·중·고교 교사들의 사기를 진작하는 방안도 모색했다. 제주도에서 2박 3일씩 개최하는 '연찬회'에 각 학교가 추천한 선생님들을 초청하기도 했다. "고생하시는 선생님들에 대해 예우해드렸더니, 선생님들이 동대문지역에 발령받는 것을 점차 선호하게 되었어요. 예전에는 교사들이 강북지역에는 잘 안 오려고 했거든요."

이러한 노력의 결실로 동대문구 관내 학생들의 상위권 대학진학률이 상승했고, 특히 대광고, 동대부고, 휘경여고 등의 4년제 대학진학률이 전국 최상위권을 차지하는 성과를 거두었다고 한다. "아이 하나를 키우기 위해 온 마을이 나서야 한다는 말도 있잖아요. 학부모와 학교, 행정기관이 합심하여 지원을 계속했더니, 교육여건이 개선되면서 진학률도 좋아졌습니다."

미완의 과제: 서울준법지원센터와 연탄공장 이전

민선 2기를 포함해 총 16년간 구청장으로 재임하면서 많은 사업을 해온 유덕열 구청장도 아쉬움이 남는 부분이 있다고 했다. 먼저 휘경동 소재 '서울준법지원센터 이전' 문제를 꺼냈다. "가석방된 범죄사범에 대해 보호관찰을 담당하는 시설인데, 그 주변에 7개 학교가 밀집해 있고 주민 약 2만여 명이 살고 있습니다. 치안에 대한 불안감으로 학부모와 주민들이 센터 이전을 계속 요청했어요. 그래서 주민대표와 법무부가 참여하는 민원대책회의를 여러 번 개최하고 주민설명회도 열었는데, 의견 차이가 너무 심해서 합의점을 찾기 어려웠습니다."

이문동의 '삼천리 연탄공장 이전'도 미완의 과제로 남았다며 아쉬워했다. 1960년대 정부의 대규모 연탄산업단지 조성계획에 따라 중랑천 변에 들어선 연탄공장은 오랫동안 시민들의 따뜻한 겨울을 책임져주었지만, 이제 연탄 수요가 감소하고 분진에 따른 불편도 심해지면서 주민들이 공장 이전을 요구하기에 이르렀다. "2013년 서울시 도시건축공동위원회의 도시계획안이 통과한 뒤, 이전방안 마련을 위해 협의체를 구성하였습니다. 그러나 공장 이전이 예정된 경기도 내 부지 인근 주민들의 반대로 아직 옮겨갈 곳을 확정하지 못한 상황입니다."

지방 재정과 조직, 정치의 자율성을 더 과감하게 확보해야

유덕열 구청장은 지방자치와 분권의 가장 큰 걸림돌로 '재정' 문제를 꼽았다. 문재인 정부가 추진한, 국세와 지방세 비율을 7대3으로 조정하는 '재정분권 추진방안'으로도 지방재정문제를 해결하는 데는 여전히 미흡하다는 게 유 구청장의 생각이다. "좀 더 과감하게 (국세와 지방세 비율을) 조정해서 6대4 수준까지 전환한다면 지방정부에서 할 수 있는 일들이 더욱 많아질 것입니다. 각 지방정부가 지역의 실정에 맞는 복지정책이나 보육정책 등 주민들이 체감할 수 있는 정책들을 더 내실 있게 추진해나갈 여건이 만들어지는 것이지요."

현재 지방자치단체의 '조직권'에 대해선 상위법령에 따른 중앙정부 통제가 지나치다는 점을 지적했다. 유 구청장은 특히 현행 '총액인건비제'의 문제점을 강조했다. "각 지방자치단체에서 인건비로 쓸 수 있는 예산의 상한액을 정해놓고 그 범위에서 인력을 운용하라고 하면, 지자체 대부분이 이미 재정부족과 인력난을 겪고 있는 현실에서 단 한 명도 증원할 수 없는 상황이 올 수 있습니다. 이 문제를 해결하려면, 총액인건비의 10% 정도 범위 안에서 지방정부가 탄력적으로 운용할 수 있도록 하는 조치가 필요합니다."

시·군·구 단위의 자치경찰제와 교육자치 확대 도입에도 유 구청장은 찬성 의견이다. "교육행정, 특히 '평생교육'에 대해서는 지방자치단체장도 광범위하게 관여할 수 있는데, 지금처럼 교육자치를 분리하면 업무 중복과 책임소재 불분명, 중복투자에 따른 비효율과 예산 낭비 등의 문제가 발생할 수 있습니다."

'기초지방선거 정당공천제'에 대해서도 폐지가 바람직하다는 의견을 밝혔다. "광역은 책임정치 실현이란 점에서 공천이 필요하겠지만, 기초에서는 정당공천제가 지역발전에 걸림돌이 되고 있습니다. 기초선거에서는 정당공천을 배제해 지역주민에게 선택권을 돌려줘야 합니다."

「지방자치법」 전부개정으로 도입된 '기관구성 다양화'에 대해서는 "의회와 집행기관 간 균형을 유지하고, 견제와 감시기능을 확보하기 위해서는 현행 기관구성 형태(단체장-의회 분립형)를 유지하는 것이 바람직하다"고 말했다.

자치분권의 근본 해결책은 '지방분권형 헌법개정'

유덕열 구청장은 현행 지방자치 행정과 재정 등 제반 제도적 문제들을 근본적으로 해결하기 위해서는 '헌법개정'이 가장 필요하다고 강조했다. "지금의 헌법은 1987년의 '6·10 항쟁' 그리고 '6·29 항복선언'을 통해 갑자기 만들어진 헌법입니다. 그러다 보니 지방자치에 대해 충분하게 다루지 못했고, 국민의 기본권 같은 중요한 내용도 제대로 검토하지 않았어요. 그동안 많은 변화와 발전이 있었는데, 35년이나 된 헌법, 그러니까 우리 몸에 맞지 않는 헌법을 걸쳐 입은 채 자치와 분권을 추진한다는 것은 정말 힘든 일입니다."

'국민의 몸에 맞는 헌법'을 만들려면 지방자치제의 중요한 사항들을 반드시 헌법에 수록해야 한다는 것이 유 구청장의 확고한 의견이다. "시장·군수·구청장을 선거로 뽑았으면 그 사람들에게 주민들을 위해 일할 수 있는 역할과 권한을 부여해야 하지 않겠습니까? 그러나 지금은 법과 제도가 모두 획일적으로 규정하고 있어서, 지역의 특성과 상황에 맞는 정책을 추진하기 어려운 상황입니다. 따라서 헌법개정을 통해 지방정부의 자율성과 권한을 보

자치분권위원회가 주관한 '자치분권 기대해' 챌린지에 동참한 유덕열 구청장

장하고 책임을 부여해서, 지방정부가 제대로 일할 수 있는 여건을 만들어야 합니다. 앞서 이야기한 '재정분권'이나 '자치조직권', '기초지방선거 정당공천 문제'도 헌법 차원에서 명확하게 규정해야 합니다."

헌법개정 논의에서 '지방분권형 개헌' 의제가 주목받지 못하고 있는 데 대해서도 유 구청장은 아쉬움을 토로했다. "헌법개정을 이야기할 때마다 주로 대통령 중임제냐, 책임총리제냐 이런 것들만 다루고 있어요. 시민의 삶과 직결된 풀뿌리 지방자치가 온전히 뿌리내릴 수 있도록 정치권에서는 지방분권 개헌에 더 많은 관심을 기울이고 적극적으로 추진해주면 좋겠습니다."

유덕열 구청장은 늘 직무로 바쁜 와중에도, 구청장실까지 찾아오는 민원인들의 이야기나 애로사항, 호소를 길게는 한 시간 넘게 듣는다고 한다. "제가 그분들의 민원을 전부 해결해줄 수는 없지만, 그분들의 이야기를 충분하게 들어주는 것만으로도 맺힌 한을 어느 정도 풀어줄 수 있으니까요."

유 구청장은 후임 자치단체장들에게도 당부했다. "어디 하소연할 곳 없는 구민들이 구청장에게 찾아오는 경우가 참 많습니다. 아무리 작은 목소리라도 구청장이 진심으로 애정을 갖고 귀담아 들어주신다면, 힘없는 사람들에게는 커다란 위안이 될 수 있습니다. '공직자는 군림하는 자리가 아닌 섬기는 자리'라는 생각으로 매사에 임한다면, 믿음과 신뢰를 주는 목민관으로 분명히 기억될 수 있을 것입니다."

박겸수 서울 강북구청장

조선대 정치외교학과
연세대 행정학 석사
한양대 행정학 박사
제4·5대 서울시 의원
민주당 중앙당 기획조정위원장
제16대 대선 노무현 후보 강북갑 선거대책위원장

민선 5·6·7기 강북구청장

일시 | 2022년 4월 27일(수) 15:30

장소 | 강북구청장 집무실

    강북구청 청사 외벽에는 '구민이 주인 되는 행정'이라고 크게 쓴 대형 현수막이 펼쳐져 있다. 이 문구는 박겸수 강북구청장이 민선 5기인 2010년 처음 구청장에 당선하고 취임한 시절부터 표방한 슬로건이다. 큰 현수막을 계속 걸어놓는 이유에 대해 박 구청장은 "이렇게 현수막이 보여야 저를 포함한 1400명 강북구 공무원이 구민을 주인으로 계속 떠받들 것이고 공직자로서의 본분과 역할을 해나가지 않을까 생각했다"고 말했다.

    박 구청장의 슬로건은 현수막 게시로만 그치지 않았다. 그는 청사를 찾아오는 강북구민을 진정한 '주인'으로 모시고자 매일 오후 2시부터 4시까지는 반드시 구청장실 문을 열어두고 주민들과 만나 대화를 나누었다. "'열린 구청장실'이라는 것을 이벤트로 대충 몇 번 하다가 그만둘 줄 알았는데 진짜 매일 2시마다 문을 열어 맞이하니까, 주인으로 대접받는다는 느낌 그리고 소속감과 자긍심을 갖게 되었다고 주민들이 이야기합니다."

    이처럼 박 구청장이 '주민을 주인으로 모시는 일'에 최선을 다하는 것은 제4·5대 서울시의원부터 시작해 오랫동안 걸어온 그의 지방자치 인생역정과 무관하지 않다. "시의원 시절부터 지방자치는 반드시 주민자치로 되어야 한다고 생각했어요. 지방자치가 제대로 돌아가려면 주민이 적극적으로 참여해야 하고 또 주민이 참여하려면 주민에게 자긍심과 주인의식이 있어야 한다고 확신했습니다."

강북구청 전경. '주민이 주인되는 행정'이라고 쓴 현수막이 눈에 띈다.

박 구청장은 민선 3기인 2002년에 처음으로 강북구청장 선거에 도전했다. 당시 같은 정당 소속 현직 구청장이 경선결과에 불복해 무소속으로 출마하면서 박 구청장은 그야말로 아슬아슬한 표차(2460표, 당시 경선 불복 무소속 후보 2만 8712표 득표)로 낙선했다. "제가 그 선거에서 낙선하고 '야인 생활'을 8년 했습니다. 야인으로 지내는 동안에 주민들과 끊임없이 어울리면서 소통했지요. 그러면서 주민참여가 필요하다는 생각이 더욱 강해졌고, 주민의 자긍심과 주인의식을 고취하기 위한 최선의 선택은 자치단체장에 다시 도전하는 것이라는 생각에 이르렀습니다." 박 구청장은 결국 2010년 민선 5기 강북구청장에 도전해 당선되었고, 이후 3선 연임에도 무난히 성공했다.

우이-신설 구간 경전철에 얽힌 사연

"우리 동네(강북구 지역)는 60년대 후반부터 급속히 무계획적으로 만들어진 도시예요. 도시계획이라는 것을 할 틈조차도 없이, 사람들이 와서 주택들이 마구 들어선 지역이지요. 또 북한산에 꽉 막혀서 확장성이 없는 한계점이 있거든요. 제가 동네를 좀 안다는 판단에서 지역과 주민들에게 그래도 뭔가 빛과 희망을 띄워야겠다는 생각으로 구청장에 취임했습니다."

강북구는 초기부터 도시계획 없이 개발이 이루어지다 보니 교통환경 또한 매우 열악했다. 다른 지역을 연결하는 도로들은 출·퇴근 시간마다 늘 포화상태였고, 관내 3개 역을 지나는 단 1개의 지하철 노선(4호선)만으로는 교통수요를 분산시키기에 턱없이 부족했다. '우이-신설 구간 경전철'은 이러한 강북구의 교통문제 해결을 위해 가장 중요한 사업이었는데, 그 추진과정은 결코 녹록지 않았다. 공사 도중 시공사가 '워크아웃'에 들어가는가 하면, 임금 미지급으로 인력과 중장비가 철수하는 상황이 발생하면서 공사가 지연되거나 중단되기도 했다.

"제가 시의원을 하던 1997년 즈음에 우이-신설 경전철이 확정되었죠. 그런데 제가 구청장에 취임한 2010년에도 개통하지 못하고 중단된 상태였어요. 우리 동네의 가장 큰 문제가 교통망인데, 재정을 충분히 확보하지 못하고 사업을 시작한 게 문제였습니다. 제가 취임한 이듬해에 보궐로 당선한 박원순 시장에게 경전철 사업을 신속하게 추진할 것을 정책적으로 요구하면서 서울시가 투자를 해서라도 빨리 개통시키자고 요청해서 겨우 공사를 이어갈 수 있었어요."

강북구민의 오랜 숙원사업인 우이-신설 경전철은 결국 2017년 9월에야 완공했다. "20년 전에 서울시의회 교통위원장을 맡고 있을 때 우이동과 삼양동 지역의 교통문제 해결을 위해 경전철을 도입하자고 했던 것인데, 한참 나중에 그것도 재선 구청장이 되어서야 그 경전철 개통식의 '테이프 컷팅'을 하다니, 감개무량이라 할까요, 정말 '묘한 기분'이 들었습니다."

근현대사기념관과 4·19혁명 국민문화제

　강북구 지역을 뒤에서 감싸고 있는 북한산 기슭에는 이준 열사와 이시영·손병희 선생 등 다수의 순국선열과 애국지사 묘소, 3·1운동을 구상한 '봉황각' 그리고 '국립4·19민주묘지'가 자리해 있다. 박 구청장은 지난 12년 동안 강북구의 이러한 역사와 문화를 '지역의 대표 자산'으로 가꾸는 일을 열정적으로 추진했다. "야인 시절에 주민들과 소통하면서 우리 동네가 내세울 만한 게 별로 없다는 걸 알았어요. 그저 다른 동네로 출·퇴근하는 '베드타운'일 뿐이었지요. 이런 관념에서 탈피하고자 저는 우리 구가 앞으로 나아갈 방향을 '역사·문화·관광도시'로 설정했습니다. 강북구에 모신 순국지사 열여섯 분 한 분 한 분이 다 '기념관'인데, 지역의 이 역사적 자산들을 바탕으로 애국과 독립, 민주주의의 역사를 주제로 하는 독특한 문화관광 자원화를 실현하는 것이었지요."

　실제로 박 구청장은 북한산 자락에 독립과 민주혁명의 역사를 기억하고

근현대사기념관 전경

엄홍길 대장과 함께하는 '순례길 트레킹'(2022년 4월 9일)

널리 알리는 내용의 '기념관' 건립을 추진했다. 서울시장을 직접 만나서 기념관 사업 지원을 설득하고 건립에 필요한 예산도 확보하여 전시실과 역사체험관·강의실 등을 갖춘 '근현대사기념관'을 2016년 5월 개관했다. "근현대사기념관은 민족문제연구소에 위탁 운영하고 있는데, 유물 전시만 하는 게 아니라 방문객들에게 근현대사를 설명해주는 아주 독특한 형태의 기념관이에요. 규모가 크지 않지만 알찬 내용을 담고 있지요. 우리 구민들도 '우리 동네가 진짜 역사네' 하시면서 이 기념관에 대해 굉장한 자부심을 느끼고 있습니다."

2013년부터 매년 개최하는 '4·19혁명 국민문화제'도 박 구청장이 만들어낸 역사문화 테마 축제다. 산악인 엄홍길과 함께하는 '4·19순례길 트레킹'을 비롯해 국내외 석학이 참여하는 '국제학술회의'와 민주주의를 주제로 하는 '판소리 경연대회', '전국 대학생 토론대회' 등 다양한 시민참여 프로그램으로 구성했다. 박 구청장은 4·19혁명의 정신이 사람들의 관심에서 점차 벗어나는 것이 아쉬워서 이 문화제를 기획했다고 한다. "4·19혁명을 제쳐두고 대한민국의 민주주의 역사를 말할 수 없습니다. 대한민국이 신생 독립국에서 출발해 산업화와 민주화를 동시에 이룰 수 있었던 것은 4·19혁명 덕분이었어요. '헌법 전문'에도 4·19가 들어가 있는데, 요즘에는 기념식에 대통령이 오든 안 오든 뉴스에 안 나올 정도로 '푸대접'을 받고 있어요. 그래서 검은 넥타이와 묵념 한 번으로 끝나는 4·19 행사를 넘어서는, 시민이 함께하는 '최고의 문화제'로 만들어 널리 알리고자 했던 것입니다."

북한산을 시민의 휴식·체험공간으로

박 구청장은 또 '북한산'이라는 자원을 십분 활용했다. '우이동 산악문화 허브'는 안전하고 즐거운 산악문화를 널리 알리고자 강북구가 설립한 산악 전시·체험관이다. 허브(HUB)는 '히말라야(Himalaya)'와 '엄홍길(Um Honggil)' 그리고 '북한산(Bukhansan)'의 머리글자에서 따온 것으로, 암벽등반체험은 물론 실제와 유사한 환경에서 등산훈련도 할 수 있어 시민들의 발길이 이어지고 있다. "산악체험 위주의 공간은 아마 여기가 처음일 겁니다. 앞으로는

우이동 산악문화 허브

너랑나랑우리랑 스탬프 힐링투어 안내도

서울에 관광 오는 사람들이나 외국인들이 '명동 싹쓸이 쇼핑'에만 나설 것이 아니라 북한산이라는 세계적인 명산에 와서 트레킹도 하고 산악체험도 할 수 있는 새로운 서울 관광문화를 만들고자 하는 것이지요."

　이외에도 북한산을 찾는 관광객들을 위해 북한산 입구의 '우이동 유원지'와 '가족캠핑장', '우이동 먹거리마을'을 새롭게 정비하고, 옛 그린파크 부지에 콘도 등 숙박시설을 만드는 등 시민에게 번듯한 휴식공간을 마련해준 것 또한 박 구청장이 추진한 사업이다. 북한산 입구와 근현대사기념관, 4·19민주묘지 등을 잇는 '너랑나랑 둘레길'은 아이들과 함께 스탬프 힐링투어를 재미있게 즐길 수 있게 만들었다. 또 대한민국 근현대사에서 초대(初代) 직위를 역임한 분들의 묘역을 연결하는 '초대길', 손병희·이시영·김창숙 선생 등 순국선열과 애국지사들의 묘역을 연계한 '순례길' 등 다양한 주제의 역사트레킹 코스도 짜임새 있게 조성했다. "초대 대법원장 김병로 선생, 초대 부통령 이시영 선생, 초대 검사 이준 열사, 초대 국회부의장 신익희 선생, 그리고 초대 대한민국 군인들인 광복군의 합동묘역이 다 이곳 북한산 자락에 있어요. 그래서 우리가 '초대길'로 (시민을) '초대'하자고 한 것은 매우 의미가 있는 명명입니다." 시민들은 이 길을 걸으면서 건강과 힐링, 그리고 역사와 문화를 동시에 체득할 수 있다고 박 구청장은 덧붙였다.

고도제한은 서울시의 불합리한 규제

이처럼 구민들을 위해 많은 유·무형의 성과를 일구어낸 박 구청장이지만, 강북구 지역 '고도제한'을 해결하지 못한 것은 큰 아쉬움으로 남는다며 서울시 규제의 불합리성을 질타했다. 강북구는 북한산 국립공원에 인접해 있다 보니 관내에 그린벨트에 묶여 있는 면적이 거의 절반에 달하고 약 3분의 1 지역이 '북한산 조망권'을 이유로 고도제한에 걸려 있다. 2010년 취임 당시 이 지역의 고도제한은 5층 또는 20m 이하였다. "고도제한은 워낙 '높은 벽'이라 풀기가 매우 어려웠습니다. 서울시와 협의해 층수 제한(5층)은 겨우 풀어서 이제는 6층까지 건물을 지을 수 있지만, 28m로 완화해달라는 요구는 결국 관철하지 못했어요. 서울시 도시계획위원들이 꿈쩍도 하지 않았습니다. 고도제한을 한다면 그에 따른 인센티브를 줘야 합니다. 인센티브도 없이 주민의 재산권을 제약하는 것은 문제가 있어요. 더구나 서울시가 한강 변 지역은 30층에서 50층으로 올리자고 하면서, 마찬가지 조망권 문제가 걸려 있는 우리 강북구의 고도제한을 8m조차도 완화하지 못한다는 것은 말도 안 되는 것입니다."

자치행정을 하면서 가장 힘들었던 부분으로 박 구청장은 '주민들의 이해관계'를 꼽았다. "주민들 간 이해관계가 얽혔을 때 구청에서 보면 이(利)도 구민이고 해(害)도 모두 다 구민이잖아요. 주민들을 설득하기가 옛날 같지 않고, 의견을 조정해가는 과정도 굉장히 힘이 듭니다. 지금은 주민들의 권리 주장도 강해져서, 예전 같으면 어느 정도 절충할 수 있는 부분도 지금은 '재산권은 절대 포기 못 한다' 이런 식입니다."

주민의 반대로 인해 원활한 구정 수행에 어려움이 많았다고도 토로했다. "아파트 재건축 또는 재개발했을 때 '출구 전략'이 있잖아요. 단체장이 돼서 보니까 우리 구뿐만 아니라 서울 시내에 뉴타운 하다가 그만둔 곳이 몇 군데 돼요. 일부 동네 주민들이 절대 반대해서 안 된다면 출구 전략으로 나가는 건데, 주민들 간의 이해관계가 부딪히면 구청은 참 복잡해집니다. 어느 단체장이나 마찬가지일 겁니다."

명칭부터 '지방정부'로 바꿔야

박 구청장은 자치분권 실현을 위해 우선 '지방자치단체'라는 명칭부터 '지방정부'로 바꿀 것을 제안했다. "처음에 지방자치를 급하게 실시하는 과정에서 중앙정부는 지방정부라는 이름을 인정하기 싫었을 테고, 그래서 광역과 기초로 분류하고 '자치단체'라고 부른 것이죠. 그렇지만 지방자치가 제대로 이루어지려면 '지방정부'로 명칭을 바꾸고 그에 걸맞게 입법권과 행정권·사법권까지 전부 가질 수 있도록 전반적으로 개편해야 하는 겁니다."

그동안 여러 위기 상황 속에서 지방자치가 그 역할에 충실했고, 그래서 나라가 이렇게 안정적으로 발전하고 있기 때문에도 지방의 문제는 전적으로 지방정부에 맡겨야 한다는 점을 강조했다. "지방자치 덕분에 우리가 코로나도 극복할 수 있었습니다. 또 북한이 연평도에 도발을 해와도 우리 주민이 안정된 체제 속에서 동요 없이 생활을 영위할 수 있는 것도 우리나라가 지방자치를 하고 있기 때문이에요. 그런데 지금은 지방자치'단체'이다 보니 지방이 재정적인 사업 등을 할 때 독립성과 자율성이 없는 것입니다. 앞으로 제대로 지방자치가 되려면 지방의 문제는 '지방정부'에 전적으로 맡겨야 하고, 중앙정부는 모든 권한을 틀어쥐지 말고 지방정부에 반드시 넘겨줘야 합니다."

재정분권 문제 역시 지방자치의 근본 틀을 바꾸어야 비로소 해결할 수 있을 것이라고 박 구청장은 힘주어 말했다. "예전에 문재인 대통령이 (국세와 지방세 비율을) 6:4로 가야 한다고 했는데도, 지금은 7:3조차도 안 되고 있잖아요. 대통령이 의지를 갖고 추진해도 기획재정부만 들어가면 딱 멈춰져서 끝나버립니다. 중앙정부가 그 권력을 내주기 싫은 것이지요. 재정문제만으로는 백날 해봐도 0.5%조차 움직이기가 어렵습니다. 결국 자치분권의 큰 틀을 새롭게 짜서 완성시켜야 (지방의) 재정문제를 해결할 수 있을 것입니다."

구의회는 주민 대변기관이므로 폐지하면 안 돼

'기초지방선거 정당공천제 폐지'에 대해 찬반양론이 있다는 이유로 답변을 유보한 박 구청장은, 일각에서 주장하는 '구의회 폐지'에 대해서는 반대 의견을 명확하게 밝혔다. "구의원은 생활정치를 하는 사람들이고 주민들과 많이 접촉하기 때문에 집행부에서 보지 못한 것들을 훨씬 잘 볼 수 있는 장점이 있습니다. 예를 들자면 구청이나 공무원이 보기엔 말도 안 되는 것처럼 보이는 민원사항도, 구의원이 민원을 제기한 주민의 이야기를 현장에서 들어보면 이유가 있다는 거예요. 이런 문제들을 제기하고 논의할 수 있는 기관은 구의회밖에 없습니다. 즉 구의회는 주민을 대변하는 기관이기 때문에 폐지되면 안 됩니다."

한편 「지방자치법」 전부개정으로 도입된 '기관구성 다양화'에 대해서는 "현행 대통령중심제 체계에서는 그 실시가 쉽지 않을 것"이라며 부정적으로 전망했다.

'교육자치'에 대해서는 "지방행정과 같이 맞물려 갈 수 있도록 제도를 바꿔야 한다"고 말했다. "독립된 교육행정이 되다 보니 주민자치와 어긋나는 부분이 있어요. 학생들이 학교에서만 공부하는 것이 아니라 지역에서도 공부하고, 또 지역주민도 교육에 참여할 수 있는 부분이 있는데 교육행정과 단절되어서 어려운 경우가 많습니다." '자치경찰제'에 대해서도 같은 의견이었다. "구청이나 경찰이나 모두가 '주민의 안전'을 실현하기 위해 있는 것인데, 따로따로 놀 게 뭐가 있겠습니까? 그래서 경찰도 지방자치제에 함께 녹이는 것이 주민을 위해 더 바람직합니다." 다만 교육자치와 관련해 "학부모 입장에선 '대학입시'라는 민감한 부분이 있고, 단체장이 바뀌면 교육 자체가 바뀔 수도 있다는 우려가 있을 수 있어서 자치경찰보다 그 실현이 늦어질 것"이라고 예상했다.

"다음에 당선하는 후배 구청장들은 지금 하는 사람들보다 훨씬 똑똑하고, 훨씬 더 잘할 것입니다. 그런데 제가 그분들에게 무슨 코치를 하겠습니까? 형을 못 이기는 동생은 없어요." 후임 단체장들에게 한 말씀 해달라는 '우문'에 대한 박 구청장의 진심 어린 겸양의 '현답'이다.

이동진 서울 도봉구청장

고려대학교 영문학과
제5대 서울시의원
자치분권지방정부협의회 회장
한국인권도시협의회 회장

민선 5·6·7기 도봉구청장

일시 | 2022년 4월 11일(월) 10:00

장소 | 도봉구청장 집무실

"우리 도봉구는 오랫동안 침체된 지역, 서울의 변방 또는 낙후된 이미지 등이 중첩된 지역이었습니다. 변화 가능성에 대해 별로 기대하지 않았던 지역이었는데, 시간이 지나면서 도봉구민들이 자긍심을 갖고 변화의 가능성에 대해 신뢰하고 기대하게 된 데에 제가 적게나마 기여하지 않았나 생각합니다."

2010년부터 내리 3선 연임에 성공한, 특히 선수(選數)를 거듭할 때마다 투표수와 득표율이 함께 올라간* 이동진 서울 도봉구청장이 "그간의 성과와 업적에 대해 스스로 몇 점을 줄 수 있는가"라는 물음에 소박하게 내놓은 답변이다. 그의 겸손함에도 불구하고 지난 12년간 변화와 발전을 이어간 도봉의 모습을 조금 더 세밀히 들여다보면 이동진 구청장의 역할이 매우 컸음을 금세 알 수 있다.

제5대 서울시의원을 역임했던 이 구청장은 "자치단체장은 비록 작은 권한이지만, 시의원 역할과는 달리 자기 권한과 책임 범위에서 구체적으로 실현할 수 있는 영역이 많아 아주 의미 있는 직책"이라 생각하여 '자치단체장의 길'을 나섰다고 회고했다. 2010년 7월 1일 첫 구청장 취임사는 이 구청장이 직접 작성했는데 "도봉구에서 대한민국 지방자치의 전형을 만들어보겠

---

* 민선 5기(2010년 동시지방선거) 7만 6871표(50.3%), 민선 6기(2014년) 8만 9230표(52.3%), 민선 7기(2018년) 11만 4051표(66.9%).

다"는 의지와 "지방자치단체가 경쟁 또는 각자도생이 아닌 협력을 통해 공동발전하는 방안을 모색하겠다"는 포부를 담았다고 기억했다. 이러한 의지와 포부는 이 구청장이 지난 12년 동안 추진해온 사업들을 통해 하나씩 하나씩 구체화했다.

마을민주주의 활성화 위해 노력

이 구청장이 가장 중점적으로 추진했던 정책은 주민자치 활성화 및 주민협력제도 기반구축사업이었다. 취임 직후부터 주민자치를 위한 제도적 기반 마련에 집중하여 전국 최초로「주민참여 기본조례」를 제정했고,「주민참여예산 조례」,「마을만들기 지원조례」,「민관협치 활성화 기본조례」,「주민자치회 설치 및 운영 조례」등을 차례로 제정했다. 구청장 취임 당시부터 8년간 도봉구의회 원 구성이 여·야 7대7 동수 상황이었기에 어려움도 많았지만, 끊임없는 대화와 설득, 의원입법 권고 등 구의회와의 협력을 통해 주민자치 관련 제도 정비를 결국 완료했다. 이러한 기반 위에서 2018년 주민자치회 시범실시부터 2021년 전체 동 주민자치회 전환까지 비교적 순조롭게 진행했다고 한다.

"다른 지역에서는 주민자치위원회가 주민자치회로 전환하는 과정에서 상당한 논란과 반발이 있었습니다만, 우리 지역에서는 그런 갈등이 없었습니다. 서울특별시에서는 2년 내 모든 동을 (주민자치회로) 다 전환하겠다는 방침을 세웠는데, 우리는 그 과정을 한꺼번에 하는 게 아니라 몇 년에 걸쳐 마을기획단을 통해 마을의제를 만들고 총회를 개최하고, 시범실시한 동의 주민총회를 다른 동의 주민자치위원들이 지켜보도록 했습니다. 이런 과정에서 새로운 주체들이 중심이 되면서 자연스럽게 주민자치회로 전환했어요." 이 구청장은 주민자치회 전환에서는 속도 보다도 '방향'이 더욱 중요하다는 점을 특히 강조했다.

이 구청장은 주민참여에 관한 의식의 성장, 그리고 지방자치의 본질에 관한 인식을 주민과 공무원이 공유함으로써 주민자치가 발전할 수 있다고 하면서, 주민자치의 양적인 성장을 어느 정도 이룬 지금은 바야흐로 '질적 성장'이 필요한 단계라고 진단했다. 특히 주민자치회가 '마을민주주의'의 토대로 작동하기 위해서는 주민자치회 소속 50명 안팎 위원들만의 전유물이 되어서는 안 되고 일반 주민 모두가 참여할 수 있는 큰 틀로서 기능해야 한다고 힘주어 말했다. 가령 주민자치회의 분과위원회 위원은 반드시 주민자치회의 공식 회원이 아니더라도 마을에서 활동하는 다양한 사람과 부문, 분야들이 참여할 수 있도록 만들어야 한다는 것이다.

"예를 들면 지금 학부모를 포함해서 마을 학교들이 상당히 활발하게 움직이는데, 마을 학교에서 활동하는 분들이 교육분과에 참여하면서 실질적으로 그 마을의 교육과 관련된 내용을 담보할 수 있도록 하는 것이지요. 복지영역도 마찬가지입니다. 복지 활동을 하는 개별적인 단체들도 있는데, 그 단체들과 주민자치회의 복지분과가 따로 놀면 안 되잖아요. 그야말로 주민자치회가 전체를 포괄하는 큰 틀이 되어야 한다는 것입니다."

지속가능 발전과 탄소중립 실현을 선도하다

이 구청장은 주민자치 외에도 지속가능 발전과 탄소중립 실현 등 범국가적 내지 범세계적인 굵직굵직한 의제들을 기초자치단체 차원에서 선도적으로 실현하기 위해 많은 노력을 기울였다.

'지속가능 발전'을 위한 도시기반을 구축하고자 2015년 전국 최초로 「지속가능 발전 기본조례」를 제정하고 구청 안에 최초로 전담부서를 신설했다. '지속가능발전 이행계획' 또한 전국 최초로 수립했다. 그 결과 2020년에 서

지속가능발전교육(ESD) 수업 지원(2021년)

2021년 세계 RCE 총회에서 우수사례도시로 수상했다

예하예술학교 고등부 수업

울시 최초로 지속가능발전교육 거점도시(RCE)*로 인증을 받고, 그 이듬해에
는 세계 RCE 총회에서 '우수사례도시'로 수상했다. "국내 또는 국제기구의
인증을 받는다는 게 얼핏 형식적인 전시행정처럼 보일 수 있지만, 그렇지 않
습니다. 그걸 준비하는 과정부터 공무원들이 학습하고 연구하는 등 그 분야
의 전문성을 익힐 뿐 아니라 일정 기간 뒤 재인증을 받기 위해 꼼꼼하게 실천
하고 점검하는 일을 해야 하기 때문에 그 자체로 매우 큰 의미가 있습니다."

'탄소중립' 분야에서도 '지속가능지방정부협의회' 회장 자격으로 2020년
'전국 기초지방정부 기후위기 비상선언'을 주도했으며, 전국 최초의 「탄소

---

* RCE(Regional Centre of Expertise on Education for Sustainable Development)는 유엔
산하기구인 유엔대학이 지정하는 지속가능발전교육(ESD)의 거점센터이다. 현재 전 세계
적으로 176개 도시가 RCE 인증을 받았으며, 우리나라의 7개 도시(통영, 인천, 울주, 인제,
창원, 도봉구, 광명)가 인증받았다.

중립 조례」 제정, 국제기구 '탄소정보공개 프로젝트(CDP: Carbon Disclosure Project)' 최고등급 획득 등 여러 가지 눈에 띄는 성과를 거두었다. 특히 '도봉구 온실가스 배출 인벤토리'를 서울시 최초로 구축한 것은 이 구청장의 각별한 관심을 통해 이루어낸 결과로 평가를 받고 있다.

2017년에 개교한 '도봉구 예하예술학교'도 이 구청장의 대표적인 성과물이다. 경계성 지능 청소년(지적장애는 아니지만, 평균보다 낮은 인지력과 사회성을 가진 청소년)을 위한 맞춤형 교육기관인데, 지역주민의 항의와 민원 제기로 사업추진 초기에는 난항을 겪었다고 한다. 하지만 아홉 차례에 걸친 간담회와 면담 등 지속적인 주민 설득과정을 통해 학교 설립을 추진하여 이제는 모범적인 대안학교 운영 사례로 널리 알려지게 되었다.

도시발전 전략을 문화에서 찾다

이 구청장은 취임 당시부터 도봉구의 침체된 분위기와 주민정서를 극복하고 주민들에게 만족감과 기대감 그리고 자긍심을 높이는 방법을 진지하게 고민했다. 그리고 그 해법을 결국 '문화'에서 찾았다고 그는 회고했다. "도봉구는 경기 북부권에 속하는 지역이어서 대기업을 유치해서 경제를 활성화하는 요인을 찾기는 쉽지 않았습니다. 그래서 저는 도시발전의 핵심전략으로 '문화'를 선택했지요. 도시에 매력적인 요소가 있으면 아무리 거리가 먼 곳이라도 반드시 사람들이 찾아오기 마련입니다."

이 구청장은 우선 도봉구 관내의 역사적·문화적 자원들을 발굴해내는 것에서 시작했다. '사람을 향한 도시'라는 슬로건 아래서 지역의 역사·문화적 정체성을 다시 찾는 사업을 추진하여 '김수영 문학관', '함석헌 기념관', '김근태 도서관' 등을 차례로 개관했다. 또 유명 만화영화 〈아기공룡 둘리〉가 도봉구 쌍문동을 배경으로 스토리를 구성했다는 점에 착안하여 어린이들을 위한 '둘리뮤지엄'을 쌍문1동에 건립하고 테마거리도 조성했다. 이외에도 '간송 전형필 옛집' 개방, '역사문화공원' 조성 등 관내의 문화자원들을 복원하는 데 치중하여 많은 성과를 거두었다. 과거 쓰레기와 악취·유흥업소로 가득했던 방학천 주변을 정비하여 문화예술과 주민휴식을 위한 공간으로 재탄생시킨 것도 이 구청장의 문화전략에서 출발한 것이다.

평화문화진지: 흉물을 명물로 바꾸다

오랫동안 방치된 흉물을 도봉구를 대표하는 문화공간으로 되살려내기도 했다. 의정부시와 연접한 서울의 관문 도봉동에는 북한군 전차의 서울 진입을 저지하기 위한 '대전차방호시설'이 있었는데, 오랜 기간 흉물로 방치되어 도시 미관을 크게 저해하고 있었다. 이 공간의 재구성을 고민한 이 구청장은 구민들에게 아이디어를 공모했고, 구민들의 아이디어에 따라 '서울 근·현대 미래유산'으로 지정된 방호시설의 구조물 원형을 최대한 살리는 방법으

평화문화진지

로 리모델링을 하여 '평화문화진지'라는 이름의 문화예술공간으로 거듭나
게 했다. 인근의 '서울창포원'과 '다락원체육공원'과 연결되는 '평화문화진지'
를 시민 제안 아이디어와 행정지원을 양대 동력으로 하는 도시공간 재생 프
로젝트를 통해 완성한 것이다. 도봉구는 이곳에서 평화와 문화 등의 주제를
매개로 하여 지역의 창작작가와 시민이 만날 수 있는 각종 프로그램을 운영
해오고 있다. 평화문화진지는 대한민국 공공건축상 최우수상(2018년), 한국
건축문화대상 우수상(2018년) 등의 영예를 도봉구민에게 안겨주기도 했다.

'서울 아레나': 공연의 품격을 높이다

창동역 인근에 들어설 예정인 음악전문 대형공연장인 '서울 아레나'는 이
구청장이 추진한 문화사업들 가운데 가장 극적으로 성사된 사례다. 도시 이
미지를 좀 더 획기적으로 바꾸고자 이 구청장은 K-POP 등을 위한 대규모 전
문공연장 건립 아이디어를 2012년에 처음으로 제안했다. 그러나 중앙정부
가 고양시를 아레나 후보지로 결정하는 등 중앙 및 지방 정치권의 변화에 따
른 여러 가지 우여곡절을 겪은 뒤 2018년에 이르러서야 비로소 도봉구의 제
안이 '민간투자 적격성 검토'를 통과했다. '서울 아레나'는 이 구청장의 임기
말인 2022년 6월 착공하고 2025년에 완공될 예정이라고 한다. "지금까지 실
내에서 개최하는 각종 대형 공연들은 잠실체육관이나 올림픽 체조경기장 등
에서 열렸는데요, 이들 건물은 애초부터 공연장으로 지어진 게 아니다 보니
아무리 유명한 국내외 가수나 음악가가 출연해 공연해도 음향 등의 품질은
떨어질 수밖에 없었지요. 사정이 이렇다 보니 해외의 탑클래스 아티스트들
은 우리나라가 'BTS의 나라'임에도 방한하지 않고 있습니다. 요즘은 월드투
어 공연을 하는 게 일반적인데, 우리 대한민국은 여기에서 빠지는 거죠. 흘
러간 옛날 가수들이나 와서 공연하고…. 그러니까 최고 수준의 공연을 우리

서울 아레나(조감도)

국민은 못 보는 거죠. 캐나다의 '태양의 서커스'가 우리나라에서 두 차례 공연했는데, 전체 콘텐츠 중 3분의 1밖에 하지 못했다는 거예요."

그는 서울 아레나가 완공되면 정말 수준 높은 공연들이 우리나라에서도 자주 열릴 것으로 기대했다. "서울 아레나의 특징은 무대가 공연장 가운데에 있다는 겁니다. 가운데 무대를 객석이 둥그렇게 둘러싸고 있는 거지요. 객석은 1만 8500석인데, 실제 들어갈 수 있는 최대 관객 수는 2만 8천 명입니다. 국내 아이돌 가수의 공연은 물론 해외 최고 클래스의 아티스트들이 월드투어를 올 수 있고, 아이스링크를 만들어 아이스쇼·갈라쇼 같은 것도 다 할 수 있습니다."

화학부대 이전부지는 아쉬움으로 남아

이 구청장은 임기 중 '도봉동 화학부대 부지 활용'을 계획대로 진행하지 못한 것이 큰 아쉬움으로 남는다고 했다. 서울의 최북단에 위치한 도봉구 관내에는 각종 군사시설이 꽤 많이 있는데, 이 중 '화학부대'가 2016년에 이전하기로 결정이 나자 그 부지를 지역주민을 위한 공공편익시설로 활용하는 계획을 자치구 차원에서 수립했다. 그러나 부지가 국방부 소유여서 도봉구가 매입하지 않으면 활용하기 어려운데, 재정력이 넉넉지 않은 형편이어서 매입비용 600억 원을 마련해 매입하는 게 사실상 불가능한 상황인 것이다.

약 2만 평에 달하는 화학부대 이전부지는 국립공원 안에 있어서 일반인이 매입해 활용하기는 쉽지 않다. 따라서 민간 매각이 잘 이루어지지 않고 있고, 국방부에서도 특별한 부지 활용 계획이 없다고 한다. 그러나 국가 소유 부지도 오로지 시장가격으로 매각하거나 임대료를 책정하기 때문에 지방자치단체가 공공·공익적 목적으로 활용하려고 해도 무상 또는 저렴한 사용료로 임대할 수는 없는 것이 현 제도의 불합리한 현실이다.

"우리 도봉구 차원에서 4차산업과 관련한 부지 활용계획도 나름 수립했고, 새 건물을 지을 수 없기에 (부지 내) 기존 건물을 활용하는 등 여러 가지 방안을 모색했지만 지금 계획 추진이 전혀 안 되고 있습니다. 현재 자산관리공사가 관리하는 국·공유재산이 어마어마하게 많은데, 이것을 사회적으로 의미 있는 공간으로 활용한다면 상당한 의의가 있을 겁니다. 앞으로 유휴 국유지를 지방자치단체가 공공의 목적으로 저렴하게 사용할 수 있도록 배려하는 제도적인 개선이 필요하다는 생각을 하고 있습니다."

제도 개선과 더불어 주민과 공무원 역량 동시에 강화돼야

지방자치 발전의 걸림돌과 관련한 질문에 대해 이 구청장은 행정과 사무·재정 등 제도적인 제약의 측면을 강조하면서도, 더불어 주체 역량의 미성숙 문제도 반드시 논의해야 한다고 지적했다. "그동안 위에서 뭔가 지침이 내려와야만 시행하는 것이 오래된 관행처럼 굳어져 있고, 이를 스스로 개혁하고 개척하려는 노력이 매우 부족했던 게 현실이에요. 지방자치를 하는 사람들,

즉 공무원과 주민들이 제도에 묶이고 굳어진, 위에서 뭔가 내려줘야 한다는 관념과 관습에서 스스로가 벗어나야 합니다. 공무원과 주민 스스로 노력해야 한다는 것이죠. 그것과 더불어 제도 개선을 얘기해야 하지, 제도 탓만 해서는 안 된다고 생각합니다."

그는 구체적인 예를 들었다. "주민참여가 얼마나 활성화되는지가 지방자치의 중요한 척도인데, 주민참여에 대한 주민 스스로의 인식을 바꾸는 데도 상당한 시간과 노력이 필요합니다. 공무원 역시 마찬가지입니다. 예컨대 조례 하나 만든다고 하면 중앙부처가 내려준 '표준조례'부터 찾아요. 법령을 하나 만들면 그에 따른 '표준조례'를 중앙정부가 내려주는데, 그걸 베끼는 게 시·군·구 공무원이 하는 일이었어요. 너무나 쉬운 관행에 익숙해져버린 것이죠. '법령의 범위 안에서'라는 원칙이 있다고 하더라도 우리가 찾아서 뭔가 창의적으로 만들어내고자 하는 노력은 하지 않았고, 또 그런 방식에는 전혀 익숙하지 않았다는 겁니다."

지방자치의 발전을 위해서는 제도적인 변화와 더불어 지방자치의 기본 철학과 가치에 맞도록 지방자치 주체들의 노력이 반드시 병행되어야 한다는 것이 이 구청장의 일관된 지론(持論)이다.

민선 8기에 새로 취임할 후배 단체장들에게는 다음과 같이 당부했다. "지방자치단체장은 한정된 지역 안에서 권한을 행사하는 자리이지만, 지역 내의 문제에만 사고(思考)의 틀을 가두어서는 안 됩니다. 지역발전을 위한 노력과 더불어 더 나은 사회를 위한 노력도 함께해야 합니다. 눈에 보이는 변화만 찾을 것이 아니라 눈에 보이지 않는 가치도 추구하는 등 좀 더 넓은, 중장기적인 안목을 갖춘다면 성공한 자치단체장에 가까워질 수 있을 것입니다."

문석진 서울 서대문구청장

연세대학교 경영학과
서울 세무회계사무소 대표(공인회계사)
서울특별시의회 4대의원(재무경제위원장)
서울시정개발연구원 감사

민선 5·6·7기 서대문구청장

일시 | 2022년 4월 20일(수) 09:30

장소 | 서대문구청장 집무실

"원래 정치하겠다는 생각이 없었고 회사에서 근무를 잘하고 있었어요. 그런데 지방선거가 부활하던 1991년 당시 '어떻게 만들어낸 지방자치인데, 이런 사람들이 지방선거에 나가서야 되겠는가. 네가 나가라'고 말한 어느 선배의 권유로 서울시의원 선거에 출마했지요. 직장인이 회사에 한 달 동안 휴가를 내고 공직선거를 치른 기록은 아마도 거의 없을 거예요. 그때는 213표 차로 아깝게 떨어졌지만, 다음 서울시의원 선거에서는 쉽게 당선되었습니다." 연세대학교 경영학과 출신으로 공인회계사 시험에 합격하여 일반 회사와 회계법인 등에 재직했던 문석진 서울 서대문구청장이 지방 공직자로 첫발을 내디딘 사연이다.

이후 서대문구청장직에 도전하면서 당시 현직 구청장의 경선 불복 등 갖가지 우여곡절을 겪었지만, 세 번의 도전 끝에 민선 5기 서대문구청장으로 당선되었고 3선 연임에도 성공했다. 구청장에 도전하는 동안에도 '지역구 국회의원 선거에 출마해라', '빨리 국회의원 공천신청서를 내라' 등 주변에서 닦달이 제법 많았지만, 구청장 선거 출마의 고집을 꺾지 않았다는 문 구청장은 '자치단체장의 길'을 좌고우면 없이 선택한 이유를 다음과 같이 회고했다.

"정치는 '이상'을 실현하는 것인데, 제가 가진 이상을 비록 작지만 조직과 예산을 가지고 실행할 수 있는 단위가 시·군·구 기초지방정부라고 처음부터 생각했어요. 계급적인 사고로 본다면 국회의원이 더 높다고도 할 수 있겠지만, 그 역할로 보면 기초지방정부의 수장이 지역의 모든 것을 기획하고 실행하면서 실질적인 성과를 만들어낼 수 있는 거죠. 그동안 서대문구 지역사회에서 주민과 함께 만들어낸 성과들이 여러 가지 변화와 발전을 가져왔다고 자부하기 때문에 상당한 의미가 있었다고 생각합니다."

서대문형 복지사업 '동 복지 허브화'와 '100가정 보듬기'

문 구청장은 지난 12년 동안 야심 차게 추진하여 성과를 거둔 대표적인 사업으로 복지사업과 서대문독립민주축제를 먼저 꼽았다.

복지 분야에 대해서는 공인회계사 재직 시절 복지관 운영위원과 복지재단 감사로 활동하면서부터 많은 관심을 가졌고, 현장에서의 구체적인 문제들까지 들여다볼 수 있었다고 한다. 그래서 구청장 취임 직후부터 동 중심으로 복지상담과 신청 서비스를 통합하고 예방적 복지기능을 강화하는 내용의 '동 복지 허브화' 등 서대문구의 대표적인 복지사업들을 자연스럽게 추진할 수 있었다.

"보통 단체장들은 복지문제를 잘 다루려고 하질 않아요. 기초연금이나 노

서대문형 복지사업 '100가정 보듬기'

서대문독립민주축제의 풋프린팅 행사

령·장애인연금처럼 국가가 법·제도를 만들어서 그냥 시행하는 정도의 일이어서 단체장이 성과를 내기 어렵고 뭔가 혁신적인 것을 찾기 어려운 영역이라고 생각한 것이죠. 그렇지만 저는 단체장이 되기 전부터 꿈꿔왔던, 즉 현장에서 어려운 분들을 우리가 잘 찾아내고 이분들이 법적인 지원을 받지 못한다면 사회적 연대를 통해 지역사회가 지원에 나서게 하는 방법을 찾아서 추진했고, 또 이것이 진정성이 있으면 충분히 가능할 것이라 확신했어요."

'따뜻한 겨울 만들기' 등과 같은 일시적인 물품지원과 달리, 어려운 가정이 자립할 수 있을 때까지 관내의 종교단체나 기업들이 그 가정과 결연을 맺어 지원하는 '100가정 보듬기' 사업은 매우 잘 알려진 서대문형 복지사업이다. 2011년부터 시작하여 지금의 740호 결연, 누적지원금 약 41억 원에 이르기까지, 문 구청장을 비롯한 서대문구청 직원들이 도움이 필요한 가정들을 발굴하고 후원자들을 설득하기 위해 쉼 없이 발품을 팔아 찾아다녔다. "12년의 결실로서 이 사업이 시스템으로 안착할 때까지 저와 같은 마음으로 이 일을 수행해준 우리 직원들에게 정말 감사하게 생각합니다."

안산 자락길

서대문독립민주축제 개최

서대문구 관내 독립문에서 멀지 않은 곳에는 수많은 독립지사와 민주화 운동 인사들이 투옥되어 고문당하고 사형당했던 '서대문형무소'가 있다. 문 구청장은 이러한 지역적인 유산을 반영하여 매년 광복절에 역사를 테마로 하는 '서대문독립민주축제'를 2010년부터 개최했다. "지역 특산물 중심으로 하는 일반적인 지역축제들하고는 의미가 다르지요. 서대문형무소를 거쳐 가셨던 독립운동가들, 그리고 민주화 인사들의 족적을 기리기 위해 풋프린팅(foot printing) 하는 행사도 하고, 각종 전시와 공연·영화제 등 다양한 행사들을 열었습니다. 요즘에는 중요한 사건들을 중심으로 하여 좀 더 박진감 넘치는 축제 프로그램들을 기획하고 있습니다." 현재 우리 사회에서 보수와 진보진영 간 대립이 여전한 점을 고려하여 축제를 준비하고 '독립'과 '민주'의 균형을 맞추는 데에도 특별히 많은 신경을 썼다고 문 구청장은 덧붙였다.

차 없는 거리(전후)

안산 무장애 숲길과 연세로 차 없는 거리

서대문구에는 안산과 인왕산 등 5개의 산이 자리해 있고, 녹지가 전체 면적의 11%를 차지한다. 문 구청장은 취임 직후부터 이러한 녹지의 혜택을 장애인과 어르신, 영·유아 등 누구나 누릴 수 있는 방법이 무엇인지 고민했고, 그 결과 전국 최초의 순환형 무장애 숲길인 '안산 자락길'을 조성하게 되었다. 전체 7km의 코스 중간중간에 휴게시설, 공연장, 화장실, 건강증진시설 등을 설치했고, 자락길에 인접한 지역명소 등과도 연결로를 조성해 주민의 활용도를 높이고 지역경제 활성화에도 보탬이 되었다. "방문자의 90%가 만족하고 다시 방문하고 싶어 하는 '안산 자락길'은 우리 서대문의 명소입니다."

지하철 2호선 신촌역에서 연세대 정문까지 약 550m를 연결하는 '연세로'는 좁은 도로와 많은 차량통행으로 만성적 교통체증에 시달리던 도로였다. 문 구청장은 이 길을 사람 중심의 보행친화적인 '차 없는 거리'로 만들고자 했다. 물론 처음부터 순조롭지는 않았다. 사업을 시작하던 단계부터 지

신촌역 박스퀘어

역주민과 신촌번영회의 반발이 거세었기 때문이다. 하지만 문 구청장은 40
여 차례의 협상과 심야까지 이어지는 '마라톤 회의'를 하는 등 끊임없는 대
화를 통해 사업 추진을 위한 합의점을 도출해낼 수 있었다. 마침내 연세로
'차 없는 거리' 또는 '대중교통 전용지구'가 열렸는데, 이후 교통사고가 34%
나 감소하고 신촌 상권의 매출은 오히려 10% 증가하는 등 긍정적인 효과가
나타나고 있다.

　지하철 이대역에서 이화여대 정문에 이르는 약 200m의 거리에는 노점상
들이 무질서하게 늘어서 있었다. 주민과 노점상 간 갈등이 심했으며, 민원도
많았다. 보행의 흐름을 해치고 안전을 위협하는 노점상에 대한 정비가 필요
했지만, 문 구청장은 강제적인 정비보다는 역시 '대화와 설득'의 방법을 선택
했다. '상생의 길'을 찾기 위해 협상을 꾸준히 진행하여 완성한 것이 전국 최
초의 공공임대상가인 '신촌역 박스퀘어'다.

　"40여 차례의 간담회와 사업설명회, 그리고 30여 차례에 걸친 '공정회의'
를 통해 노점상을 설득했어요. 저희는 입점뿐만 아니라 '외식 창업 인큐베이팅'과 '역량강화 교육'을 제공했고, 노점상과 청년상인들이 함께 공간을 만들고 운영할 수 있도록 지원했습니다." 노점상 문제와 청년일자리 문제를 동시에 해결하는 이른바 '상생 모델'을 마련한 것이다. "제가 12년 전에 가졌던 생각들을 하나하나 실행하면서 보람을 느낄 수 있었던 것은 오로지 구청장이었기에 가능했을 거예요. 아마 국회의원이었으면 그렇지 못했을 겁니다."

홍제권역 개발과 경전철 사업은 아쉬움으로 남아

이렇듯 많은 사업을 성공적으로 추진했지만 아쉬움이 남는 일도 적지 않았다. "인왕시장과 유진상가 등 홍제권역에 대한 개발을 추진했어요. 그런데 부동산 경기침체가 계속되고 주민과 토지주 간 이해관계가 대립하고, 또 46층짜리 고층건물이 인근 초등학교의 조망권과 일조권에 엄청난 영향을 주는 문제도 있어서 결국 정비구역 일부가 해제되고 말았습니다." 다행히 최근 서울시는 한번 해제된 정비구역을 재지정하는 문제를 긍정적으로 검토하고 있다고 한다. "도시발전을 위해 이 문제가 조속히 해결되었으면 좋겠습니다."

경전철 건설이 임기 내 추진되지 못한 점도 문 구청장이 매우 아쉬워하는 부분이다. "서대문구는 지하철 교통의 혜택에서 많이 소외된 지역인데, '서부경전철'과 '강북횡단선' 사업이 제 임기 중에 가시적인 진척을 보지 못해서 참 아쉬워요. 전철 사업은 국회의원들이 10년 전부터 공약으로 내세운 것인데, 그 진전이 생각보다 더뎠어요. 다음 민선 8기에는 좀 더 가시적인 성과를 내길 바랍니다."

중앙정부의 불합리한 규제 사례: 홍은사거리 유턴 금지

지방행정을 하면서 가장 힘들었던 상대로 문 구청장은 '중앙정부'를 꼽았다. "중앙정부는 오로지 '법대로'만 이야기합니다. 그런데 법이라는 것은 과거 실정에 맞춰서 만들어지고, 또 개정이 쉽게 잘 안 되는 거잖아요. 현실에 안 맞는 법을 고수하다 보니 주민들이 엄청난 불편을 겪는 경우가 많습니다." 구체적으로 '홍은사거리 중앙차로 U턴 금지 사례'를 들었다.

"홍제고가차도를 제가 철거했어요. 고가도로 철거로 도시경관이 좋아지니까 주민들이 참 좋아했죠. 그런데 고가차도가 없어지고 버스중앙차로가 만들어지면서 홍은사거리에서 자동차 유턴이 안되는 새로운 문제가 생긴 겁니다. 중앙차로가 있는 도로에서는 유턴이 안 된다는 것이 '원칙'이니까요. 그러다 보니 우리 주민들이 승용차 유턴을 하려면 은평구 경계까지 더 가서 돌아오거나 스위스그랜드호텔 쪽으로 좌회전해서 다시 돌아 나와야 했어요. 유턴만 가능하면 금방인 거리가 20~30분 이상 걸리고, 교통 정체도 더 심해졌지요."

주민편익을 위해 홍은사거리 유턴차로 설치를 중앙정부에 건의했지만, 처음 돌아온 회신은 버스 때문에 반대쪽 차들이 안 보여서 교통사고가 늘어난다는 이유로 '수용할 수 없다'는 것이었다. 문 구청장은 운행차량의 시야 확보를 위해 버스 전용차선의 정지선을 조금 뒤로 이동하고, 또 유턴 차로에서 사고가 발생하면 다시 원위치해 없애겠다는 조건 등 여러 대안을 들고 설득한 끝에 무려 3년 9개월 만에 유턴 차로를 설치할 수 있었다.

"한 달이면 할 수 있는 것을 무려 3년 9개월이나 걸려서야 만들 수 있었어요. 현장의 필요성을 알지 못하는 중앙정부에 모든 권한이 있기 때문이죠. 지역의 교통 같은 문제는 중앙정부가 일일이 통제할 사항이 아니잖아요. 중앙정부는 항공이나 철도, 고속도로 등 광역적인 역할을 하고, 지역의 교통·신호체계·횡단보도 같은 것들은 지방정부가 전담하면 되는 겁니다."

이 사례는 시·군·구 자치경찰제 전면실시 주장으로 자연스럽게 이어졌다. "지금 시행하는 자치경찰제도 너무 형식적이잖아요. 가령 서대문경찰서는 서대문구청장 휘하에 있어야 진정한 자치경찰이 되는 거죠. 경찰 역시 민주화된 사회체제 속에 들어와야 사회현상을 제대로 반영하고, 또한 문제들을 올바르게 해결할 수 있을 것입니다."

재정분권 과감하게 실행해야

자치분권을 위한 가장 시급한 과제로 문 구청장은 '재정분권'을 지목했다. "시·군·구 재정분권, 반드시 이뤄내야 합니다. 시·군·구별로 가용재원이 1천억 원씩 더 있으면 지역주민을 위해 훨씬 더 다양한 기획을 해서 창조적으로 더 많은 일을 할 수 있을 거예요. 226개 시·군·구 다 합하면 22조 원 정도일 텐데, 우리나라 전체 예산 약 500조 원에서 이 정도를 지방정부에 더 준다고 무슨 문제가 생기겠습니까?"

재정분권이 잘 안 되는 이유를 문 구청장은 '지방정부는 부패하고 무능하다'는 중앙정부의 편견에서 찾았다. "그동안 지방정부의 부정부패는 구조적으로 많이 없어졌어요. 그리고 지방정부는 절대 무능하지 않습니다. 오히려 중앙정부가 더 무능하죠. 잘못 정책 결정한 조 단위의 사업 실패들은 모두 중앙정부에서 일어나지 기초정부에선 일어날 수 없어요. 물론 쓸데없는 곳에 다리를 놓는 (지역)사업 같은 것은 통제할 방법을 찾아야지요. 그런데 중앙집권적 사고를 하는 사람들은 '지방자치를 하긴 하는데 너희들은 다 우리 통제를 받아야 해'라고 생각하고 있습니다. 226명의 기초단체장은 다양한 경험을 토대로 생각하는 사람들인데, 그 다양성을 인정받지 못하고 무시당하고 있는 거예요."

문 구청장은 재정분권 중에서도 특히 지방세 비율 확대가 필요하다는 점을 강조했다. "문재인 전 대통령이 표방한 국세와 지방세의 비율 6:4를 반드시 이뤄내야 합니다. 지금 74대26이니까 7:3에도 아직 못 미치는 거죠. 그것은 기획재정부의 끈질긴 저항 그리고 중앙집권적 사고를 하는 국회의원들의 비협조 때문이에요. 일단 큰 덩어리로서 지방세 비율을 올려주고, 다시 '재정조정제도'를 통해 지방정부 간 재정적 차이를 조정하는 것이 필요합니다."

주민역량 강화는 자치분권의 기본 전제

지방자치와 분권을 위해서는 무엇보다 주민역량 강화에 힘써야 한다고 문 구청장은 힘주어 말했다. "주민은 크게 보면 국민입니다. 국민이 바뀌지 않고 더 좋은 정치가 나올 거라고는 생각하기 어렵지요. 이를 위해 현장의 기초지방정부가 '시민정치교육'을 꾸준히 해야 합니다. 지역문제나 정치문제에 대해 주민들이 자유롭게 토론하고 다양한 지식을 받아들이면서 상대방의 입장을 배려할 수 있는 민주시민으로서의 역량을 키우는 일을 시작해야 합니다. 그리고 미래 4차산업혁명에 대한 다양한 지식들도 평생교육 관점에서 챙겨야 하고요."

문 구청장은 특히 북유럽 국가의 모델에 주목할 것을 제안했다. "스웨덴은 코로나19 팬데믹 상황에 자유방임적으로 대처했어요. 기본적으로 국가가 통제하지 않고 시민의 자체 역량에 맡기는 것이지요. 이는 복지체계를 만들어오면서 꾸준히 시민력(市民力)을 키워온 결과거든요. 우수한 복지정책과 더불어 합리성이 지배하고 투명성이 높은 북유럽 모델을 우리는 항상 관심 있게 들여다봐야 할 것입니다." 시민역량과 관련하여, 한 가지 사실을 덧붙였다. "스웨덴 여성들은 일주일에 책 세 권을 읽고요, 남성은 일주일에 한 권을 읽는다고 합니다. 그런데 우리나라는 일 년에 책 한 권 읽지 않는 인구가 절반이라지요?"

민선 8기 지방선거를 앞두고 문 구청장에게 자문을 구한 자치단체장 후보들이 제법 많았다고 한다. 자치단체장을 희망한 사람들 또는 새로 취임할 지방자치단체장들에게 문 구청장은 다음과 같이 조언했다. "선거에 당선되는 기술이나 테크닉이 중요한 게 아닙니다. 무엇 때문에 정치를 하려 하는가에 대한 기본 철학과 뜻, 이상을 세우고 실현하는 것이 무엇보다 가장 중요합니다. 그 나머지의 것들은 현장에서 배우고 채워 나가는 것이니까요."

그리고 한 가지 더 당부하고 싶다며 던진 이야기. "어떤 문제가 있어도 절대로 미루지 말아야 해요. 민원이 있으면 바로 현장으로 달려가서 대응하고 또 그 해결책을 바로 찾아야 하는 거죠. '4차산업혁명 시대'의 시민들의 요구는 굉장히 혁신적이고 또 신속한 이행을 요구합니다. 예전의 시장·군수·구청장님들보다 더 고달프겠지만, 항상 현장에서 충분히 이야기를 듣고 빠르게 대응해야 해요. 예전에는 한 달을 미루어도 별 탈이 없었지만, 이제는 하루만 미루어도 탈이 난다는 점을 반드시 명심해야 합니다."

노현송 서울 강서구청장

한국외대, 일본 와세다대 대학원 석사·박사 과정
한국외대 대학원 박사
울산대·고려대 교수
제17대 국회의원
국회행정자치위원회 간사

민선 2·5·6·7기 강서구청장

일시 | 2022년 4월 22일(금) 15:00

장소 | 강서구청장 집무실

4선(2·5·6·7기) 구청장과 지역구 국회의원 관록을 지닌 노현송 서울 강서 구청장은 언어학을 전공한 학자 출신이기도 하다. 1990년대 중반까지 대학 교수로 재직했고, 그 이전에는 일본 와세다대학에서 유학했다. 당시 일본은 우리나라보다 20~30년 앞선 선진국으로 불렸었는데, 노 구청장은 '선진적인 내용'들을 체험하고 공부하고자 일본 유학을 결심했다고 한다. '일본을 이기려면 일본을 알아야 한다.'

"일본의 한 구청을 처음 방문해서 외국인등록을 하는데, 너무도 친절하게 안내해줬어요. 외국인이라서 모르는 것 또는 궁금한 것을 물어보면, 제게 불편하지 않도록 다 알려줬고요. 반면에 당시 우리나라는 동사무소에 등본 한 장이라도 떼러 가면 직원이 쳐다보지도 않고 물어보면 대답도 안 하던, 참 불쾌했던 시절이었죠."

노현송 서울 강서구청장은 굳이 구청장에 도전한 이유가 무엇이었는지 묻자 유학 시절 얘기부터 꺼냈다. 일본은 지방자치가 이미 시행되고 있었고 우리나라는 아직 시행 전이었다. "공직자는 국민 세금으로 월급을 받는 사람들인데, 당시 우리 공무원들은 국민에 대한 '서비스 정신'이 전혀 없었던 거죠. 저는 일본에서 유학하면서 우리나라는 빨리 이런 것부터 바꿔야겠다, 또 그래야만 선진국이 되겠구나 하는 생각을 했어요. 여러 가지 경험을 하고 귀국하니까 우리도 지방자치를 시작하더라고요. 귀국 몇 년 후 고려대학교에서 교수를 하고 있을 때, 신기남 선배의 권유로 구청장 선거에 처음 도전했습니다."

1998년 7월 민선 2기 강서구청장에 취임한 노 구청장의 첫 번째 구정 목표는 '따뜻한 가슴을 여는 눈높이 행정'이었다. 일본 유학 시절에 생각했던 '주민 눈높이에 맞추는 따뜻한 행정'을 펼쳐보고 싶었다고 노 구청장은 회고했다. "이를 위해선 우리 공직자가 먼저 바뀌어야 했지요. 그래서 취임 후 가장 먼저 시작한 것이 우리 직원들에 대한 '친절교육'이었어요."

서울 서남부의 강서구는 '발전이 더딘 변두리'라는 인식이 강했고, 구민들 또한 서울시민으로 제대로 대접받지 못한다는 인식이 지배적이었다고 노 구청장은 기억했다. 그래서 그는 임기를 시작하면서 강서를 번듯하게 발전한 지역으로 만들겠다고 다짐했다. 마곡지구 개발과 고도제한 완화는 이렇게 강서구의 발전을 이끌어가기 위한 노 구청장의 '핵심 시책과제'가 됐다.

논농사 짓던 땅이 미래형 도시로 바뀌다

불과 십수 년 전까지 마곡지구 일대는 서울에서 유일하게 '논농사'가 이루어지던 곳이었다. 마곡지구 개발은 1990년대부터 추진되었지만 계획과 보류를 거듭하면서 지체되었다. 노 구청장은 민선 2기 때 '미래 먹거리를 위한 마곡지역 활용방안'에 대한 연구용역을 서울시정개발연구원(현 서울연구원)에 의뢰했다. "당시 연구용역 결과가 현재 마곡 개발의 밑그림이 되었어요. 이후 이명박 시장 시절 '착공 선언'을 했지만 본격적인 개발은 하지 못했죠. 민선 5기에 제가 다시 구청장에 취임하면서 본격적으로 개발을 시작했어요."

'마곡지구 개발'의 역사는 노 구청장의 임기와 거의 같이했다고 봐도 과언이 아니다. 재임 기간 내내 '할 수 있다'는 신념과 일관된 의지로 추진하여

스페이스K 서울미술관

마곡지구를 '상전벽해'(桑田碧海)라는 말이 어울릴 정도로 변모시켰다. 현재
약 160여 개의 대기업과 강소기업이 마곡지구에 입주하여 첨단 R&D산업과
연구단지를 운영하고 있고, 대규모의 주거공간과 서울식물원·공원 등이 들
어서면서 첨단산업과 생활환경이 조화롭게 공존하는 '미래형 도시'로 탈바
꿈하는 데 성공했다. 인근에 이대서울병원 등 의료관광 특구 인프라까지 구
축되면서 강서구는 명실상부한 서울 서남권의 중심지역으로 발돋움했다.

서울식물원 탄생 비화

마곡지구 내 중심지에 들어선 '서울식물원'은 노 구청장이 아니었으면 탄
생하지 않았을 뻔했다. "처음에는 도시계획상 공원지역이었는데, 서울시장
이 바뀌면서 요트 정박장을 만드는 '워터프론트 사업'을 추진한다는 거예요.
그 아까운 땅을 토목공사를 해서 정박장으로 만들면 홍수 위험도 있고 환경
오염 문제도 있고, 무엇보다 주민들이 휴식할 공원이 사라진다는 심각한 문

서울식물원 항공사진

제가 있었어요." 노 구청장은 민선 5기 구청장으로 돌아온 뒤 서울시에 워터
프론트 계획을 재고할 것을 정식 건의했고, 당시 부채가 많아 대규모 공사
를 계속하기 어려웠던 서울시는 이를 수용했다고 한다. 이후 여러 차례의 전
문가 검토와 수정을 거치면서 공원과 식물원이 결합한 대한민국 최초의 '보
타닉 파크(botanic park)'를 개장할 수 있었다. "개장 30개월 만에 1천만 명의
시민이 서울식물원을 다녀갔어요. 만약 이곳을 요트정박장으로 만들었다면
일부 부자들을 위한 공간으로만 활용되었을 겁니다. 한 지역의 자치단체장
생각과 역할이 얼마나 중요한가를 알 수 있는 대목입니다."

'고도제한 완화', 숙원을 해결하다

강서구는 관내에 '김포국제공항'이 있어서 건축물 등의 '고도제한 완화'가
오랫동안 해결되지 못한 중요한 현안이었다. 노 구청장은 고도제한 완화를
위해 민선 5기부터 인근 지자체들과 공동으로 연구용역을 추진했고, 이를 통

해 해발 119m까지 고도제한을 완화해도 비행 안전에 문제가 없다는 합리적인 결론을 도출했다. 민선 6기에 들어서자 그는 본격적으로 공청회와 국제 세미나 등을 개최하며 여론의 공감대를 얻기 위해 주력했다. 특히 고도제한 완화 요구에 대해서 전 구민의 60%에 이르는 34만 명의 서명을 받아 정부와 청와대에 전달했다.

"우리 강서구민들의 정당하고도 합리적인 주장과 강력한 의지, 그리고 절박함을 대내외적으로 널리 표명했어요. 그 결과 지난 60여 년 동안 지역의 발전과 주민의 재산권 행사를 가로막아왔던 고도제한을 완화하는 '항공법령 개정'을 이끌어낼 수 있었습니다."

다만 국제민간항공기구(ICAO)의 '장애물 제한 표면 기준 설정'이 최근의 코로나19 등으로 지연됨에 따라 개정·변경된 법·제도가 아직 시행되지는 못하고 있다. "ICAO에서 각국의 여러 사정과 의견들을 반영하다 보니 시간이 걸려서 2024년 정도나 돼야 완료할 수 있다고 해요. 법령 개정은 완비했지만 ICAO 개정까지 기다려달라는 것이 국토부 입장입니다. 강서구의 큰 역점사업이었는데, 마무리하지 못하고 임기를 마쳐서 참 아쉽습니다."

강서형 복지공동체 'Yes! 강서 희망드림'

강서구에는 복지수급자들이 많이 거주하고, 기존 제도 또는 중앙정부 시책의 혜택이 미치지 않는 '복지 사각지대'의 주민들 또한 많다. 이러한 지역 특성에 대응하기 위해 현장 곳곳에 스며들 수 있는 좀 더 창의적인 '맞춤형 복지시스템'이 필요했고, 이런 요구에 따라 개발한 정책이 강서형 복지공동체 'Yes! 강서 희망드림'이다. "늘어나는 복지 수요를 감당하기 위해 해마다 복지예산을 늘려서 전체 예산의 50% 이상을 사회복지비로 투입했지만, 주민들이 느끼는 복지 체감도는 항상 제자리였어요. 그래서 복지에 대한 관점

Yes! 강서 희망드림 발대식

과 인식 변화를 바탕으로 해서 지역공동체가 함께 구상하고 준비하여 새로운 형태의 '강서형 복지공동체'를 탄생시킨 것입니다."

2012년부터 통합사례관리와 지역사회 복지자원 발굴을 전담하는 컨트롤 타워 'Yes! 강서 희망드림센터'를 설치했다. 그리고 동 단위마다 공무원과 시민단체, 복지기관 등이 함께 참여하는 '강서희망드림단'을 출범시켜서 흩어져 있던 복지연계사업을 연계·통합하고 7개 분야의 맞춤형 복지로 새롭게 정리했다. 지금도 지역복지를 위해 민관협동으로 기금을 조성하는 사업 등 다양한 시책사업을 추진하고 있다.

부천시와 올림픽대로를 잇는 '방화대로'의 개통은 늘어나는 도심 교통량 분산을 위해 꼭 필요했지만, 그 노선 가운데 위치한 군부대로 인해 개통이 오래 지연되었다. 군부대 주둔으로 막혀 있는 250m 때문에 우회로를 이용해야 하는 주민들의 불편함을 해소하는 것이 시급했지만 군부대 이전은 그리 간단한 문제가 아니었다. 노 구청장은 '구청장이 직접 나서야 할 사안'이라 생각하고, 끊임없는 대화와 설득, 현실적인 협상 조건과 전략 등으로 군부대 이전방식을 제안했다. 그리고 이 전략은 '14년 만의 문제 해결'에 주효했다. "강서구민의 입장과 국방부, 서울시 등 관계기관 간의 이해를 조율하여 군부대 이전 후보지를 물색하고, 이적지 용도지역 변경 등 주요 쟁점에 대한 대안을 제시했어요. 그리고 당사자 간 협의를 계속해 의견 접근을 이뤄냄으로써 최종 합의에 이를 수 있었습니다."

노 구청장은 이 밖에도 '뼈 쓰레기 재활용시스템'과 '재활용품 전용 봉투 자체 제작' 등 생활밀착형 정책 개발, 서울시 최초의 '청소년 심리적 외상 긴급지원단', 코로나19로 인한 항공업계의 고충을 덜기 위한 '항공기 재산세 감면' 등 지역사회 곳곳의 어려움을 지방정부가 함께 분담하는 다양한 정책을 추진했다. "항상 구민의 편에서 지역사회에서 주민의 삶의 질을 높이는 방법에 대해 끊임없이 고민하고, 부여된 권한과 책임하에서 여건에 맞는 정책을 만들고 실행하는 데 최선을 다했습니다."

이러한 성과들은 민선 7기에 이르러 서울시 자치구 중 '가장 혁신적인 성장을 이룬 지자체'(2019년), 지역 내 총생산 기준 전년 대비 가장 높은 성장률(44.6%, 2020년), 지방자치 경쟁력지수 1위(전국 4위) 등 각종 대외적인 평가를 통해 인정받았다. 12년 전 민선 5기 취임 당시의 강서구와 비교하면 모든 측면에서 전혀 다른 도시로 성장한 것이다. "구청장이 가진 권한의 범위에서 합리적인 판단과 의지를 갖고 끝까지 포기하지 않고 추진했다고 자부합니다. 특히 이 모든 성과는 1700여 명 강서구 공직자와 전체 구민의 의지가 하나로 결집해 시너지를 발휘했기에 가능했다고 생각합니다."

'건설폐기물 처리장'과 '5호선 차량기지' 이전 못해 아쉬워

노 구청장에게도 '건설폐기물 처리장'과 '5호선 차량기지' 이전을 임기 안에 해결하지 못한 것은 큰 아쉬움으로 남는다. 지하철 차량기지와 건설폐기물 업체 9개가 밀집해 있는 방화대교 남단 일대를 공원화하는 계획을 추진했지만, 차량기지 등의 이전 문제가 해결되지 않아 마무리짓지 못한 것이다. 2014년부터 방화대교 남단에 대한 환경개선사업을 본격 추진하기 시작하여 그 일대의 국·공유지들을 생태체육공원으로 조성하는 데까지는 성공했지만, 생활환경을 저해하는 건설폐기물 처리장의 이전 문제가 걸림돌이었다. "우리 구는 일관되게 방화 차량기지와 건설폐기물 처리장의 '일괄 이전'을 추진했지만, 지하철 5호선 연장을 희망하는 경기도와 인천시의 지자체에서는 건폐장 수용을 반대하고 있어요. 지자체 간 이해관계가 대립하면서 아직도 해결되지 못한 상황이죠. 지금도 여전히 그 해법을 찾는 중입니다."

주민참여는 지방자치라는 자동차의 엔진

각종 지방행정과 시책을 수행하면서 가장 힘들었던 대상으로 노 구청장은 '주민'을 꼽았다. 관내의 열수요 급증과 발전시설 노후화 문제를 해결하기 위해 마곡지구 개발단계부터 계획했던 '열병합발전소' 설치가 인근 주민들의 반대와 갈등으로 한동안 지연되었던 사례가 있었다. "님비(NIMBY)라고도 하죠. 주민들께서는 중요한 시책이라는 점을 이해하면서도, 그것으로 내가 피해를 받으면 안 된다고 하세요. 필요성을 인정한다면서도 그렇다면 다른 곳에서 하면 되지 않느냐는 논리죠. 그것을 설득하고 이해시키는 것이 굉장히 힘든 일이었습니다."

그러면서도 노 구청장은 주민의 권리와 주민참여 확대가 여전히 필요하다는 점을 강조했다. "지금까지는 주로 중앙-지방의 권한과 배분에만 초점이 맞춰져 있었어요. 아직도 지방자치에서도 기관이 모든 의사결정과 집행 권한을 가진 상태에서 주민은 그저 참관만 하거나 자문 또는 참고만 하는 '형

주민배심원단 회의

식적 참여'에 그치는 경우가 더 많다고 봅니다."

　노 구청장은 지방자치와 주민참여의 관계, 그리고 이를 위한 시책을 다음과 같이 설명했다. "지방자치를 '자동차'에 비유한다면, 주민참여는 '엔진'에 해당한다고 생각합니다. 그 엔진의 고장을 없애고 성능을 향상시키고자 많이 노력했는데요, 우선 '주민배심원제'를 전격 도입한 것을 들고 싶습니다. 종전에는 단체장의 공약 실천에 대한 평가와 환류를 소수 전문가 중심의 제한적 참여에 의존했는데, 주민배심원제 도입을 통해 자발적으로 신청하고 무작위추첨으로 선발된 주민배심원단이 공약 실천계획의 수립과 이행과정에서의 조정 또는 변경 여부를 표결로 결정하는 방식을 활용하고 있어요. 평가는 물론 개선방안까지 제시함으로써 주민의 실질적 참여의 가치를 실현할 수 있었습니다."

　사회문제 해결을 위해 민간과 구청이 공동으로 정책을 결정·집행·평가하는 민관협치의 구정 운영 또한 노 구청장이 시행한 주민참여 시책 중 하나다. "민관 네트워크를 활용해 좀 더 체계화된 의제 발굴과 함께 다양한 세대와 주체가 참여하는 열린 '공론의 장'을 제도로 마련한 것입니다." 강서구는 '주민자치회'도 전체 20개 동에서 전면 실시하여 '마을의제'를 주민 스스로 발굴·기획·실행할 수 있는 자생조직을 완비했다. "시민주권과 자치분권 시대를 맞이하여, 앞으로는 행정기관이 가진 권한과 예산을 주민과 나누어야 주민이 자율적으로 참여하는 공간이 생기고 더욱 실질적인 참여를 가능하게 할 수 있을 것으로 생각합니다."

재정분권과 자치조직권 시급히 확대돼야

자치분권으로 나아가기 위한 가장 시급한 과제로 노 구청장은 재정분권을 꼽았다. 국세와 지방세 비율 조정 등을 통해 지방재정을 확대하는 것도 중요하지만, 특히 세목과 과표·세율 등을 지자체가 자율적으로 결정할 수 있는 '과제자주권의 정립'이 반드시 뒷받침되어야 한다고 강조했다. "현재 엄격한 조세법률주의와 지방세의 정책도구화 등으로 인해 과세자주권이 제약되고 있습니다. 이는 지방재정 운용의 자율성을 침해하고 지방의 다양한 행정수요에 대한 적극적인 대응 또한 어렵게 만들고 있습니다."

노 구청장은 자치조직권 확대도 강조했다. "자치조직권은 헌법과 법률에 제도적으로는 보장되고 있지만, 실질적으로는 대부분 대통령령(지방자치단체의 행정기구와 정원 기준 등에 관한 규정)에서 세부적인 사항까지 다 규정하고 있습니다. 조직과 인사는 자치단체의 고유 사무임에도 중앙정부에서 실·국의 수, 간부의 직급과 인원수까지 통제하는 것이죠. 따라서 현재 획일적으로 설정된 기준을 완화하고 다양성을 보장하는 것이야말로 가장 우선적으로 해결해야 할 과제라고 생각합니다."

자치단체장 3선 제한에 대해서 노 구청장은 비판적인 의견이다. "선거는 본질적으로 주민이 선택하는 거예요. 능력이 인정되면 주민이 다시 선출해 주는 것이고, 안 되겠다 싶으면 선출하지 않는 것이 합리적이지요. 더구나 '정당공천제'라는 거름장치가 있는데도 굳이 법적으로 3선 제한까지 두는 것은 잘못된 것으로 생각합니다." 물론 기초지방선거 정당공천제에 대해서는 '폐지'에 찬성하는 의견이다.

"인사의 공정성은 지역주민은 물론 구청 직원들과의 신뢰관계 형성을 위해서도 매우 중요한 원칙입니다. 인사는 반드시 공정하게 해야 하고, 특히 단체장이 인사청탁을 받지 않는 원칙은 꼭 지켜야 합니다. 주위에서 들어온 청탁을 처음 거절하면 욕은 좀 먹겠지만, 그다음에도 계속 안 들어주면 아예 부정한 청탁 자체가 들어오지 않을 것입니다." 후배 자치단체장들에 남기는 노 구청장의 간곡한 당부다.

이성 서울 구로구청장

고려대 행정학과
텍사스 주립대학원 행정학 석사
제24회 행정고등고시
청와대 비서실 행정관
서울시 감사관
대한민국시장·군수·구청장협의회 상임부회장

민선 5·6·7기 구로구청장

일시 | 2022년 4월 5일(화) 10:00

장소 | 구로구청장 집무실

"제가 취임하던 당시 구로구는 서울의 25개 자치구 중에서 모자라는 것, 부족한 것이 참 많았던 지역이었습니다. 이곳 구로구에서 부족함 없는 단단한 지역사회, 그리고 기본이 튼튼한 지역을 만들어 '진짜 지방자치다운 지방자치'를 해내고 싶었습니다."

직업공무원 30여 년에 자치단체장 3선 기간까지 포함하면 총 40여 년을 공직에 몸담았던 이력이 말해주듯 이성 서울 구로구청장은 공무원을 천직(天職)으로 생각했기에 '자치단체장의 길'을 주저 없이 선택했다고 회고했다. 과거 구로구 부구청장을 역임한 바 있는 이 구청장은 "진정한 민주주의가 무

구청 앞마당 대토론회(2012년 9월)

엇인지를 우리 구로구민에게 보여주고, 무엇보다도 주민에게 필요한 생활기반시설을 갖추도록 만들고자 임기 내내 노력했다"고 말했다.

이 구청장은 2010년 취임 직후 구로구민들이 무엇을 원하는지 청취하고 구민들과 함께 이야기할 기회를 마련하고자 구청 앞마당에서 '대토론회'를 개최했다. 지역이 상대적으로 낙후하고, 특히 노후주택이 많아 개발에 관한 이야기가 가장 많을 것이라고 내심 예상했다. 그러나 주택과 교통 등 개발에 관한 이야기는 적었던 반면, 복지와 문화·교육에 대한 주민의 불만과 요구가 오히려 더 많았다. "주민들의 이야기는 결과적으로 제가 구정 실현을 위해 바람직하다고 생각했던 부분과 일치하는 것이었습니다. 특히 주민들의 '교육에 대한 욕구'가 가장 커서 구청장으로 재직하는 동안 지역의 교육수준을 높이는 데 많은 노력을 기울였습니다."

'아이 키우기 좋은 구로': 구로의 교육을 혁신하다

실제로 이 구청장이 처음 출마하면서 내걸었던 슬로건은 '아이 키우기 좋은 구로'였다. 당시 서울시에 '뉴타운 광풍'이 몰아치던 시절이어서 '이게 무슨 선거구호입니까'라는 비아냥도 들었지만 비교적 여유 있는 표차이로 당선했고, 취임 후 12년간 연임에 성공하면서 구로구를 '어린이특구'로 만드는 데 열정을 다했다. "'아이들이 행복하면 모두가 행복하다'는 확고한 신념을 갖고 있었습니다. 어린이집과 돌봄시설의 확충, 각종 어린이 안전문제 등에 집중하여 어린이를 위한 좋은 기반을 갖게 되었습니다. 특히 '구로형 돌봄'은 서울특별시 차원에서 만들어지기 이전에 구로구에서 가장 먼저 시작한 것으로서 어린이를 위한 이러한 노력은 당장에 구민들로부터 좋은 반응을 가져왔지요."

구로구는 다른 지역에 비해 사교육 혜택을 받기 힘든 지역이었고, 이른바

구로형 어린이 돌봄

'대학입시 성적'도 낮은 편이었다. 그러나 이 구청장이 취임한 뒤 많은 노력을 기울인 결과 관내 학생들의 대학입시 성적이 좋아지고 구로의 교육정책에 대한 주민의 신뢰도가 높아졌다. 주민이 교육문제 때문에 다른 지역으로 이사하는 일도 자연스럽게 없어졌다. "구청에 교육지원과를 신설하고, 교육분야에 연간 200억 원을 투자했습니다. 구로구가 직접 교육을 실시하는 것은 아니지만, 관내 학교에서 교육 프로그램을 만들어 필요사항을 요청하면 구에서는 거절하지 않고 100% 지원하는 원칙을 가지고 정책을 추진했습니다. '학습지원센터'를 설치하여 학습동아리 운영, 대입 상담, 자기소개서 작성, 면접지도, 대학생 멘토단 운영 등 다양한 학습지원 프로그램을 운영했지요. 또 '공부의 신' 강성태 씨를 초청해 강연회를 열었는데, 원래 비싼 강의료를 드려야 하는 강연회지만 우리한테는 무료로 진행했습니다."

이 구청장은 곽노현 전 서울시 교육감과 혁신교육지구사업을 함께 추진했다고 회고했다. "'가고 싶은 학교'와 '즐거운 학교'를 만들고자 노력했고, 교육의 다양성과 교육격차 해소를 위해 여러 가지 혁신교육 사업을 추진했습니다." 서울시교육청의 혁신교육지구사업은 구로구와 금천구가 먼저 선정돼 시범실시했고, 지금은 서울시내 25개 자치구 전체로 확대해 시행하고 있다.

특히 이 구청장은 관내 어린이들과 주민들을 위한 도서관 건립에 집중하여 현재 전

천왕산 책쉼터(도서관)

국 기초자치단체 중 1위 수준의 많은 도서관을 운영하고 있다고 강조했다. "취임 당시 구로구의 도서관 수가 40개 미만이었는데, 지금은 총 120개 도서관을 설립·운영하고 있습니다. 아파트를 지을 때 대부분 어린이집과 노인정 등을 의무시설로 하는데, 우리 구로구는 자체 건축허가조건으로 '도서관 건립'을 의무화했습니다. 천왕동의 대규모 임대주택 건설 때도 단지별로 도서관을 건립하게 하는 등 택지개발이든 재개발이든 막론하고 모두 다 도서관을 짓도록 의무화했습니다."

산업화의 유산을 도시자원으로 가꿔나가다

구로구 하면 대개 '구로공단'을 곧바로 연상한다. 그래서 구로구가 이제 과거 '공단지역'이었다는 다소 부정적인 이미지를 바꿔야 한다는 주장도 상당하다. 그러나 이 구청장은 "구로공단은 산업화를 일구어낸 자랑스러운 우리 역사의 현장이지 부끄러움의 대상이 결코 아니다"라고 단호하게 일갈했다. 오히려 공단이 있었던 지역의 역사적 특성을 바탕으로 지역의 산업화를

G밸리 산업박물관

적극적으로 추진하고 있다. "현재 동양 최대의 정보통신(IT) 단지가 들어서고 있으며, 자금 투자가 많이 이루어지고 있습니다. 미국 실리콘밸리가 있는 2개 도시(캘리포니아주 유니온과 쿠퍼티노)와 우호도시 교류를 하면서 실리콘밸리 기업설명회를 연이어 개최하는 등 우리 구는 구로디지털단지의 세계화에 앞장서고 있습니다. 우리가 걷을 수 있는 세금은 많지 않지만, 꾸준히 투자하고 있습니다. 특히 구로디지털단지의 스마트도시사업을 진행하고자 자문단을 구성했고, 기업을 유치하기 위해서 백방으로 노력하고 있습니다."

이 구청장은 또 대한민국 개발시대의 중심지로서 구로지역에 산업박물관을 개관하는 데 심혈을 기울였다. "우리나라가 10대 경제대국이 되었다곤 하지만, 우리 산업화의 역사를 담은 현장이 점차 사라지고 있는 것을 안타깝게 생각해왔습니다. 도대체 '포니'가 어디에 있었는지, '부라더미싱'이 어떻게 있었는지 지금 그 흔적을 찾을 수가 없어요. 제가 알기로는 국내 산업박물관은 태백시 '석탄박물관'과 김치박물관밖에 없습니다. 그래서 산업박물관 건립을 거의 애걸복걸하다시피 하면서 정부에 요청했는데, '도대체 청장님은 왜 자꾸 과거를 이야기하시냐' 또는 '다른 부서에 알아보세요'라는 대답만 돌아올 뿐이었습니다. 그러다가 넷마블 본사를 구로구에 유치하면서 비로소 'G밸리 산업박물관'을 만들어 개관할 수 있었습니다. 마침 넷마블 회장님이 가리봉동 출신이거든요."

국가공단 제1호로서 구로공단은 우리나라 근·현대사를 이끌어온 산업화의 현장이며, 동시에 무수히 많은 근로자의 피와 땀, 그리고 눈물이 서려 있는 곳이기도 하다. 그래서 이 구청장은 '노동박물관' 건립에 대해서도 구상한 바가 있었다. 비록 별도의 박물관 건립에까지 이르지는 못했지만 'G밸리 산업박물관'의 한 코너에 마련된 전시물과 영상자료 등을 통해 구로지역의 수십만 노동자들의 고단한 삶과 꿈 그리고 그들이 남긴 위대한 성과들을 찾아볼 수 있다.

숙제의 대부분은 해결, 동부제강 부지는 아쉬워

취임 당시 "해야 할 모든 숙제는 다 풀고 임기를 마치겠다"고 다짐했던 대로 이 구청장은 지난 12년간 구로지역의 많은 숙원사업을 해결했다. 영등포교도소·한일시멘트 등의 이전을 완료했고, 최루탄을 제작하던 백광화학도 그의 임기 중에 이전했다. 구로지역은 과거 '상습 침수지역'이라는 오명을 쓰고 있었으나, 관내 빗물펌프장 증설, 역류방지시설 설치, 하천 옹벽 보수와 하수관로 개선사업 등을 추진해 2013년부터는 단 한 가구도 침수 피해를 입지 않은 '수해제로도시'로 자리매김했다. 이외에도 '안양천 복원과 명소화'와 '생태공원 조성'을 이뤄냈고, 특히 오랜 숙원과제임에도 마냥 멈춰서 있던 구로구 철도기지창(구로차량기지) 역시 국토교통부와의 끈질긴 교섭을 통해 이전을 추진하고 있다. 지난 수십년간 수북히 쌓여 있던 오랜 숙제를 그의 임기 중에 하나하나 해결한 것이다.

수해제로도시

　그러나 '동부제강 부지'와 '가리봉동 재개발' 문제를 해결하지 못하고 임기
를 마치는 게 못내 아쉽다고 이 구청장은 말했다. "관내 약 3만 평 부지에 빈
건물만 덩그러니 들어서 있는 동부제강 부지 문제를 임기 안에 꼭 정리하고
싶었는데, 결국 마무리하지 못했습니다. 그 해결방안을 찾고자 동부제강 임
원도 여러 차례 만나보았지만, 동부그룹이 부도나고 의사결정권자가 없는
상황에서 함께 해결방안을 찾는 게 쉽지 않았습니다."

　가리봉동은 이 구청장 취임 전에 뉴타운으로 지정되었지만, 개발 진척 상
황이 부진해지면서 토지주택공사(LH)가 사업 포기를 선언했다. "LH 사장을
현장에 열 번도 넘게 데려와서 설명했지만, 끝내 사업 추진으로 이어지지 못
했습니다. 뉴타운 사업에 대해 지역주민의 의견이 분열되어 찬반투표까지
실시했지만 결국 뉴타운에서 해제되었습니다." 뉴타운 해제 뒤에는 가리봉
동 재생사업을 시행하여 나름 상당한 수준으로 정비했지만, 아직도 주민 간

갈등이 남아 있다고 한다. 이 구청장은 "이 문제는 앞으로 새로운 방향을 잡아서 새롭게 추진해야 할 과제"라고 말했다.

현행 지방자치는 중앙집권체제와 큰 차이 없어

자치단체장으로 12년간 재직하면서 지방자치의 가장 큰 걸림돌이 무엇이라고 느꼈느냐는 질문에 이 구청장은 지방자치에 대한 철학의 부재라고 답변했다. "근본적으로 지방자치에 대한 철학이 없다는 게 가장 큰 문제입니다. 지방의 인력과 조직 등 모든 사항을 중앙정부의 법령이 규정하고 있는데, 이러한 현행 법·제도를 과연 지방자치라고 일컬을 수 있을까요?" 그는 특히 자치단체장 선출 등 정치분야에서만의 자치는 중앙집권체제와 큰 차이가 없다고 강조했다. "지역의 정체성에 대해서도 주민이 정할 수 있어야 하는데, 지금은 중앙집권적 국가 시스템을 그대로 둔 채 자치단체장과 지방의원 선거만 하고 있는 상황입니다. 이러한 우리 지방자치제도에서는 '바보가 자치단체장에 당선된 것'이나 '세종대왕이 자치단체장에 당선된 것'이나, 누가 단체장이 되어도 별반 차이가 없지요."

이 구청장은 구로구의 교류도시인 프랑스 이시레물리노(Issy les Moulineaux) 시의 사례를 들었다. "이시레물리노는 파리 근교 공업지역에 위치해 우리 구로구와 여러 가지로 비슷한 여건에 처해 있는데요, 지금은 유럽의 전체 도시들 가운데 소득수준 1위에 올라 있습니다. 시세 수입이 너무 많아서 소득세를 폐지했을 정도입니다. 이 시의 앙드레 상티니 시장은 1980년부터 무려 40년간 시장으로 재직했는데요, 이 분은 유럽 전역을 순회하면서 '도시 세일즈'를 꾸준히 해왔습니다. 이시레물리노에 공장을 짓고 투자하면 각종 혜택을 주겠다고 세일즈를 하니까 MS 등 세계 굴지의 기업들이 너도나도 투자했지요. 구로구 초청 등으로 우리나라에도 여러 차례 방문했습니다만, 우리나라에서는 죽었다 깨어나도 이렇게 할 수 없을 겁니다."

세일즈 행정 위해 재정권의 근본적 이양 필요

미국의 사례도 덧붙이면서 우리나라 지방자치제도의 문제점을 재차 지적했다. "미국의 어떤 도시가 현대자동차를 유치하기 위해 1조 원을 투입하는 등 모든 도시가 세일즈에 나서서 적극적으로 노력합니다. 또 인센티브 패키지, 예컨대 소득세 감면과 손익분기점 등을 연구하여 수록한 보고서를 토대로 기업의 유치를 진행합니다. 이는 미국의 행정학 서적에 수록된 내용입니다. 우리나라에서는 지방자치단체가 세금을 감면할 수도 도로를 깔아줄 수도 없고, 만약 그렇게 한다면 '특혜'라며 비난만 할 것이 뻔하지요."

우리나라에서도 역대 대통령들은 미국의 어느 도시 시장이 세일즈에 열심이라면서 우리 자치단체장들도 꼭 그렇게 해달라고 주문한다. 하지만 우리는 그렇게 하는 게 애초 불가능하다. "불행하게도 우리나라의 모든 지방자치단체는 오히려 있는 공장을 다른 곳으로 내보내려고 애쓰는 그런 현실입니다. 기업을 지역으로 데려와도 그 지역에는 이익이 없고, 법인세는 국가가, 본사가 있는 서울이 다 가져가기 때문입니다."

미국 텍사스대학교에서 행정학 석사학위를 받은 이 구청장은 우리나라와 미국의 사례를 비교하면서 자치재정권 강화를 힘주어 말했다. "우리 지방자치단체에도 재정권한을 부여해야 합니다. 그것은 단지 '지방세 몇 퍼센트' 수준에서 주는 것이 아니라 구조적으로 재정권을 지자체에 이양하는 방식을 취해야 합니다. 이러한 재정권을 토대로 지방자치단체가 미래에 대해 스스로 설계할 수 있어야 합니다."

주민의 일상생활에 관한 권한은 시·군·구로 반드시 넘겨야

이 구청장은 중앙정부 또는 서울시의 간섭 등으로 인해 구를 운영하는 과정에서, 거의 모든 분야에서 어려움을 겪어왔다고 토로했다. "특히 지역의 재개발과 재건축사업을 추진하는 데 많은 시간이 걸렸지요. 국토교통부의 지침을 받는 데 시간이 너무 오래 걸렸기 때문입니다. 이는 지방자치단체 조례보다도 중앙정부의 '지침'이 우선하는 데서 비롯되는 심각한 문제입니다. 주민을 위해 자치단체가 좀 더 적극적으로 행정업무를 추진해야 하는데, 각종 감사 때문에 적극행정을 하지 못하는 것이 안타깝지만 오늘 우리의 현실입니다. 우리 시스템이 아직까지 중앙집권적으로 운영되는 데 근본적인 문제점이 있다고 생각합니다."

시·군·구의 자치분권 역량에 대해 이 구청장은 자부심이 사뭇 높았다. "우리 서울시내 자치구의 공무원은 역량과 교육·경험 등 여러 측면에서 그 수준이 결코 (중앙정부보다) 떨어지지 않습니다. 마찬가지로 지방정부와 자치 현안에 대한 주민들의 적극성, 그리고 주민의 의식수준 또한 많이 올라가 있지요. 그런데 우리 자치단체장은 주민 안전을 위해 건널목이나 신호등조차 자유롭게 설치할 수 없습니다. 안양천의 족구장이나 징검다리 같은 것들도 무려 10년이나 걸려서야 만들 수 있었습니다."

그리 어렵지 않은 일이고 주민생활의 편의를 위해 시급한 일인데도 국토교통부까지 올라가 승인이 나야 하기 때문에 늘 늦어지고 제동이 걸린다는 게 이 구청장의 하소연이다. "주민과 맞닿은 일들인데도 기초정부를 믿지 못하고 중앙정부나 서울시까지 거쳐야 하는 것은 타당하지 않습니다. 우선은 소소한 일들이라도 그것이 주민과 가까운 사항이라면 기초지방정부에 의사결정권을 넘겨주어야 한다고 생각합니다. 주민이 (지방정부에) 원하는 일들을 중앙정부까지 거치면서 추진하는 것이 과연 이치에 맞는 것일까요?"

이 구청장이 취임하기 전에는 구청 앞마당에서 데모가 하루도 끊이지 않았고, 심지어 구청 내 복도에 앉아 농성을 이어가는 주민들도 있었다고 한다. 그러나 이 구청장이 취임 직후부터 주민들과 대화와 소통을 계속하면서 청사에서의 데모는 없어졌다. "주민들과 이야기를 나누다 보면 서로 통하는 것이 있다는 것을 알 수 있습니다."

구청장 집무실은 원래 지금보다 훨씬 넓었다고 한다. 그러나 취임 직후 청장실을 별도의 휴식공간, 심지어 전용화장실마저 둘 수 없을 정도로 대폭 축소하고, 대신 구로구 일자리지원과 사무실로 활용하고 있다. 또 구로구청 신관 청사를 금고은행(우리은행)의 기여로 건립하고, 청사 밖에 흩어져 있던 각 실·과의 사무실을 모두 본청 안으로 이전했다. 구민들에게 좀 더 유기적으로 봉사하기 위한 토대를 임기 안에 완성한 셈이다.

이 구청장은 민선 8기에 새로 취임하는 후임 자치단체장들에게 40여 년의 천직(天職) 공무원답게 한마디만 짧게 당부하며 긴 인터뷰를 마무리했다. "본인이 공직자임을 절대로 잊지 마시기 바랍니다!"

김문오 대구 달성군수

경북대 법학과 학사
대구 MBC 보도·경영·편성국장
대구 MBC 미디컴 대표이사
한국기자협회 대구·경북 지회장
한국언론재단 기금이사
계명대 행정학전공 특임교수

민선 5·6·7기 달성군수

일시 | 2022년 5월 18일(수) 13:00

장소 | 대한민국시장·군수·구청장협의회 사무실

"지금은 달성군이 변방으로 치부되고 있지만, 옛날에는 대구 전체가 달성
군이었지요. 달성군이 바로 대구의 뿌리입니다. 저는 어릴 때부터 고향을 떠
난 적이 없어요. 그래서 골목길 속속들이 잘 알고 있습니다. 달성군은 충효
의 고장이고 불교의 역사가 있고, 낙동강과 비슬산이 있는 곳입니다. 그래서
저는 군수가 되면 이런 역사와 천혜의 자원을 스토리텔링 해서 관광을 발전
시키고, '도농복합도시'로서 소득을 높여 고향을 발전시키고 싶었습니다. 제
가 농촌에서 자랐기에 달성을 바라보면서 농촌의 미래지향적인 모습은 무엇
인가, 그 꿈을 찾고 실현해 보고 싶었습니다."

김문오 달성군수는 정통 언론인 출신이다. 대구MBC 보도국장·경영국장·
편성제작국장을 거쳐 대구MBC 미디컴 대표이사, 한국언론진흥재단 기금이
사를 지냈다. 그는 달성군의 미래는 지역의 역사와 자연을 활용하여 관광자
원화하는 데 달려 있다고 일찍부터 생각했다. 그리고 당시 박근혜 대표 아래
서 대구·경북의 정치인들이 호가호위하며 공천 등으로 지역갈등을 조장하
는 모습에 대해 강한 불신을 안고 있었다. 그래서 이런 것들을 바로잡아야겠
다는 의협심 같은 것도 첫 출마를 결심하는 데 작용했다고 한다.

공천 탈락에 무소속으로 첫 도전, 실패

김 군수는 처음부터 지방자치단체장을 하겠다고 생각하며 준비한 것은

아니었다. "전임 군수가 제 친구인데, 모임에서 그 친구가 군수를 그만한다 니까 '그럼 당신이 하면 안 되겠냐'고 하는 겁니다. 그래서 얼떨결에 MBC 자회사 사장을 하다가 사표를 내고 출마했는데, 정치 현실은 그리 녹록하지 않았습니다." 언론인 출신으로 공천심사를 무난히 통과할 줄 알았는데, 갑자기 다른 후보로 바뀌었다는 것이다. "제가 바로 지역구 국회의원 하던 선배를 찾아가 '왜 제가 안 된 겁니까'라고 물었더니, '박근혜 대표가 당신은 안 된다고 했다'고 하대요. 그래서 이건 아니다 싶어 떨어질 줄 알면서도 오기로 선거에 나갔지요." 첫 번째 '무소속' 도전은 실패했다. "저도 명색이 보도국장 출신인데 달걀로 바위를 치더라도 하겠다. 무소속으로 나가서 2등으로 떨어졌습니다."

김 군수는 '다시는 정치 안 한다'고 맹세하고 한국언론재단에서 일하다가 다시 대구로 갔다. 그런데 주위의 권유와 우여곡절 끝에 다시 도전했고, 2010년 민선 5기 때 대구시 달성군수로 당선됐다. "당시에도 박근혜 의원이 당 대표로 있어서 처음부터 무소속으로 출마했습니다. 우선 박근혜 대표가 달성에서 선거운동을 얼마나 할 것인가부터 의논했습니다. 본인 선거도 3일밖에 안 하는데 군수 선거에 얼마나 뛰겠느냐 해서 그러면, 한번 해보자고 했습니다. 그런데 박 대표가 무려 12일을 달성에서 선거운동을 하는 겁니다. '야, 이거 큰일 났구나, 출마를 안 하는 건데⋯.' 후회했지요. 하지만 2천 표차로 제가 신승했습니다." 당시 경북도에서 무소속으로 당선된다는 것은 거의 불가능하고, 그 당의 공천만 받으면 선거운동도 안 하는 분위기였다고 한다.

군수는 행정 CEO, 주식회사 달성의 사장

"저는 군수에 당선하면서 '군수는 정치인이 아니다. 행정 CEO다. 주식회사 달성의 사장'이라고 표방했습니다. 그 전 공천심사에서도 '저는 주식회사 달성의 사장'이라고 했죠. 그랬더니 국회의원이 '군수가 정치인이 아니면 누가 정치인이냐'며 질책하더군요. 공천을 안 주려고 작정했던 것 같아요. 어쨌든 저는 계속 군수가 정치에 휘둘리는 것은 바람직하지 않다, 주민만 보고 가겠다. 주민을 위한 정책이냐 아니냐, 미래지향적인 사업이냐 아니냐에만 방점을 두고, 현장에 답이 있다는 생각으로 모든 사업과 정책을 추진하겠다고 말했습니다."

김문오 군수는 12년간 재임하면서 달성군을 전략적으로 관광자원화하는데 모든 역량을 쏟아부었다. "어느 저명한 미래학자는 21세기의 먹거리는 관광, 환경, 정보 3가지라고 했습니다. 달성은 충효의 사상, 불교의 역사, 그리고 낙동강과 비슬산 등 천혜의 자원이 있습니다. 저는 이것을 관광자원으로 만들겠다고 생각했습니다. 달성은 테크노산업단지, 정보산업 등 경제적 기반을 갖추고 있는데, 관광이 또 다른 한 축이라고 생각했습니다. 관광을 개발하는 데 경관적 관광이 아니라 스토리텔링을 하겠다고 마음먹었습니다."

충·효와 불교, 비슬산 등 스토리텔링으로 관광자원화

먼저, 비슬산 천년고찰 '대견사'*를 중창·복원했다. 삼층석탑, 석축, 우물, 마애불 정도만 남아 있던 절터에 총 50억 원의 동화사 예산을 들여 대웅전, 선당, 종무소, 산신각 등을 다시 세웠다. 대견사는 일연 스님이 1227년 22세 때 승과에 장원급제하고, 초임 주지를 맡아 22년간 머물면서 삼국유사를 구상하고 집필하신 곳으로도 유명하다. "대견사를 복원하는 데 무척 힘이 들

---

* 대견사는 설악산의 봉정암, 지리산의 법계사와 더불어 해발 1000m가 넘는 고지에 자리 잡은 3대 사찰 중 한 곳이다. 불상 대신 부처님의 진신사리를 모신 적멸보궁이다. 일제강점기 때 조선총독부가 비슬산의 산세와 대견사가 일본의 기를 꺾는다는 이유로 강제 폐산되었다.

비슬산 대견사 중창·복원

었습니다. 옛 도면이 있는데도「문화재보호법」으로 안 돼「건축법」으로 접근했습니다.「문화재보호법」,「건축법」,「산림법」등 굽이굽이 어려움이 많았지만, 100년 만에 대견사를 복원했습니다. 일제강점기 때 강제로 폐산(閉山)되었는데, 3월 1일이 마침 달성군청의 개청 일이기도 해서 2014년 3·1절을 대견사의 중창 개산일(開山日)로 했습니다."

두 번째는 비슬산 참꽃문화제. 비슬산 1000m 고지에 100만㎡(33만 평) 규모의 전국 최대 참꽃(진달래) 군락지를 관광자원화한 것이다. "식물이나 생물을 가지고 축제를 한다는 것은 참 어렵습니다. 기다려주지 않기 때문입니다. 저희가 전문가나 생물학자한테 조언을 구하고 해서 많이 가꿉니다. 축제 기간에는 하루에 수천 명이 모여드는 등 인산인해를 이루어서 행사는 하되, 공식적인 축제(기간)는 두지 말자고 해서 행사 기간은 따로 없습니다." 비슬산 문화제는 참꽃군락지 관람 외에도 산신제를 시작으로 다양한 축하 공연과 퍼포먼스 등이 진행된다. 달성 맛 장터, 참꽃 화전, 참꽃 주막촌에서 다양한 먹거리를 즐길 수 있고, 관광객들의 소중한 추억을 남길 수 있는 다양한 체험장도 운영한다.

사문진 나루터의 피아노 100대 콘서트

세 번째는 사문진 나루터 복원과 이것을 스토리텔링 한 '100대 피아노 콘서트'. 낙동강 변에 있는 사문진 나루터와 화원유원지* 일대는 조선시대 때 보부상들이 오가는 삼남의 물류 중심지이자, 대일 무역의 중심지로서 주막촌이 많았다고 한다. 특히 부산에서 대구 서문시장으로 오기 위해 배가 들어오는 관문이기도 했다. "1900년 3월 26일 리처드 사이드보텀(Richard H. Sidebotham, 1874~1908. 한국명 '사보담')이란 미국 선교사가 화원유원지의 사문진을 통해 피아노를 들여왔습니다. 선교사는 대구 약전골목에 살았는데, 이삿짐을 부산에서 대구로 가져올 때 자기 아버지한테 보낸 편지와 사진 등의 문헌을 통해 우리나라 최초로 피아노를 운반해온 것을 알았습니다.** 이것을 스토리텔링하고, 보부상이 드나들던 주막촌을 복원했습니다."

김 군수는 여기서 '피아노 100대'를 가지고 연주회를 해보자는 아이디어를 떠올렸다. "처음에 음대 교수들한테 자문하니 '피아노 100대를 가지고 화음을 내는 것은 불가능하다'는 겁니다. 말이 쉽지, 10대도 아니고 100대의 피아노가 동시에 화음을 맞추는 건 정말 어려운 일입니다. 그래서 전북 남원에 살던 임동창 교수한테 얘기하니 '굿 아이디어'라며 한번 해보자고 하더군요. 피아노만으로는 농촌 정서에 한계가 있어 국악, 팝, 대중가요, 세계적인 연주가(정명화, 이루마 등) 등으로 퓨전을 했습니다. 지금 11년째인데 9회·10회

---

* 대구 중심시가지에서 남서쪽으로 15.2km 떨어진 곳에 있다. 낙동강의 푸른 강물과 강변에 넓게 펼쳐진 백사장이 수려하여 이 일대에 유원지가 조성되었다. 강변의 동쪽 산정은 신라의 성터와 조선시대의 봉수대가 남아 있다. 일제강점기에는 일본인들이 배로 낙동강을 거슬러 올라와 화원에서 교역한 왜물고가 있었다. 유원지 주변에는 밤나무 숲, 사문진 나루터, 위락시설 등이 있다.

** 당시 피아노를 달구지로 운반했는데, 덜컹거리면서 피아노가 '웡웡' 소리를 내므로 운반한 사람들은 이것을 '귀신통'으로 불렀다고 한다. 1년 뒤 파커 선교사가 다시 피아노 1대를 사문진으로 들여와 '대구 신명학교'에 기증했다.

사문진 주막촌

는 코로나로 개최하지 못했습니다. 임기 중에 마무리를 멋지게 하고 싶은데, 콘서트는 퇴임 후 10월에 개최합니다.”

'100대 피아노 콘서트'는 가을인 10월 첫 주에 열리는데, 그랜드 피아노가 5대, 업라이트 피아노 95대 해서 오디션을 하고 교수와 학생들이 한 달간 연습한다. 그런데 10월에도 가끔 비가 오기 때문에, 연주자도 관람객도 하늘만 쳐다본단다. “피아노는 현악기라 습기에 약해서 노심초사합니다. 그래서 이건 아니다 싶어 100대의 피아노와 100명의 연주자가 올라갈 수 있는, 무대의 가로 길이만 33m에 달하는 초대형 전용 야외무대를 만들었습니다. 야외무대로는 보통 콘서트 공연장의 2~3배 규모로, 우리나라에서 가장 크고 마니아들도 생겼습니다.”

옥연지 송해공원 조성

'전국노래자랑'을 34년간 진행한 국민 MC '송해 선생'의 밝고 건강한 이미지를 담은 '옥연지 송해공원'은 2016년에 조성했다. 김굉필의 위패를 봉안한 '도동서원'은 2019년에 유네스코 세계문화유산으로 등재했다. 그리고 개발보다 보존이라는 역발상에서 출발한 '마비정 벽화마을'을 조성했다. 마비정 벽화마을은 만물상 트럭도 안 들어오는 오지로서, 옛날 돌담도 있고 시멘트 구조물도 있다. 시멘트 담장에 세시풍속도 등 벽화를 그려 넣어 어른들한테는 추억, 어린이한테는 학습장이 되는 다양한 체험장을 만들었다.

"지금까지 여러 가지 관광사업을 했지만, 저의 신조는 '관광은 한 번 가보고 똑같으면 가지 않는다'는 것입니다. 계속 업그레이드하고 변화를 줘서 갈 때마다 새롭게 느끼게 해야 사람들이 계속 오고 생명력이 유지됩니다. 이것이 달성을 관광명소로 만든 주요인이었다고 봅니다. '송해공원'이나 주막촌, 마비정 벽화마을도 왔던 사람이 계속 옵니다. 비슬산도 현재 계속 업그레이드하고 있습니다. 100대 피아노 콘서트, 대견사 일연스님 등 '문화 스토리텔링'을 접목해 생명력 있는 관광을 만들었고, '오토 캠핑장'을 만들고 통나무

송해공원과 백세정

집을 리모델링 하고 친환경 전기차를 운영하고 있습니다. 10년 동안 지속하면 성공한 관광콘텐츠라고 생각합니다."

　김문오 군수는 재임 중 이루지 못해 아쉬운 일도 있다고 했다. 우선, 달성군의 여러 관광시설을 운영하는 '시설관리공단'을 '관광공사'로 전환하지 못했다. 시설관리공단은 군의 부속기관으로 직원은 준공무원이어서 독립채산제로 운영할 수 없다. 수익이 생기면 군 수입으로 들어오고, 별도 예산으로 편성해줘야 한다. 그런데 시설관리공단을 관광공사로 바꾸는 사업이 당시 '비슬산 케이블카 사업'과 연동돼 있어서, 케이블카 사업이 차질을 빚자 관광공사 전환도 중단되고 말았다. "비슬산 케이블카를 만들면서 독립채산제로 운영하는 관광공사를 만들고자 했습니다. 독립채산제를 해야 전문경영인이 자기 사업을 해서 수익을 냅니다. 케이블카는 수요나 필요성이 높고 불교계도 찬성하고 대구시 전체가 찬성했지만, 일부 환경단체의 반대로 사업을 포기해야만 했습니다."

도동서원 성역화 사업

두 번째는 2019년에 대구시청 신청사를 달성군에 유치·건립하고자 도전했으나 아쉽게 탈락한 일이다. "시청이든 도청이든 청사를 옮기는 일은 50년이나 100년에 한 번 찾아오는 기회입니다. 이런 역사적 기회를 최대한 활용해 지역의 부가가치를 창출하고 시너지 효과를 내야 합니다. 그래서 저는 '도심에서 도심으로 하지 말고 외곽으로 옮기자'고 했습니다. 역대 어느 청사든 모두 외곽으로 나갔습니다. 세월이 흐르면 주변을 개발하는 동기가 부여되고 그래야 시너지 효과가 창출되는 것입니다. 대구의 절반은 달성 땅이고, 달성은 대구 산업경제의 중심지로 거듭나고 있습니다. 또 '도농복합도시'로서 개발이 덜 된 곳이라서 잠재적 발전 가능성이 큽니다. 대구시 청사가 달서구 아파트 도심으로 들어간 것은 대구의 미래발전 측면에서 너무 아쉽습니다." 그러나 얻은 것도 있다고 했다. "달성군 개청 이래 이렇게 27만 군민이 한 목소리 한마음으로 신청사 유치 목소리를 낸 것은 처음입니다. 달성의 브랜드가치를 높이고 달성군민을 하나로 응집하는 자긍심을 심어주는 계기가 되었습니다."

공동묘지 공원화, 다사읍 체육관 무산 아쉬워

김문오 군수는 무소속이었기 때문에 정책이나 사업을 추진할 때 반대하는 일부 의원들이나 주민을 설득하고 협조를 구하는 일이 가장 힘들었다고 한다. 2011년에 달성군은 16군데 공동묘지를 공원화하는 사업을 추진했다. "당시 국비 22억과 군비 15억, 총 37억 원으로 사업을 시작했고, 의원들이 서로 자기 지역으로 해달라 해서 그렇게 해줬습니다. 그런데 갑자기 일부 주민들이 공동묘지, 화장장 이런 얘기를 붙이면서 반대하는 겁니다. 공동묘지를 다 없애고 꽃나무 심고 둘레길 만들고 매점 넣는 것인데, 이걸 왜 반대합니까?" 의원들도 주민들이 들고일어나니 발을 뺐다. 주민투표를 했지만, 결국 사업이 좌절돼 22억 원 국비를 반납했다.

또 하나는 다사읍에 체육관을 짓기로 했는데, 의원들의 반대로 무산된 일이다. "주민들의 요청으로 체육진흥기금 10억 등 27억 원으로 체육관을 짓기로 했는데, 일부 의원들이 위치를 옮겨 달라는 것입니다. 그래서 '지금 장소를 옮기면 설계비가 날아가고 예산 낭비도 많다. 그래서 못 옮긴다'고 했죠." 시간은 자꾸 지나가고 공사단가 등 예산은 계속 늘어나 체육진흥기금을 반납하면서 이 사업도 결국 무산되었다. "지금은 모두 후회하고 있습니다. 다수보다는 소수의 목소리가 클 때 발목잡기로 물고 늘어지면 설득하는 데도 한계가 있더라고요. '송해 공원'이나 '화원유원지 사문진 주막촌'도 반대가 있었지만 제가 밀어붙인 겁니다. 이 두 사업도 강제로 밀어붙일 생각이 없지 않았지만, 순리대로 풀어가자 싶어 그렇게 안 했습니다."

김문오 군수는 첫 번째 도전 때 공천에서 탈락해 무소속으로 출마했으나 실패했다. 4년 뒤 다시 무소속으로 출마해 당선된 뒤 주변의 권유로 입당했고, 재선하는 지방선거 때 공천을 받아 무투표 당선되었다. 그러나 얼마 뒤 탈당했고 세 번째도 무소속으로 출마해 큰 표차로 당선했다. "3선을 앞두고 여론조사 등에서 제가 월등하게 앞서는데도 '교체지수'가 높다는 식으로 모멸감을 주더라고요. 결국 마지막에도 무소속으로 출마해 3선을 했습니다. 16~17% 차이로 크게 이겼습니다. 무소속 2번, 무투표 1번. 파란만장합니다. 대구·경북에서 무소속으로 한다는 것이 쉽지는 않았습니다."

김 군수는 "시·군·구 기초자치에서 정당공천제는 전혀 도움이 안 되기 때문에 폐지해야 한다"면서 "국회의원들이 공천을 능력 있는 사람에게 주지 않고 자신의 선거운동 대리인을 할 사람한테 주기 때문에 지방자치는 하향평준화 된다"고 비판했다. "공천이 곧 당선으로 이어지는 식의 무투표 당선이 속출하면 민의 반영이 안 됩니다. 국회의원만 바라보면 되는데, 군민들의 목소리를 듣겠습니까? 예전엔 그래도 대통령 선거 때 '정당공천제 폐지' 공약을 내걸었는데, 이제는 '빌 공'자 공약(空約)도 안 걸더라고요. 앞으로는 기초의원, 광역의원, 자치단체장을 하면서 역량을 키운 뒤 국회로 가고 중앙정부로도 가야 합니다."

아이 낳기 좋고 기르기 좋은 달성

김 군수는 지방소멸과 관련해서는 일자리와 교육이 가장 중요한 과제라고 했다. "달성군은 출생률이 1.3 정도로 조금 높은 편이지만, 인구를 늘리기 위해서는 일자리와 교육이 제일 중요한 과제입니다. 특히, 교육문제 때문에 도심으로 인구유출이 심각합니다. 아이들이 초등학교 4·5학년, 중학생만 되면 도심으로 전학합니다. 교실이 비고 마을 전체가 공동화합니다. 교육 때문에 달성을 떠나서는 안 된다고 생각했습니다. 아무래도 농촌지역이 사교육이 약하기 때문에 학교 교육인프라, 외국인학교, 원어민 프로그램, 온라인 교육 등에 많이 지원해줍니다. 아마 달성군의 교육경비 지원은 (대구의 강남인) 수성구보다 월등히 높을 겁니다."

'육아'와 관련한 달성군의 캐치프레이즈는 '아이 낳기 좋고 기르기 좋은 달성'이다. "아이 하나 키우기가 정말 어렵습니다. 출산장려금을 주지만, 돈이 문제가 아니고 좋은 여건과 환경을 만들자고 생각했습니다. 아이들 장난감도서관을 만들고, 특히 국공립어린이집을 많이 확충하려 했습니다. 정부가 국·공립어린이집 비율 40%를 목표로 세웠는데, 전국평균이 14~15%이고 달성이 20%입니다." 달성군은 다둥이(3자녀 이상) 축제나 다둥이 캠핑을 운영해 출산이나 보육에 대한 자긍심을 심어주고 우호적 여건을 조성하는 데도 노력하고 있다.

달성군이 운영하는 장학기금은 570억 원으로 전국에서 가장 많다. "아이

다둥이축제

들이 학비 걱정 없이 학교에 다닐 수 있도록 중·고등학교, 대학교, 다문화, 다둥이가정을 지원하고 있고, 앞으로 장학기금을 1천억 원까지 계속 늘려갈 계획입니다." 군은 지난 2000년 '(재)달성장학회' 설립 이후 읍·면장학회까지 포함해 모두 6338명에게 102억 원의 장학금을 지급했다고 한다.

광역시·도와 기초 시·군·구 간 협의체를 법제화하는 이슈에 대해 김 군수는 '절대적으로 공감'한다고 했다. "광역의 갑질이 심합니다. 모든 공모사업은 광역을 통해 오는데, 사업을 하려면 광역과 기초가 매칭을 해야 합니다. 그런데 광역이 매칭을 안 해줍니다." 구체적인 사례도 설명했다. "광역 간 상생 프로젝트라고 해서 대구 달성군과 경북 고령군이 130억 원 규모의 경관조명 사업을 계획했습니다. 그런데 대구시에서 습지에 영향을 준다고 매칭을 안 해주는 겁니다. 결국, 달성군 10억, 고령군 10억 해서 20억으로 우선 시작했습니다."

예전에는 보조금 교부사업이 시·군·구로 바로 내려왔는데, 지금은 광역을 통해 내려오면서 시·도가 갑질을 한다는 것이다. "30m 시도로를 자기 예산 든다고 안 해주는 겁니다. 할 수 없이 20m로 줄여 군 예산으로 했지요. 요즘은 오히려 시 사업에 군 예산을 부담하라고 합니다. 지금은 광역의 시대가 아닙니다. 주민 생활에 영향을 미치는 일은 시·군·구 기초정부가 담당해야 합니다."

박형우 인천 계양구청장

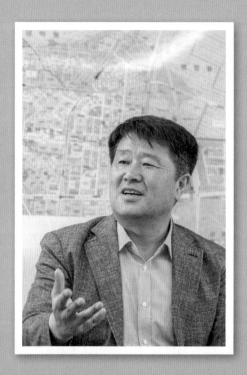

인천기계공고
동양미래대 건축과
인천광역시 제2·3대 시의원
인천광역시 제3대 건설위원장

민선 5·6·7기 계양구청장

일시 | 2022년 4월 22일(금) 10:00

장소 | 인천 계양구청장 집무실

"직장생활도 하고 조그만 사업체도 운영하면서 '관(官)의 벽'이 높다는 것을 느꼈어요. 정당하고 옳은 것이라면 관청에서 바로 해줘야 하는데, 이 핑계 저 핑계 대면서 안 해주는 거였죠. 내가 국회의원이라도 해서 이런 불합리한 것을 바꿔보자 마음먹고 있었는데, 마침 1991년에 지방선거가 시작되었습니다. 첫 번째 선거에서는 보기 좋게 낙선했지만, 다음 선거에서 시의원으로 당선되었어요. 엉뚱할 수도 있지만, 저의 정치인생은 이렇게 시작했습니다." 인천시 계양구에서 나고 자라서 인천시의원 두 번, 계양구청장 세 번을 지낸 박형우 계양구청장이 지방정치에 처음 입문한 계기이다.

"광역의원을 하면서 정말로 많은 공부를 했습니다. 지방자치가 정말 중요하고, 꼭 해야 한다는 것을 알게 되었죠. 주위에서 국회의원으로 출마하라는 이야기를 많이 들었습니다만, 저는 자치단체장을 선택했습니다. 자치단체장을 해야 내가 태어난 그리고 내가 앞으로 살아갈 계양을 바꿀 수 있다는 생각이 들어서 구청장의 길을 간 것입니다." 지역주민이 공감할 수 있는 것들을 찾아서 실현하는 일은 국회의원이 아닌 자치단체장이어야 가능하다는 것이 박 구청장의 일관된 생각이다.

경제자족도시, '서운산업단지' 조성

박 구청장은 구청장 출마 시점부터 주민과 지역을 위해 가장 중요한 것이 무엇인지 고민했다고 한다. 첫 번째 결론은 지역에 산업단지를 만들어 경제자족도시를 만들어야 한다는 것이었다. 취임 당시 계양구는 인구 34만 명이었지만, 종업원 수 50인 이상 기업은 40개에 불과했다. 산업기반이 취약하고 일자리가 부족해 주민이주율은 무려 30%에 달했다. 계양을 '살고 싶고 머무르고 싶은 도시'로 만들기 위해 산업단지 조성이 절실했다. "우리 계양 지역은 '베드타운'이라는 오명을 쓰고 있었어요. 주민이주율이 높았는데, 그것은 지역 일자리가 없었기 때문이고 또한 주거환경이 썩 좋지 않다는 의미였죠. 그래서 집 옆 직장에 바로 걸어서 출근할 수 있는 산업단지를 계획하게 된 것이었어요."

이렇게 박 구청장이 야심차게 추진한 것이 바로 '서운산업단지'였다. '산업단지'를 선거공약으로 내걸었고, 당선된 다음 해부터 관련 예산을 편성하는 등 산업기반 조성을 본격적으로 추진했다. 그러나 '수도권 규제'로 인해 인천에서, 더구나 기초자치단체 차원에서 산업단지를 조성하기란 결코 쉬운 일이 아니었다. 특히 서운산업단지 예정지는 개발제한구역이어서 해제

서운산업단지

계양산성박물관

권한을 쥐고 있는 국토교통부와 중앙도시계획위원회라는 쉽지 않은 관문을 넘어서야 했다.

"수도권에서 그린벨트를 푼다는 것은 결코 쉬운 일이 아니었죠. 직원들이 국토부를 60~70여 차례나 직접 찾아다녔어요. 설명하러 갈 때마다 '보완해라. 수정해라'는 답이 돌아왔죠. 하지만 지역산업단지의 필요성을 열심히 설명하고 집요하게 설득한 끝에 2013년 개발제한구역 해제심의를 완료했고, 2019년 산업단지를 최종 완공했습니다." 계양구의 산단 조성은 박 구청장의 뚝심, 그리고 자기 자리에서 맡은 소임을 다한 구청 직원들의 땀과 노력으로 함께 일구어낸 결실이라고 박 구청장은 회고했다.

'계양산성' 국가사적 지정

'계양산성'은 인천지역의 대표적인 역사유적으로 1992년 인천시기념물 제10호로 지정되었지만, 관심과 예산지원 등에서 소외되어 사실상 오랜 기간 방치되었다. 박 구청장은 시의원 시절 국가사적이 아니면 '국가사적 복원예산'을 지원받을 수 없다는 사실을 알았기 때문에 구청장 취임 직후부터 계양산성의 국가사적 지정을 서둘러 추진했다. '복원정비 기본계획'을 시작으로, 1천여 기에 이르는 산성지역 분묘의 이전과 구역 내 사유지 매입, 발굴조사와 학술대회 개최, 전문가 자문 등 내실 있는 준비를 계속했다.

그러나 국가사적 지정은 너무나 힘든 과정이었다. 계양산성의 축조 시기에 대해 전문가와 학자들 의견이 엇갈리는 상황에서 문화재위원회 위원들은 '축조 시기와 주체가 불명확하다'는 이유로 국가사적 지정을 계속 보류했다. 보류된 상태에서 시간만 2~3년씩 흘러가는 상황에서 답답함을 느낀 박 구청장은 현장실사를 나온 문화재위원들에게 다소 격한 표현으로 말했다고 한다. "삼국시대면 어떻고 고려시대면 어떻습니까? 여러분 중에 그 시대에 살아보신 분이 있나요? 계양산성이 어느 시대에 축조되었는지보다 역사적·문화재적 가치가 있는지를 중심으로 평가해야 합니다. 만약 역사적으로 보전할 가치가 없다고 판단하면 헐어버리면 되지, 뭣 때문에 돈을 들여 복원하겠습니까?"

힘든 과정에서도 계양구는 자체적으로 추가 자료검토와 발굴조사에 힘써 '산성 축조 시기'에 대한 객관적인 근거를 확보했다. 문화재위원회의 사적지정 심의 또한 통과하여, 2020년 5월 마침내 계양산성이 국가지정문화재(사적 제556호)로 지정됐다. 10년 동안 어렵게 준비하여 만들어낸 쾌거였다. "오랜 시간 끈질기게 노력하여 얻은 성과여서인지, 지금 생각해도 감격스럽고 감사한 일이 아닐 수 없습니다."

경로당 방문 건강관리사업

"얼마 전 어머니가 돌아가셨는데, 어머니를 모시고 살면서 느낀 게 있었어요. 나이가 드시니까 몸이 편찮으신데도 '죽을 때가 됐는데 돈 아깝게 무슨 병원이냐'며 한사코 병원에 안 가시는 겁니다. 아마 다른 노부모님들도 그렇게 말씀하실 것이고, 생활이 어려운 분들은 더 그러실 것 아니겠는가. 그렇다면 자치단체가 이를 해결해야 한다는 생각이 들었습니다." 박 구청장이 계양구에서 '전국 최초'로 시행한 경로당 방문 건강관리사업을 시작한 계기다.

우선 부족한 보건인력을 채용하고, 전문인력들이 관내 150여 개 경로당을 4개 권역으로 나누어 어르신들의 혈압과 혈당 체크, 건강상담과 건강체조 등을 실시했다. 건강에 이상이 있는 어르신들은 바로 병원에 가시도록 안내하고, 이후 간호사·영양사·운동처방사를 한 팀으로 편성하여 운동 처방과 노인성 만성질환 교육을 병행하는 등 다양한 프로그램을 추가했다. 계양구의 약사회와 한의사회로부터 상담과 약물 오남용교육 등 지원도 받았다. 시각장애인에게 위탁하여 안마 프로그램도 진행함으로써 어르신 건강 증진과 시각장애인 일자리 창출도 동시에 이뤄냈다. 당연히 관내에 계신 어르신들

경로당 방문 건강관리사업

의 만족도는 매우 높았다. "전국의 시·군·구에서 벤치마킹하러 우리 계양구를 많이 찾아왔어요. 지금은 (다른 자치단체들이) 우리보다 훨씬 더 잘합니다. 허허." 박 구청장은 코로나19로 인해 최근 1년반 동안 '경로당 방문 건강관리 사업'을 계속하지 못한 것을 많이 아쉬워했다.

'아이 수'대로 출산장려시책

박 구청장은 저출산문제 해결방안을 고민하다가 임산부와 영유아를 양육하고 있는 보호자 등 50여명의 신청을 받아 간담회를 열고 '무작위 토론'을 진행했다. "당사자들의 입장과 생각들을 있는 그대로 청취해보고 우리가 계획했던 것과 어떻게 다른지 알아보는 것이 중요하다고 생각했지요." 토론해본 결과 돈에 대한 문제만이 아님을 알게 되었다. "아이를 마음 놓고 맡기고 잘 키울 수 있는 어린이집이나 유치원이 필요하다는 의견이 50% 넘게 나오더라고요."

저출산문제 해결을 위해서는 우선 '먹고 사는 문제' 해결이 중요했다. 이에 박 구청장은 환경미화원 등 공공부문의 무기직이나 기간제 근로자를 채용할 때 '아이 수'대로 가점을 부여하는 출산장려시책을 추진했다. "아빠나 엄마가 안전하게 지속적으로 근무할 수 있는 직장을 마련해야 아이들을 행복하게 잘 먹여 살릴 것 아닌가요. 진짜 중요한 부분이죠. 그래서 아이 수에 따라 채용시 가점을 부여했습니다. 가령 아이 네 명이 있는 분은 거의 '합격'입니다."

이외에도 예방접종비 등으로 많은 비용을 지출한다는 점을 감안해 '로타바이러스' 무료 접종을 자치구 차원에서 실시했다. 또 관내 주차장은 모두 임산부에게 무료 개방했다. "전국적으로 더 확대해야 합니다. 아이 가진 부모들에게 전국 어디를 가도 주차장은 무료로 해서, 아이가 있으면 이런 편리

함도 있구나 하고 느껴야죠."

기계식 주차장은 절대 안 돼!

박 구청장은 도심지역의 심각한 주차문제 해결을 위해 주차장 확충에도 심혈을 기울였다. 반면 '기계식주차장'에 대해서는 '전쟁'을 선포할 정도로 철저하게 제한했다. "얼핏 첨단장치처럼 보이는 기계식주차장은 출·퇴근시간대에 입·출차 차량이 몰리기 때문에 혼잡이 발생하지요. 또 입차가 제한되는 차종이 많고 만약 고장이라도 나면 입·출차 자체가 불가능해지기 때문에 차라리 인근 도로에 불법 주차하는 차량도 많았어요. 그래서 자체적으로 '건축허가 가이드라인'을 만들어서 기계식주차장 설치를 제한했습니다."

당연히 건축사업 관계자들의 반발이 거세었지만, 박 구청장이 의지를 갖고 실시한 이 정책은 시간이 지나면서 그 빛을 발했다. 한 언론사가 이 정책으로 박 구청장에게 상을 시상하면서 다음과 같이 말했다고 한다. "도시형 생활주택의 기계식주차장이 여러 가지로 문제가 많잖아요. 대부분 다른 지자체는 어쩔 수 없이 허가했는데, 구청장님만 욕먹어가면서 허가 안 해주고 막아낸 거, 시민들이 다 알고 있습니다." 의례적이거나 형식적인 상들은 모두 한사코 사양했다는 박 구청장은 지난 12년 동안 유일하게 받은 상이라고 몹시 자랑스러워했다.

이외에도 환경을 위해 조치한 청사 내 일회용품 전면 반입금지, 장애인이 일하면서 성취를 느끼는 '아모르 카페'로 대표되는 장애인 일자리와 장애인 주간보호센터, 유수지 등을 활용한 공공체육시설 건립, '스마트시티 플랫폼'과 공공와이파이 설치 등 박 구청장이 지난 12년간 추진한 혁신적인 시책은 무수히 많다.

사회적기업 아모르카페

귤현동 탄약고 이전, 천년숲 조성 등 아쉬워

그럼에도 임기 내 실현하지 못해 아쉬움이 남는 사업들도 있었다. "귤현동에 군부대 탄약고가 있는데, 점점 도시가 확장하면서 발전에 걸림돌이 되는 거예요. 그래서 탄약고 이전을 추진했지만, 군에서 절대 움직이지 않았습니다. '안보'를 이야기하니깐 더 할 수 있는 이야기가 없었던 거죠. 그나마 건축허가 등 개발을 제한하는 반경 1km 기준은 지금 500m로 완화되었습니다."

애초 계획했던 '천년숲'을 조성하지 못한 것도 아쉬운 대목이다. "계양에 오면 우리나라의 모든 종류의 나무를 볼 수 있도록 '수목원'을 만들어보자는 계획이 있었어요. 전국의 1천여 수종의 나무를 50~100그루씩 심으려고 했는데, 땅이 없고 예산도 부족해서 지난 12년간 모색만 하다가 실현하지 못해 많이 아쉽습니다." 다만 2011년부터 계양산과 산림욕장 등 관내 군데군데에 심었던 편백나무 4천여 그루는 그 사이 아름드리로 자라서 지금 구민들에게

계양꽃마루

휴식과 힐링, 그리고 '피톤치드'를 제공하고 있다. 또 계양아시아드 양궁장 뒤편 유휴지에 조성한 '계양 꽃마루'에서는 봄에는 유채꽃을, 가을에는 코스모스를 한가득 심어서 지역주민에게는 휴식처로, 계양을 찾는 여행자에게도 훌륭한 관광코스로 제공하고 있다.

자치행정의 걸림돌, 광역자치단체와 중앙정부

자치행정을 수행하면서 가장 힘들었던 이해관계자로 박 구청장은 광역자치단체를 지목했다. "광역자치단체는 자기들이 일종의 '상급기관'이라는 인식을 하고 있습니다. 광역과 기초단체가 서로 협치를 하고 필요한 것이 있으면 도와줘야 하는데, 먹통인 경우가 참 많았어요." 구체적인 사례로는 '계양산성박물관' 건립과정을 들었다. "문화관광체육부에서 '공립박물관 건립 지원사업'으로 선정한 것인데도, 인천시가 자기 소유지에 계양구 소유의 영구시설물을 지을 수 없다는 이유로 토지사용을 허가하지 않았어요. 공공 목적으로 사용하려는 토지의 소유권이 어디인지를 따지는 공직사회의 사고

방식이 정말 답답했습니다. 계양구 땅이 아니라 인천시 땅이라서 안 된다니, 그럼 계양구민은 인천시민이 아니란 말입니까!" 결국 인천시에 박물관 부지 매각을 요청해 부지 소유권을 확보한 뒤에야 사업을 추진할 수 있었는데, 이런 우여곡절 끝에 2020년 5월 2천여 점의 유물을 보유한 '계양산성박물관'을 개관했다.

'재정분권'에서도 광역자치정부가 더 큰 장애가 되는 일이 많았다고 박 구청장은 강조했다. "광역시의 자치구 구청장들은 그냥 (하위직) 공무원이나 다름없어요. 권한이 별로 없으니까요. 특히 광역시가 특별교부금을 인심 쓰듯이 말 잘 듣는 자치구에나 나눠주고 있는 게 현실입니다. 조례를 개정해서 교부금을 올려주면 되는데, 인천시의회가 조례를 바꾸지 않습니다."

박 구청장은 중앙정부도 자치분권의 걸림돌이라고 이야기했다. "한 가지 예를 들자면, 자치단체 공무원 정수를 행정안전부에서 정하고 있는데, 이것은 지방자치시대에 행안부가 할 일이 아니에요. 그저 통제의 수단일 뿐이죠. 면적이나 인구에 따른 '가이드라인' 정도로 해결할 수 있는 문제입니다."

2021년부터 시행한 광역자치단체 중심의 '자치경찰제'에 대해서도 박 구청장은 강한 어조로 비판했다. "이게 정말 자치경찰 맞나요? 도로에 필요한 차선 하나 그리려고 해도 경찰청에 승인받아야 하고, 뭐든지 다 협의를 해야 하잖아요. '자치경찰'이 제대로 되려면 경찰이 구청장 산하로 들어와서 우리 구청의 국장으로 같이 일할 수 있는 시스템이 되어야 합니다. 미국의 경우처럼."

정당공천제, 무조건 폐지해야

'행정체제 개편'과 '구의회 폐지' 등에 찬성한다는 박 구청장은 '기관구성 다양화' 논의에 대해서는 다음과 같이 말했다. "지금 체계(단체장-의회 기관대립형)가 썩 나쁘지는 않다고 봐요. 단체장-의회 기관통합형으로 하려면 우리 구성원이 그만큼 성숙해져야 하는데, 지금 구의원들은 그렇지 못한 경우가 있어요. 젊고 생각이 있는 사람들이 대거 진출해서 바꿔야 하는데, 이런 사람들은 공천받으려고 지역위원장에게 잘 보이려는 행동을 거의 안 하지요."

그래서 자연스럽게 '기초지방선거 정당공천제'에 대해선 확고한 '폐지' 의견을 밝혔다. "무조건 폐지해야 합니다. 공천권을 무기로 목줄을 조이고, 구의원이나 구청장들이 말을 안 들으면 잘라버리지요. 정당공천을 제대로 하려면 당내 민주주의가 활성화되어서 지역에 있는 당원들이 후보를 뽑아야 합니다. 그런데 우리나라에서는 마치 '공수부대' 내리꽂는 것처럼 후보자 공천을 하고 있는 게 현실입니다." 그는 '기초선거 정당공천 폐지' 설문조사 또는 성명서가 돌 때마다 가장 먼저 서명을 했다고도 말했다. "항상 하는 이야기지만, 구의원·시의원·구청장과 국회의원은 상하관계가 아니라 수평적인 관계로 상호 존중하면서 일해야 해요. 그래야 모든 것이 발전할 수 있습니다."

민선 8기에 새로 취임하는 자치단체장들에게는 주민과의 소통을 강조했다. "구청장을 하면서 구민들과 소통만 잘해도 그 다음에 반드시 뽑아줍니다. 평소에 현장에서 주민들과 만나서 열심히 소통한다면 선거운동기간에 따로 명함을 돌릴 필요가 없어요." 현직 단체장이 평상시 직무에 충실하며 주민과의 소통을 게을리하지 않는다면 그것이 '최고의 선거운동'이라는 것이다. 박 구청장은 특히 '현장'의 중요성을 이야기했다. "구청 직원들도 있습니다만, 저는 민원이 들어오면 웬만한 곳은 다 직접 나가서 살펴보고, 또 만납니다. 왜냐하면 만나면 다 '제 편'이 되니까요. 흔히 하는 이야기로, 정말 현장에 답이 있습니다."

박용갑 대전 중구청장

한밭대학교 테크노경영대학원 금융경제공학 석사
대전시의회 제4대 의원(산업건설위원회 위원장)

민선 5·6·7기 중구청장

"힘없고 어려운 사람들이 정의로운 세상에서 공평하고 정직하게 사는 세상을 만들고자 정치를 시작했습니다. 그래서 겸손하고 감사한 마음으로 중구 구민들을 위해 봉사하겠다는 초심을 잃지 않기 위해 부단히 노력했습니다. 2012년 9월부터는 한 달에 한 번씩 환경관리요원들과 함께 생활쓰레기 차량을 타고 수거활동을 해왔지요. 지난 12년간 '현장 중심 적극행정'을 강조하며 중구의 골목골목을 누비고 발로 뛰는 행정을 추진했습니다."

박용갑 대전 중구청장은 민선 5기에 처음 취임하면서 '젊은 중구, 활기찬 경제'라는 슬로건 아래 '힘없는 사람들의 정의로운 세상'을 만들고자 '원도심 활성화'와 '효문화 중심도시 중구 건설'을 구정 목표로 내세우고 출발했다. 하지만 구 재정이 여의치 않았다. "경기침체 장기화와 중앙정부의 일방적인 감세정책, 복지정책 확대로 인해 법적·의무적 필수경비도 부담하지 못하는 심각한 재정위기에 직면해 있었습니다. 전임 민선 4기에 발행한 지방채 127억 원을 비롯한 각종 재정부담으로 약 220억의 재정 압박을 받던 상황이었지요."

박용갑 구청장은 '재정 건전화'를 위한 조처부터 시작했다. "저를 비롯한 중구청 전 직원이 합심해 경상경비를 절감하고 그동안 추진해온 사업을 원점에서 재검토하는 등 강도 높은 재정 건전화 계획을 추진했습니다. 그 결과 조금씩 상황이 개선돼 2017년 6월 26일 122억 원이 넘는 지방채를 조기에 전액 상환했습니다. 필수 의무적 경비인 청소대행 사업비 등도 다 상환하고,

부가적으로 2억 8천만 원의 이자 비용을 절감했지요."

이렇게 일궈낸 건전재정은 박 구청장이 구상해온 구정 목표 실현의 원동력이 되었다. "이러한 건전재정은 민선 5기부터 7기까지 지역 현안사업, 주민복지사업, 소상공인 지원 및 경제 활성화 사업 등을 차질 없이 추진해 구민의 복리 증진과 원도심 활성화, 효(孝)문화 중심도시 중구 건설이라는 저의 구정 목표 실현을 가능하게 뒷받침해주었습니다."

명실상부한 효 문화 중심도시 정착

박용갑 구청장은 중구를 '효문화 중심도시'로 만들기 위해 심혈을 기울였다. 1997년 개장한 효 테마 '뿌리공원'을 계속 정비·확대했고, 2014년에는 260억 원 규모의 국책사업 '효문화진흥원'을 중구에 유치했다. 또 2016년 문화체육관광부가 공모한 '효문화 뿌리마을 조성사업'에 선정돼 2023년 마무리 일정으로 사업을 진행하고 있다.

대전효문화뿌리축제

"이렇게 꾸준히 노력한 결과, 중구에서 개최해온 '대전효문화뿌리축제'는 이제 대한민국을 대표할 만한 명품축제가 되었습니다. 2019년에는 대전 칼국수축제와 함께 개최한 시너지 효과로 역대 최대 관람객인 약 50만 명이 찾는 축제로 성장했지요. 효문화뿌리축제는 대전에서 유일하게 국가 유망축제로 5번이나 선정되었고, 전국 775개 축제 중 브랜드 평판에서 5위에 선정되었어요. 나아가 전국 1천여 개의 지역 축제 중 외국인에게 추천하는 글로벌 우수축제라는 평가도 받았습니다." 2021년에는 코로나19로 인해 비대면 온라인으로 개최했는데, 방송프로그램 시청자 220여만 명, 유튜브 구독자 10만 명을 기록하는 등 기대 이상의 성과를 거두어 '2022년 제10회 대한민국 축제콘텐츠대상' 수상의 영예를 안았다고 한다.

효 테마 뿌리공원과 한국효문화진흥원 유치

대전효문화뿌리축제가 해마다 열리는 효 테마 '뿌리공원'은 1997년 개장 당시 72기였던 '성씨조형물'을 계속 추가해 현재 244기로 확대되었다. 뿌리공원은 또 캠핑장과 야간 경관조명, 은하수터널, 인공보름달, 글자조형물 등 시설을 계속 확충하면서 더욱 다채롭고 아름다워졌다. "특히 뿌리공원 개장 20주년을 맞아 2017년 9월 설치한 야간 경관조명은 한 인터넷 포털사이트 검색에서 '대전의 가볼 만한 곳 1위'에 오르는 등 뿌리공원의 위상을 전국적으로 크게 높여주었습니다. 그리고 2021년에는 뿌리공원이 대전에서 유일하게 한국관광공사로부터 '여름 비대면 안심관광지 25선'에 선정되었지요."

박 구청장은 2014년에는 260억 원 규모의 국책사업 '효문화진흥원'을 중구에 유치했다. "경북 영주시 등 여러 자치단체가 신청해 치열하게 경쟁했으나, 우리 중구가 효문화마을, 뿌리공원, 오월드, 단재 신채호 생가 등 이미 조성한 인프라와 연계해 적극 당위성을 피력하고, 100만인 서명운동과 범구

뿌리공원 전경

민 캠페인 등 총력을 기울인 끝에 유치에 성공했습니다." 2017년 1월 개원한 진흥원은 2019년 4월 '한국효문화진흥원'으로 명칭을 바꾸었으며, 그동안 효문화 관련 세미나와 포럼, 배재대학 어학당 외국인유학생들을 위한 성년례 등 외국인 체험행사, 연례 효문화 국제학술대회(2021년 제4회 대회, '세계의 효문화를 만나다 효(孝)비정상회담') 개최 등을 통해 전 세계 효문화 확산운동을 이끌고 있다.

박 구청장은 또 2016년 총사업비 390억 원이 투입되는 '효문화 뿌리마을 조성사업'(문화체육관광부)도 유치했다. 이 사업은 2023년까지 제2뿌리공원과 야영장, 가족단위 체험장 등 국내·외 체류형 관광객을 유입할 수 있는 효테마공원을 완성하는 게 목표이다. "효문화 뿌리마을이 완성되면 국내 유일의 효테마파크로 효문화산업을 선도하며 대전을 대표하는 관광명소로 거듭날 것입니다."

한편 박 구청장은 중앙정부 보조금사업 관련 제도개선이 필요하다고 말했다. "지방비 부담은 시·군·구의 재정자립도에 따라 매칭 비율에 차등을 두어야 합니다. 현재의 보조금 사업은 전국 지자체를 일률적 기준을 적용하여 추진하고 있는데, 지역 특성에 맞는 효율적인 행정을 펼칠 수 있으려면 국가가 부담해야 할 복지예산 등의 지자체 부담률을 완화하고 교부세 제도의 개편을 통해 지자체의 열악한 재원 부족 상황을 근본적으로 해결해 지방재정의 자주도, 자립도를 높여주는 게 무엇보다 중요합니다."

원도심 재생과 활성화, 폐·공가 정비 사업 적극 추진

박용갑 구청장은 원도심 재생과 활성화를 위한 도시재생 뉴딜사업에도 적극적으로 나섰다. 재원은 주로 문재인 정부의 국책사업인 '도시재생 뉴딜사업'에 적극적으로 공모하여 조달하는 방식을 취했다. 2017년 중촌동이 처음 선정되었고, 2019년 유천동, 2021년 석교동이 잇따라 뉴딜사업에 선정되었다. 중촌동에는 98억 원을 투입해 '맞춤형 패션거리'를 조성하고 있으며, 유천동은 188억 원을 투입해 생활편의 인프라를 확충하고 있다. 석교동은 160억 원을 들여 '문화와 정이 넘치는 공동체 도시'로 새롭게 단장해 도시경쟁력을 높이고자 다양한 사업들을 추진하고 있다.

박 구청장은 또 중구의 핵심 상권이자 과거 대전시의 발전을 이끌었던 대흥동, 은행동, 선화동 지역을 중심으로 원도심 활성화 사업을 중점 추진하여 '문화흐름 중교로' 조성사업, 대흥동 골목 재생사업, 우리들공원 주변 재창조 사업, 양지 근린공원 조성사업, 선화로 확장사업 등을 완료했다. "원도심 활성화 사업이 원활히 진행될 수 있도록 국비·시비 확보에 적극적으로 대처했습니다. 그 결과 대흥동과 은행동 지역은 많은 젊은이가 찾는 활력이 넘치는 거리로 탈바꿈했고, 옛 충남도청 뒷길에는 '선화단길'이라 불리는 신흥상권이 형성되었습니다."

박 구청장은 폐·공가 정비 사업에도 집중했다. 도심 속 낡은 빈집이 일

빈집 정비 사업(전)　　　　　　　　　　　　　　　　　　빈집 정비 사업(후)

부 청소년의 탈선과 범죄에 이용되는 등 공공의 안전을 위협하는 사회문제
로 대두함에 따라, 2015년부터 이를 철거해 도시미관을 개선하고 주민편의
도 증진하는 '마을의 등대가 된 빈집' 사업을 추진한 것이다. 2021년까지 6억
3400만 원의 예산으로 빈집 55동을 정비해 주민쉼터, 텃밭, 공공주차장 등
주거여건 개선사업을 실행했다.

독립운동가 홍보관 설치는 의회 반대로 무산

박용갑 구청장은 의회의 반대로 무산된 '독립운동가 홍보관' 설치사업은
큰 아쉬움으로 남는다고 했다. '선화동 예술과 낭만의 거리' 사업과 연계해,
일제시대 통치부 건물인 옛 충남도청의 뒷길 일대를 독립운동가 정신을 기
리는 거리로 조성하고, 미래의 청소년들이 느끼고 배울 수 있는 홍보관을 건
립하고자 했으나 의회가 계속 반대해 무산된 것이다.

"우리 민족의 역사의식을 고취하는 학습장으로 만들기 위해 특화거리와
주차장 조성, 독립운동가 홍보관 건립 등을 함께 묶어 추진했으나, 독립운동
가 홍보관 건립은 공유재산 관리계획이 의회의 지속적인 반대로 부결됨에

따라 추진 중단되었습니다." 박 구청장은 2021년 독립운동가 홍보관 공공용지를 대전시에 매각했고, 대전시는 이를 3·8민주의거기념관 건립사업으로 대체 추진하고 있다.

인구감소에 대응하는 정책들

중구는 대전의 모태도시로 1992년에는 29만을 넘는 인구가 거주하며 대전의 상업, 행정의 중심지로 기능했으나, 1998년 법원과 대전시청 등 주요 관공서가 서구 둔산신도시로, 2013년엔 충남도청이 홍성군 내포신도시로 이전하고 세종특별자치시가 개발되면서 인구가 감소해 2022년에는 23만 명으로 줄었다.

"일자리, 교통환경, 문화·편의시설 등이 우수한 수도권 지역으로의 전출 비중이 큽니다. 그래서 원도심 재생 겸 사람이 모이는 매력적인 도시 기반을 조성하기 위해 '문화흐름 중교로' 조성사업 등을 추진했지요." 박 구청장은 또 인구감소에 대응하기 위해 출산장려금 지급, 출생 축하용품 지원, 아기주민등록증 발급 등 중구만의 특색 있는 사업을 추진했으며, 국공립어린이집 확충, 어린이집 부모부담 차액보육료 전액 지원, 3년 이상 근무 보육교사 장기근속수당 지급 등 아이 키우기 좋은 환경조성을 위한 보육정책도 추진했

아기주민등록증

다. 그리고 수요자 중심의 일자리 발굴단 운영, 경력단절여성 일자리사업 확대 등 일자리 확충으로 지역경쟁력을 강화하기 위해 노력했다.

정당공천제 폐지, 재정분권 시급

박용갑 구청장은 기초지방선거 후보자의 정당공천제는 지방자치 본질에 어긋나므로 폐지해야 한다고 강조했다. "정당공천제의 정당성으로 거론해 온 책임정치나 공직 후보자 사전 검증, 정당정치 발전의 순기능은 현재로선 발현하지 못했다고 생각합니다. 오히려 그 역기능만 두드러지고 나타나고 있지요. 지방자치의 원래 목적인 주민자치, 생활자치가 실현되지 않고, 지방정치가 중앙정치에 예속되면서 지방정치에 대한 무관심만 더욱 증폭시켰습니다. 지방자치란 본디 지역문제를 지역 안에서 스스로 논의하고 해결하는 것이므로, 기초단체장이나 의원들은 정치적인 입장을 내세우기 앞서 주민들의 이해에 기반한 행정을 펼치는 것이 무엇보다 중요합니다. 정당공천제는 이와 같은 지방자치의 본질적 가치와 기초정부·기초의회의 특성을 모두 고려하지 못한 제도이며, 진정한 지방자치를 실현하는 데 큰 걸림돌이 되고 있습니다."

박 구청장은 또 기초지방정부 중심의 자치분권을 위해서는 재정분권이 동반된 자치분권이 필요하다고 강조했다. "지금까지 우리는 중앙정부가 지어준 한 가지 사이즈의 옷을 억지로 맞춰 입으며 정책을 펼쳐왔고, 지금도 많은 부분에서 기초단체보다는 중앙정부, 광역단체 중심으로 추진되고 있습니다. 지역 특색에 맞는 정책을 펼쳐서 경쟁력을 키우고 균형 있는 발전을 통한 행복한 자치분권 실현을 위해서는 재정분권이 반드시 이뤄져야 합니다."

자치경찰제 전면 확대 앞서 '자치경찰 업무협약'

박 구청장은 기초정부 단위의 자치경찰제 확대의 전 단계로 관내 중부경찰서와 치안협의회를 운영해 왔으며, 급기야 2021년 10월 중구지역의 치안확보 공동대응과 안전한 중구 만들기를 위해 상호 협력한다는 요지의 '자치경찰 업무협약'을 체결했다. "협약 체결 뒤부터 매월 실무협의회를 열어 관내 치안 유지뿐만 아니라 도로·교통·질서 개선, 여성·아동 안전 등을 위해 공동 노력하고 있습니다. 특히 우리 지역에서 활발히 진행되는 재건축, 재개발과 관련해 예정지역 주민 이주에 따른 슬럼화와 그로 인한 치안문제 등을 사전 예방하고자 방범 활동을 강화하고 있으며, 시설물 철거·건설 과정에서도 안전사고를 막기 위한 선제적 예방활동을 시행하고 있습니다."

박 구청장은 민선 8기 시장·군수·구청장들에게 현장 중심의 적극행정을 당부했다. "집무실에서 공무원들이 올리는 문서만 볼 것이 아니라 현장의 생생한 목소리에 귀 기울여야 한다"며 적극적인 현장 행정을 강조하고 "구민들의 소중한 세금으로 이루어진 예산은 공평하고 정확하게 집행해야 하고, 이를 위해 신속한 업무파악이 중요하다"고 주문했다. "관례가 아닌 새로움으로, 말이 아닌 행동으로, 책상이 아닌 현장에서, 무리한 사업 추진이 아닌 건전재정 속에서 '청렴의 덕목'을 토대로 중구 발전을 위해 노력해 주시기를 당부드립니다."

염태영 수원시장

서울대 농화학과
청와대 국정과제비서관(노무현 정부)
전국시장군수구청장협의회 대표회장
KDLC(전국자치분권민주지도자회의) 상임대표
참좋은지방정부협의회 회장
더불어민주당 최고위원

민선 5·6·7기 수원시장

일시 | 2022년 5월 11일(화) 15:30

장소 | 수원문화재단

"○○신문 기자가 지방자치 관련 인터뷰를 하자고 해서 현장도 보여줄 겸 수원시 장안구에 있는 '일월도서관'에서 만났습니다. 그런데 마침 거기 1층 커피숍 문이 닫혀 있는데, '왜 문을 닫았습니까'라고 기자가 묻는 거예요. 그래서 제가 '지방에 권한이 없어서 그런 겁니다'라고 답했죠". 염태영 수원시장은 인터뷰를 시작하자마자 지방자치의 안타까운 현실에 대해 토로하기 시작했다. 아트리움 공연장이나 도서관 등 공공건물을 지을 때 시민이 가장 좋아하는 커피점이나 카페를 넣고 싶은데 못 넣는다. 왜냐하면 조건이 브랜드 커피점은 못 들어가고 지역에서 최고가 입찰을 해야 하기 때문이다.

브랜드 카페는 안 된다는 규제

"사실 저는 시장이 되자마자 '카페 같은 도서관'을 만들려고 했는데 도서관에 브랜드 카페를 넣지 못하는 겁니다. 이게 규제입니다. 일본의 '다케오 시립도서관'이 큰 성공을 거둔 건 도서관 전체를 개방하고 'oo벅스'를 넣었기 때문입니다. 도서관 전체가 oo벅스가 된 것이죠. 인구 5만 도시에 연간 방문객이 100만 명이 옵니다. 우리는 이런 공공도서관에 최고의 커피점을 넣고 싶은데 넣을 수 없습니다. 사람들은 개인이 운영하는 커피를 잘 먹지 않습니다. 그러니 수지가 안 맞고 몇 개월 힘들게 하다가 문을 닫는 거죠. 조금 하다가 나가고 또 입찰하고 또 하다가 나가고 입찰하고. 이게 무슨 꼴입니까?

자치단체가 알아서 하면 되는데 몇 백억 원 들여 큰 투자를 해놓고 활성화를 못 시키게 이런 어리석은 짓을 하고 있으니 정말 기가 막힌 일입니다. 실제로 저는 수원시 공공건물에, 예를 들면 영통구의 '연화장'이라는 장례식장에 브랜드 커피점을 넣어서 어떤 효과가 일어나는지 보고 싶습니다."

염 시장은 공공건물 건축과 관련한 잘못된 관행과 규제를 하나 더 짚었다. "공원에 도서관과 같은 개방공간을 멋지게 짓고, 가운데 카페를 넣는데 지어놓고 1~2년씩 카페 문을 못 여는 데가 대부분입니다. 개인 건물은 여기에 어떤 시설을 넣을지 입찰하고 건물을 짓는데, 공공건물은 준공허가가 나야지만 어떤 시설을 넣을지 절차를 밟습니다. 6개월 동안 비워놓고 뭐를 할지 결정합니다. 뭐를 넣기로 설계하고 완공되면 같이 기능이 작동하도록 해야지, 이런 형편없는 기준을 가지고 자치단체를 관리하고, 안 지키면 절차가 틀렸다고 감사 나옵니다."

"제가 지방자치를 혁신했다면, 늘 이러한 불합리함과 싸우고 중앙정부에 강제하여 기준을 바꾼 것인데, 그 첫 번째 사례입니다." 수원시는 2011년 프로야구 10구단 유치에 본격적으로 뛰어든다. 2013년 KBO(한국야구위원회)가 10구단을 '수원시-kt(위즈)'로 결정하면서 수원시는 프로야구단을 유치하게 되고, 2015년 봄 시즌에 프로야구 1부 리그에 들어가야 해서 그 이전에 스타디움을 만들어야 했다. 수원시는 수원종합운동장 안의 야구장을 증축 및 리모델링 하기로 했다.

"1단계 공사로 2015년 1월까지 320억 원 야구장 리모델링 공사입찰 공고를 하니까 1군 업체는 한 군데도 들어오지 않아요. 적어도 단위공사로 500~600억 원은 되어야 하는데 리모델링 공사는 수지가 맞지 않아서 하지 않으려는 겁니다. 겨우 한 군데가 들어왔지만 유찰되고 다시 절차를 밟아서 공고하니 또 한 군데 들어와 유찰, 또 공고. 2015년 시즌은 시작해야 하는데

수원종합운동장 안의 야구장 리모델링

애가 새까맣게 타더라고요."

염 시장은 방법이 없겠다 싶어 한 군데만 들어와도 공사를 하라고 지시했다. 당연히 공무원들은 '감사받고 징계받을 일을 왜 하냐'며 안 하려 했다. 염 시장은 "좋다! 감사, 징계받기 전에 다 승진시키겠다"라고 약속하고, 일을 하겠다는 직원들을 데리고 시작했다. 예정보다 4~5개월 늦었지만 2015년 3월 관람석 등 편의시설을 확충해 2만 5천 석 규모의 야구장 '수원kt 위즈파크'를 개장했다. 여기저기서 잘 지었다고 소문이 났다.

아니나 다를까 그해 부적정한 수의계약을 했다는 이유로 감사원 감사가 들어왔다. 염 시장은 "나를 감사하라. 내가 강제로 시킨 거다. 당신들은 이런 절차가 중요하냐? 나는 시민과 2015년으로 약속한 것을 지키는 것이 더 중요했다. 이 사람들은 잘못한 게 없다. 징계하려면 나를 징계하라"라고 항변했다. 결과는? 직원들은 잘못한 것 없고 기관경고로 끝났다.

그런데 기관경고가 나오니 행정자치부(현 행정안전부)에서 지방교부세

320억 원의 10%인 32억 원을 감액하는 처분이 떨어졌다. "하도 기가 막혀서 당시 여당인 남경필 경기도지사한테 '지사님, 여당 입장에서 제가 잘못한 거냐? 시민과 약속을 지키는 것이 중요하냐? 아니면 절차를 지킨다고 시즌을 맞추지 못하는 게 중요하냐?'라고 물으니까 남 지사가 '염 시장님이 맞죠' 하는 겁니다. 그래서 '저는 야당이라 힘이 없으니 여당 도지사가 봐도 틀리지 않았다는 편지 한 장 만들어달라'고 해서 행정자치부에 갖다주었더니, 50% 감면해 16억 원 감액하는 것으로 결정되었습니다."

결재 '코멘트'도 감사대상

"제가 전자결재에 코멘트를 하나 달았는데 이게 감사원 감사에 걸렸습니다. 똑같은 말을 완전히 반대로 해석해 감사한 겁니다. 2013년에 '이클레이(ICLEI-Local Governments for Sustainability, 세계지속가능지방정부협의회)'가 수원 '행리단길' 도시재생 사업을 기획하고 로열티를 받아 갔는데, 이 금액이 과도한 건 아닌지 잘 따져서 제대로 지급하도록 점검하라고 코멘트를 달았습니다." 이후 2016년 염 수원시장은 김제시장·안산시장과 함께 정부(행정자치부)의 '지방재정 개편 추진'에 따른 조정교부금 배분 방식 변경에 반발하면서* 광화문에서 단식농성에 들어갔다. 이때 감사원 특별감사조사국의 '표적' 감사를 받는다.

"당시 김제시장이 구속되고 안산시 비서실장은 자살하고 수원시는 8개월간 감사를 해도 나오는 게 없었습니다. 결국 감사원은 2013년 제가 결재란

---

* 행정자치부는 2016년 4월 22일 시·군 자치단체의 조정교부금 배분 방식을 변경하고 법인지방소득세를 공동세로 전환하는 내용의 지방재정 개혁안을 발표했다. 이 안이 시행되면 인구 500만 명의 경기도 6개 불교부단체 예산은 시별로 최대 2695억 원, 총 8천억 원이 줄어든다. 지방교부금을 받지 않는 6개 불교부단체는 성남, 수원, 화성, 용인, 고양, 과천 등이었다.

에 단 코멘트를 가지고 당시 팀장·과장·국장한테 '이거는 당신들이 국제기구에 돈이 나가면 안 된다고 한 것을 시장이 강제로 나가게 한 거다'라고 주장했지요. 로열티가 과도한 금액인지 아닌지 적절히 관리하라는 취지였는데, 시장이 강제로 나가게 했다는 것으로 완전히 반대로 해석한 겁니다." 감사원은 직원들을 따로따로 불러 부르는 대로 받아쓰게 하고, 쓴 사람만 동의한 것으로 하여 대검찰청에 배임 횡령으로 고발했다. 다행히 나중에 그 직원들이 검찰수사에서 원래 뜻은 그런 게 아니었다고 진술을 번복했다. "그 뒤부터 공무원들이 저에게 '제발 불러서 얘기로 하시고 메모지 붙여서 하시라. 전자결재란에는 어떤 코멘트도 달지 말라'는 겁니다. 뭐라고 쓰면 어떻게 해석될지 모르니까요."

시민운동 백날 하는 것보다 시장 하루 하는 게 낫다

염태영 시장은 처음부터 정치가 꿈은 아니었다. 수원에서 환경단체 시민운동을 하면서 자치단체장은 의지만 있으면 의미 있는 일을 할 수 있다는 것을 알면서부터 자치단체장의 꿈을 갖게 되었다. "제가 수원에서 환경시민단체 활동을 하던 때에 지금의 '수원 화성행궁'*이 생기지 않을 뻔한 일이 있었습니다. 당시 수원시가 행궁을 복원할 자리에 터널을 뚫고 고가도로를 만들려고 한 겁니다. 지역의 역사와 문화에 대한 정체성이 없는 전형적으로 편의적인 도시행정이었죠." 유네스코 세계유산 화성이 있는 도시에 고가도로란 있을 수 없는 일이었다. 염 시장은 행궁 복원 자리에 도로와 터널을 만드는 데 강력히 반대했다. "다음은 수원천 복개(覆蓋)입니다. 복개 구간에 화성 남

---

* '수원 화성행궁'은 2007년 6월 8일 사적 제478호로 지정되었다. 화성행궁은 화성 안에 건축된 행궁으로 정조가 융·건릉에 능행차할 목적으로 건축했다.

수문(南水門)* 터가 들어가는데 남수문을 복원해야지 그걸 덮어서 주차장과 도로를 만든다는 겁니다. 상식적이지 않잖아요. 당시 시민들도 수원천에서 구정물이 나오고 냄새가 나니 덮어서 주차장과 도로를 만들어야 한다고 생각했습니다. 그래서 이것도 반대했습니다."

이런 와중에 1995년 첫 번째 민선 자치단체장을 뽑는 선거가 있었다. 여당 후보는 수원천을 덮어 복개도로로 한다고 했고, 무소속 심재덕 후보는 복개에 반대했다. "그런데 심재덕 후보가 수원시장이 되고 나서 복개공사를 하는 거예요. 그래서 제가 '안 한다고 해놓고 왜 하냐'고 따졌더니 '전임 시장이 계약하고 10% 이상 공사가 진행된 상태라서 할 수밖에 없다'는 겁니다." 염 시장은 '수원천 되살리기 시민운동본부'를 만들어 수원천이 복개되는 것을 막기 위한 시민운동을 전개했다. 문화재청장에게 '국가사적 제3호인 수원화성 남수문 터를 덮어서 문화재를 다시는 복원하지 못하게 하는 게 맞는가'라는 판단을 구하는 청원을 하고, 심 시장을 문화재보호법 위반으로 검찰에 고발했다.

"하루는 심 시장이 저를 만나자고 하더니 느닷없이 '복개공사를 중단할 수 있는 명분을 줘서 고맙다'라고 하는 거예요. 문화재청에서 '남수문 터는 사적 제3호로서 복원해야 하는데 복개도로로 만드는 것은 적절하지 않다'라는 답변을 공문으로 보내왔다는 겁니다." 심 시장은 이를 근거로 기존의 공사를 중지시키고, 대신 자연하천으로 바꾸는 공사로 시작했다. 이때 염 시장은 '내가 시민운동 백날 하는 것보다 정책결정 하나로 바꾸는 것이 훨씬 낫구나'

---

* 남수문은 『화성성역의궤』에 의하면 화성 축성 때 인 1796년(정조 20년) 준공되었고, 1846년 6월 홍수로 유실되었다가 1848년 6월 1차 복원했으나 1922년 홍수로 2차 유실되었다. 일제는 1927년 화성 팔달문 일대 도심을 확대한다는 이유로 남아 있던 홍예문마저 철거하면서 남수문은 아예 사라졌다. 1997년 수원 화성이 세계유산으로 등재된 뒤 2004년 남수문 터에 대한 발굴조사를 시작했고, 2012년 홍수로 2차 유실된 지 90년 만에 복원했다.

라고 생각했다고 한다. 이것이 1996년도 일이었다.

사람 중심 '휴먼시티' 수원

심 시장은 민선 2기 수원시장을 할 때에도 자신을 고발한 시민단체의 생각이 바르다는 것을 알고 적극적으로 정책 협의를 했다. 그래서 같이한 것이 200년밖에 안 된 유적지를 무슨 유네스코 등재냐며 정부가 탐탁지 않아 했던 '수원 화성 유네스코 등재'(1997년), 기초자치단체에는 애초 고려하지 않았던 '2002년 월드컵경기장 수원시 건설 유치'(1997년) 그리고 '똥통' 짓는 데 돈 많이 쓴다고 비난받았던 '수원시 화장실 문화개선운동'(2003~현재) 등이었다. 염 시장은 이런 사례를 겪으면서 '자치단체 단위에서 성공하는 게 있구나. 국회는 맨날 싸우고 성과가 없는데 자치단체는 의지만 있으면 정부가 반대해도 시민과 협력해서 결정하면 되는 게 꽤 있다'라는 것을 알았고, 자치단체장의 길을 시작한 동기가 되었다.

2003년 노무현 정부가 출범한 뒤 2005년 염 시장은 청와대 대통령비서실 환경비서관으로 들어간다. 2006년 열린우리당 시절에 당이 워낙 인기가 없어서 아무도 지방선거에 출마하려는 사람이 없었다. "결국 제가 차출되었습니다. 진대제 경기도지사, 오거돈 부산시장, 그리고 청와대 보좌진 몇 명은 구청장, 저한테는 수원시장으로 나가라더군요. 2006년 기호 1번 여당 후보로 수원시장 선거에 출마해 18% 득표, 낙선했습니다. 당시 경기도에선 구리시장 빼고 모두 다 떨어졌지요."

이후 염 시장은 2008년에 국회의원 출마 기회가 있었지만 하지 않았고, 2010년에 기적적으로 수원시장에 당선되었다. "저는 당선되면서 제일 먼저 한 일이 수원의 가치를 찾고, 콘크리트 행정, 성장 위주의 과거 행정을 사람 중심으로 바꾸는 것이었습니다. 가장 구현하고 싶은 것은 인권, 사람 중심의 '휴먼시티 수원'이었고 그 과정에 시민참여를 핵심적 가치로 하는 것이었습니다. 그리고 친환경 급식, 사회적기업, 생활임금 등 혁신적 정책을 내놓았습니다."

염 시장은 3선으로 재임하면서 본인 스스로 100점 만점에 몇 점 정도 줄 수 있느냐는 질문에 "60점은 되지 안 되겠습니까? 시민의 만족도를 봐야 알겠지만 제가 할 수 있는 것은 대부분 했다고 생각합니다. 다만, 제가 할 수 없는 제도적 한계로 못한 세 가지가 걸립니다."

수원·화성·오산 통합해야

첫 번째는 경직된 행정단위 때문에 개혁을 못하는 것이었다. "도시경쟁력을 갖추려면 의왕·군포·안양과 수원·오산·화성은 각각 하나의 행정체계가 되어야 합니다. 현실과는 전혀 어울리지 않는 옛날 나눠먹기식 행정단위라서 비효율이 너무 크지요." 원래는 '수원군' 안에 '수원읍'과 '오산읍'이 있었고, 1949년 수원읍이 수원시로 독립하자 수원군은 화성군으로 되었다. 화성군청사는 1970년 수원시에서 화성군 '오산읍'으로 이사갔다. 그런데 1989년 오산읍이 '오산시'로 독립하자 화성군청은 다시 화성군 '남양리'로 옮겼다. 염 시장은 지금의 행정이 이때 나눠진 행정구역의 경계를 넘지 못하고 있다고 했다.

"2001년 화성군이 화성시가 됐습니다. 수원은 4개 행정구(장안구, 권선구, 팔달구, 영통구)에 하나씩 4개 보건소가 있고, 오산은 인구 23만 명인데 보건소가 하나 있습니다. 그런데 화성은 인구 80만 명이 넘는데 행정구가 없어서 보건소가 하나만 있습니다. 화성시민도 전부 수원과 오산시 보건소로 옵니다. 또 하나의 예로, 인구 100만 도시의 1년 자동차 매매등록 건수를 보면, 울산시가 15만 건, 고양시가 12만 건, 용인시가 8만 건, 수원시가 35만 건인데 화성은 인구 80만에 4만 건입니다. 인구는 3분의 2인데 등록건수는 10분의 1 수준입니다. 전부 수원시로 오는데 수수료를 따로 받는 것도 없습니다. 수원은 족구장 하나 못 만드는데 화성에는 축구장·야구장이 몇 개나 있습니다. 그래서 수원·오산·화성은 하나가 되어야 하는데 공무원들이 못하게 합니다. 왜? 나누어져 있어야 국장 자리가 더 많으니까요."

그러나 일본은 다르다. 도쿄 옆에 있는 사이타마현의 현청 소재지 사이타마시는 인구 130만 명으로 5개 시(우라와, 오미야, 요노, 이와츠키)를 합해 만든 것이다. "일본은 신축적으로 연대해서 하나의 도시로 만듭니다. 우리나라에선 누가 제일 반대합니까? 공무원, 일차적으로 경기도가 반대합니다. 행정 효율과 시민 편의를 추구하는 게 아니라 공무원이 기득권 기준으로 판단합니다. 공무원이 절반으로 줄고 행정 서비스는 훨씬 나아지는데도 하지 않습니다."

민선 5기 때 지방자치의 중요한 과제가 지방행정체제 개편, 즉 '시·군·구 통합'이었다. 이명박 정부에서 마산·창원·진해는 창원시로, 청주·청원은 청주시로 통합했다. 전주·완주는 주민투표에서 부결됐지만, 수원·오산·화성은 주민투표도 못하고 통합이 무산되었다. "수원·오산·화성이 '정조시'가 되든 '수원시'가 되든 통합되었다면 중국의 상하이를 능가하는 경제도시가 되었을지도 모릅니다. 수원은 자원은 있는데 땅이 너무 좁고, 오산은 자원도 없고 너무 좁아 아무것도 할 수 없고, 화성은 땅은 넓은데 관리가 어렵습니다."

수원이 '트램'을 하면 대한민국에 못할 곳이 없다

"두 번째는 '트램'입니다. 저는 수원에 딱 맞고, 미래 도시교통의 대안이 트램이라고 생각해서 민선 5기 때부터 하려고 했습니다. 노면전차인데, 옛날처럼 전선을 깔고 가는 것이 아니라 지금은 무가선으로 합니다. 철도연구원과 협의하고 해외출장도 여러 번 가고 해외업체들도 가보고 해서 2013년에 무가선 트램을 수원에 전시까지 했습니다."

트램을 구현할 기술은 있었지만 이를 뒷받침할 법이 없었다. 교통3법이 있는데 트램은 새로운 교통수단이니 운전면허증이 달라야 하고 보험도 달라야 하고 신호체계도 바뀌어야 한다. 염 시장은 지역 국회의원과 함께 교통 3법을 개정하는 일에 매진했고 결국 3법을 정비했다. 민선 7기가 출범하고 국가시범 사업으로 1개 도시를 선정하는데 8개 도시가 도전했다. 최종 본선에 수원·성남·부산, 세 곳이 선정되었다. "제가 직접 발표했습니다. '수원이 트램을 하면 대한민국에 못할 곳이 없다. 왜냐면 수원이 트램을 하기에 가장 어렵고 난제가 많기 때문이다'라고 심사위원들에게 당위성을 호소하고 설득했습니다." 수원이 교통3법 개정을 주도하고 그 일을 위해 얼마나 노력했는지 심사위원들도 다 알고 있었다고 한다. 그런데 수원이 2위를 하고 부산이 선정되었다. 그 이유는 그분이 대통령이 됐는데 부산에 선물을 하나 줘야 한다는 것이었다고 염 시장은 기억했다.

"제가 그때 국회의원들한테 탈당한다고 했습니다. '무슨 이런 정부가 다 있냐.' 발표하는 데 부산시장은 오지도 않았습니다. 선물 주듯이 준 겁니다. 부산은 지금까지도 하지 않고 있습니다. 제가 했으면 지금쯤 완성했습니다. 트램을 수원에서 하면 우리나라 어디든지 못할 곳이 없잖아요. 세계적인 문화도시인 하이델베르크나 프라하에는 다 되어 있잖아요. 시내 교통을 승용차가 아니고 트램으로 하면 탄소중립에 어울리고 2호선·3호선 늘려가면 되잖아요. 탄소중립 도시로 갈 수 있는 대안을 없앤 겁니다. 실기한 거죠."

세 번째가 '수원 군공항 이전' 문제였다. "시내 한가운데 전투기 공항이 있는 건 정말 미련하고 상상도 할 수 없는 일입니다. 국가에서 서해안 매립지에 건설하라고 해도 국방부는 자기들 민원이 생기지 않도록 화성시가 주민투표를 해서 찬성하면 가져오라는 겁니다. 화성에서는 당연히 반대하죠."
군공항 190만 평 중 160만 평은 수원에 30만 평은 화성에 있는데, 무기탄약
고는 화성에 있다. 화성시 안에 열우라늄탄 등 핵무기에 가까운 것들이 있
는 것이다.

군공항 소음피해도 2022년부터는 의무적으로 배상하게 되어 있다. 예전
에는 소송해야지만 배상금이 나왔는데 지금은 신청만 하면 자동 지급해야
한다.* 85웨클(WECPNL: weighted, equivalent, continuous, perceived, noses,
level)**만 되면 수백억 원씩 연간 배상해야 한다. "공항을 이전하면 됩니다.
공항부지를 팔면 한 20조 원 되는데 5조 원이면 군공항 부지 190만 평에 200
만 평 더 사고 신도시, 교통인프라 다 깔 수 있습니다. 안 할 이유가 없습니
다. 지금은 주민투표를 붙이면 됩니다. 대상지 주민들은 다 찬성하는데, 그
주변에서 반대하는 사람들이 정치적으로 이해가 맞아떨어진 겁니다."

모든 정책과 사업은 시민참여 거버넌스로

3선 재임 기간 중 중점사업 세 개가 무엇인가라는 질문에 염 시장은 조금
엉뚱하게 답변했다. "대한민국에서 아무나 자치단체장을 할 수 있다고 생각
하면 큰 오산입니다. 정말 지역을 알고 세밀하게 준비해서 주민의 정서·요
구를 잘 조율할 수 있는 사람이 자치단체장을 해야 합니다." 그는 지방행정

---

* 2019년 11월부터 「군용비행장·군사격장 소음 방지 및 피해보상에 관한 법률」 및 같은 법
  시행령에 따라 소송 절차 없이 신청만으로 보상받는 길이 열렸다.
** '가중등가(지속)소음량(도)'으로서 공기의 1일 총소음량을 평가하는 국제 단위를 말한
  다. 순간음(소음)의 크기만 측정하는 '데시벨(dB)'에다 음의 지속시간과 기종의 음질, 발
  착횟수, 시간대, 인체가 느끼는 시끄러움 등을 추가해 인간에 미치는 영향을 수치로 표
  시한 것이다. 현행 항공법상 80웨클을 넘으면 소음피해 예상지역, 90웨클을 넘으면 소
  음피해지역에 해당한다.

186 소통과 혁신의 리더십

500인 원탁 토론(2013년 7월 3일)

은 현장행정·종합행정이 되어야 하고 디테일이 필요하다고 했다. 즉 중앙정부는 재원을 내려주면 끝나지만, 지방정부는 각종 이해관계를 조율해 가장 합당한 방법으로 주민 만족도를 높이면서 성과를 만들어야 한다. 그래서 염시장은 대부분 사업이나 정책의 기획에서부터 집행까지 시민이 참여하도록 정교한 방식으로 설계해서 전체적으로 수원시의 사업이나 정책을 합당하게 하는 시스템을 만든 것이 가장 큰 성과라고 했다.

"예를 들면 수원에 인권담당관이 있습니다. 기초자치단체 중에서는 인권에 관해서는 가장 선도적인 역할을 했습니다. '사람중심도시', '휴먼도시'를 하는데 인권의 문제를 가장 중시하지 않을 수 없었지요. 인권운동 시민단체가 수원을 인권도시로 만들자고 제안했고, 주민대표, 시와 시의회, 전문가, 시민사회 등 지역사회 주체들이 이 문제를 어떻게 풀어갈 것인지 논의하고 준비하는 기구를 만들었습니다."

준비기구에 참여한 위원들이 조례를 발안하고, 위원회(수원시인권위원회)

정책개발보고회(수원시좋은시정위원회, 2019년 11월 6일)

를 구성해 같이 참여했다. 수원시는 상근조직(인권센터)을 만들어 직원을 배치하고 사업은 위원회에서 운영한다. 인권센터는 수원시 안에 있지만, 위원회 운영이 거버넌스 형태여서 인권담당관이 혁신적인 사례를 만들어냈다. "공무원시험 볼 때 부정행위 막는다고 교실에서 소변봉지 안에 소변보게 하는 이런 무지막지하고 반인권적인 행태가 어디 있습니까? 당연히 화장실에서 소변보게 해야죠. 이런 공무원시험 사례도 개선하고, 시청 내 성희롱 등을 인권위에서 1차 조사하고, 인권청사를 만들어 우리 사회에서 가장 소외되거나 불리·불편했던 사람에게 불편이 없게 해야 합니다. 건축비는 20% 더 들지만 새로운 개념이 탄생하는 겁니다."

염 시장은 이제 공무원이 이런 일들을 다 싸매고 하는 시대는 아니라고 했다. 시민과 전문가로 구성된 '좋은시정위원회'가 시장이 약속한 사업을 걸러내고 평가하고 숙원사업도 제안한다. 행정을 기획부터 실행·피드백까지 거버넌스 시민참여 방식으로 한다. '시민자치대학', '자치분권협의회' 등이 모

도시정책시민계획단 원탁 토론회(2017년 11월 20일)

두 거버넌스 역할을 하고 있다. 수원 군공항 이전, 프로야구단 유치, 고등법원 유치, 행궁동 생태도시 등 민선 5기의 역점사업이 거버넌스로 추진한 사업들이다.

민선 6기는 민선 5기 때 시작한 사업들을 본격적으로 진행한 시기다. "시장을 최소 두 번은 해야 임기 중 추진한 사업을 마무리할 수 있습니다. 그렇지 않으면 맨날 계획만 세우다 맙니다. '수원컨벤션'도 기초자치단체 가운데 수원시가 유일하게 자체 재원으로 했습니다. 소송 3년, 돈 모으는 데 3년, 건설 3년 그래서 3선 기간 10년 동안 한 겁니다."

영통소각장, 대안 없는 선동성 민원이 가장 힘들어

시장직을 수행하면서 가장 어렵고 힘들 때는 이해관계자들이 자신들의 이익을 위해 대안 없이 터무니없는 주장을 할 때라고 했다. 수원시의 '영통소각장' 이전은 대안 없는, 전형적인 일종의 선동성 민원이었다. "수원비행장이 이전하면 거기다 소각장을 짓겠다 합니다. 10년 이후에나 가능한 일인데, 10년 후에는 그 동네에서 받아 준답니까? 불가능합니다. 영통소각장은 예전에 신도시 만들기 전부터 들어가 있던 사업입니다. 20년이 되면 시설이 노후화하기 때문에 그 자리에서 다시 하는 수밖에 없습니다. 소각장에서 나오는 공해도 큰 대로에서 나오는 것보다 적습니다. 그런데 왜곡합니다."

염 시장은 "실상이 아닌 것을 부풀려서 누구에게도 도움이 안 되는 민원을 과도하게 제기하는 것에 타협해야 하는가"라고 반문하면서 "이것이 거버넌스를 하고 정책을 조율하고 시민을 이해시켜야 할 지방정부의 깊은 고민"이라고 말했다.

자치분권과 관련해 가장 시급한 과제는 지방의 규제를 전면적으로 풀어 주는 것이라고 했다. "적절한 재원을 가지고 어떤 사업을 하든지 지방정부가 우선순위를 정해 일을 하면 됩니다. 그런데 중앙정부는 돈을 주면서 이런저런 데에 돈을 쓰고 요런조런 절차를 지키라고 합니다. 주민이 원하고 주민의 만족도를 높이는 사업을 창의적으로, 예산을 효율적으로 써서 좋은 성과를 내면 되는데 너희들은 초등학생이야, 무조건 시키는 절차대로 하라고 합니다."

염 시장은 젊은 시절 누구나 다 아는 'S그룹' 건설회사에서 10년 정도 근무하면서 '규제' 때문에 경쟁력의 차이가 얼마나 나는지 뼈저리게 경험했다. "대기업 건설회사가 동주민센터 하나 짓는 것은 일도 아닙니다. 민간 회사는 100억이 든다고 하면 60~70억이면 되고 6개월이면 다 짓습니다. 자치단체(공공)는 60~70억짜리 공사를 100억에 짓고, 6개월짜리 공사를 1년 반이나 2년에 걸쳐서 합니다. 한마디로 쓸데없는 규제 때문입니다."

그는 세 가지 이유를 들었다. 첫째, 개인은 제일 잘 짓는 건설업자에게 얼마에 몇 개월에 계약해서 공사하면 되고, 대신 하자가 있으면 책임을 묻는다.

그런데 자치단체(공공)는 설계 따로 발주 따로 표준품서에 따라야 하고 건설업자가 정해지면 공정별로 다른 하청업자에게 공사를 나누어 주면서 단계별로 공사비가 늘어난다. 둘째, 개인은 공사 기간을 최대한 단축해 진행하는데, 자치단체는 국비를 받고 시비를 매칭시키면 1년 안에 공사를 할 수 없다. 2년 이상으로 해서 올해 50%, 내년 50%로 공기를 나누어야 예산이 연차적으로 집행된다. 그래서 공사 기간이 쓸데없이 길어진다. 셋째, 관급공사에는 '관급자재'라는 것이 있다.* 특정 품목에 대해 중소기업제품만 사용해야 한다. A라는 업체가 공사를 하면 창호는 관급자재를 납품하는 다른 데서 맞춰야 한다. 대부분 방수문제 등 하자가 생기는데, 여러 곳이 나누어 하므로 나중에 누구의 책임인지 알 수가 없다. 건설회사는 관급자재를 발주한 자치단체로 책임을 떠넘긴다.

"60억이 100억이 되고 6개월이 1년 반 이상 걸리고, 하자가 생겨도 누구도 책임지지 않는 건물이 됩니다. 그래서 제가 국토교통부 장관에게 건의했습니다. '내가 3선이니까 의미 있는 일을 좀 하고 갑시다. 이런 쓸데없는 관행·절차를 바꿉시다. 저렴한 가격으로 더 좋은 건물을 지을 테니 나한테 한두 가지라도 권한을 달라.' 장관이 좋다고 했어요. 며칠 후 공식 답변은 '절대 안 된다'였어요. 관료들이 반대합니다. 자기들 권한이니까요."

지방교부세, 근본적 개선이 필요하다

염 시장은 지방교부세의 폐해를 지적하며 근본적인 개선이 필요하다고

---

* 관급자재는 '공사용 자재 직접 구매제도'에서 나온 것인데, 이 제도는 공사 발주시 공사에 소요되는 자재 중 '공사용 자재 직접구매 대상품목'으로 지정된 자재가 있을 경우 중소기업자에게 구매함으로써 중소기업의 경영안정 지원을 목적으로 한 제도다. 발주처(공공기관)는 공사금액 기준에 직접 구매 대상 품목을 해당 공사의 관급자재로 설계에 반영하여 직접 구매해야 한다.

했다. "수원이나 성남은 중앙부처와 싸워서라도 공사비를 절감하려고 합니다. 교부세 불교부단체니까 그렇습니다. 예산이 우리 돈이니까 남으면 내년도로 넘겨서(이월) 쓰면 됩니다. 그런데 다른 자치단체들은 공사비를 어렵게 절감시킬 이유가 없습니다. 다 써야 합니다. 받은 예산을 쓰지 않으면 국가로 다시 반납해야 하고, 다음에 그 예산은 나오지 않습니다. 이게 무슨 짓입니까?"

염 시장은 대안으로 지방교부세 방식을 포괄적 보조금 방식을 바꾸되, 수직적 교부방식이 아니라 자치단체 간에 균형을 맞추는 수평적 방식으로 하는 것이 핵심이라고 제안했다. 특히 수도권이나 대도시 입장에서 지방소비세나 지방소득세*는 유리한 측면이 있지만, 빈익빈 부익부 문제가 발생하기 때문에 지방간 협상으로 조정하는 새로운 방식의 틀을 만들 것을 제안했다. 예를 들면 거둬들인 전체 금액을 100으로 할 때 상한 120 하한 80으로 해서 단계를 조율하는 방안이다.

염 시장은 이른바 자치역량 문제와 관련해선 자치단체장, 지방의회, 공무원, 시민의 순서로 부족하다고 진단했다. "얼핏 주민의 자치역량이 제일 부족해 보이지만, 시민교육이나 지역언론 등 지역사회의 자치역량 구조만 갖추어지면 얼마든지 바뀔 수 있습니다. 반면 자치단체장은 지방자치와 행정에 대한 기본 개념조차 없는 분이 훨씬 많습니다. 자율권이 없어서 겉으로는 표시가 나지 않지만. 다시 말해 자치단체장의 역량에 따라 결과가 확 달라져야 하는데, 지역에 자율성을 주지 않다 보니 자치단체장이 완전히 책임지는

---

* 세수 기반이 취약한 농어촌 지역(군 단위)이나 중소도시가 지방소득세를 반대하는데, 전문가들에 의하면 '지방소득세'가 세수가 공평한 것 중 하나라고 말한다. 취득세는 지역 간 불균형이 훨씬 심한 세원이다. 문재인 정부 때 전문가들은 지방소득세 중심의 재정분권을 추진했지만, 기획재정부의 반대로 지방소비세를 일부 확대하는 데 그치고 말았다.

수원특례시 출범식(2022년 1월 13일)

구조도 아니고, 공무원 구조로만 맞춰가도 평균이나 최소는 한다는 겁니다."

그는 지방의회도 한참 바뀌어야 한다고 했다. "수원시의회 청사를 저렇게 지을 필요가 없습니다. 지하철도 있는 역세권이니까 복합건물로 해서 필요한 설계만 넣어서 민간한테 지으라고 하면 돈 한 푼 안 들이고도 지을 수 있습니다. 이렇게 민간이 들어와야 행정타운 주변도 사는 겁니다." 항상 토론할 수 있는 '공청회' 공간, 시가 생산하는 다양한 자료를 보관하고 볼 수 있는 '시민개방도서관', 시나 의회를 방문하는 시민이 아이를 맡길 수 있는 탁아소와 어린이집은 의회 청사 안에 꼭 있어야 한다고 그는 강조했다. "시민과 아이들이 찾아오고 얼마나 좋습니까? 돈 걱정할 것 없이 복합건물 지으면 됩니다. 그런데 의회는 끝까지 못하게 합니다. 시청만큼의 별도 건물이 있어야 하니까. 결국 어린이집 하나 못 넣었습니다."

지방자치 부활 30년 동안 적지 않은 권한과 사무가 지방으로 이양되고 지방재정 규모도 계속 커졌다. 그런데도 여전히 지방은 자치분권이 안 되었다고 하고 재정이 부족하다고 불평한다. "역량이 되는 자치단체는 권한이나 모든 것이 턱없이 부족하고, 역량이 안 되는 자치단체는 지금의 권한도 과도하게 많습니다. 중앙정부가 획일적인 기준으로 하는 게 근본적인 문제입니다." 염 시장은 조심스레 차등적 분권을 거론했다. 지방정부가 오로지 자기성과로 평가받는 구조가 되지 않는 한 권한이 많을 수도 턱없이 부족할 수도 있으므로, 획일적 기준으로 인구 1만 명의 울릉군에서 120만 명의 수원시에 이르기까지 똑같은 권한과 책임을 줄 것이 아니라 지역 여건이나 역량에 따라 다양화할 필요가 있다는 것이다.

안병용 의정부시장

동국대 대학원 행정학 박사
경기도 제2청사 경기북부발전위원회 위원장
경기도 민선 2대 도지사 도정인수위원회 위원장
신흥대학 행정학과 교수(21년)

민선 5·6·7기 의정부시장

일시 | 2022년 4월 20일(수) 14:00

장소 | 의정부시장 집무실

"정확히 12년 전 이맘때였을 거예요. 지방선거가 한 달 반 정도 남았던 시기인데, 문희상 의장님이 갑자기 저를 찾아오셨습니다. 저는 문 의장님하고는 당시에 아무런 관계가 없는 사이였는데, 저에게 갑자기 찾아오셔서 의정부시장 선거에 나가달라고 하신 겁니다." 안병용 의정부시장은 집무실 한켠에 놓여 있는 문희상 전 국회의장의 사진을 가리키며 자치단체장을 하게 된 계기를 설명했다.

안 시장은 당시 신흥대학교 행정학과 교수로 21년째 재직 중이었다. 정당원도 아니고 더구나 선거조직도 전혀 없는 현직 교수였는데, 지방선거에 출마하라는 이야기를 들으니 처음에는 참 황당했다고 회고했다. 시장이나 국회의원 출마 행사의 '사회'를 봐달라는 것 아닌가 순간적으로 착각할 정도였다고 한다.

"왜 나한테 출마를 권유하냐고 물었더니, '교수님은 의정부의 오랜 설계도를 갖고 있는 분이다. 현재의 문제점을 정확히 알고 미래 설계도도 가지고 있는, 내가 아는 유일한 분이다'면서 '전략공천'을 해주겠다는 거였어요. 다른 출마 희망자들도 있는데. 물론 저는 다른 좋은 사람을 찾아보시라며 거절했습니다. 당연히 부인과 아이들, 집안 모두가 시장직 출마에 반대했죠. 그 뒤로도 (문 의장이) 저를 네 번이나 더 찾아왔다고 하면 믿으시겠습니까?"

문 전 의장의 '오고초려(五顧草廬)'로 결국 의정부시장 선거에 나서게 되었다고 안 시장은 말했다. "제가 당시 '미군부대 공여지 활용방안'에 대해 계속 연구하고 논문을 발표한 거의 유일한 사람이었어요. 미군부대는 의정부에 제일 많이 있었으니까요. 문 의장님은 그 미군부대 부지가 의정부의 미래이자 꿈이고 희망이니, 그런 설계도를 가진 제가 나서서 그 꿈을 실현하겠다고 시민을 설득해 달라는 것이었어요."

미군기지 조기반환과 공여지 개발

안 시장이 기초단체장에 입문한 중요한 계기가 '미군부대'이다 보니, 재임 중 미군기지의 반환 그리고 이와 연관된 미군부지(공여지)의 개발 현안에 집중했고, 지난 12년간의 대표적인 업적으로 남게 되었다.

의정부시에는 미 육군의 핵심 전투사단인 제2사단을 비롯해 미군기지 8개가 지난 64년 동안 주둔해 있었다. 그 지원을 위해 의정부가 경기도에서 두 번째로 시(市) 승격을 할 정도였다. 의정부는 한때 거의 유일하게 '달러'를 만져보거나 얻을 수 있는 곳이었으며, 미군기지에서 나오는 햄과 소시지로 만든 '부대찌개'는 지역의 상징이 된 지 오래다. 이렇듯 의정부시의 발전은 미군부대와는 뗄레야 뗄 수 없는 관계인데, 최근에는 도시 중심부의 미군부대가 도시발전의 걸림돌이라는 이유로 시민들 사이에서 '부대 이전' 여론이 높아지기도 했다.

"국가안보 때문에 의정부시의 미군 공여지는 미국이 철수를 원하지 않는 한 영구적으로 주둔할 수 있는 것이었어요. 우리는 좋든 싫든 미군부대와 함께 살아야 했던 거죠. 그런데 2008년부터 LPP(한미연합토지관리계획)에 따라 모든 미군부대를 평택으로 이전하는 계획이 세워지고 또 점차 이전하고 있습니다. 미군부대 때문에 아무것도 하지 못했던 곳이 갑자기 '기회의 땅'으로 변하는, 그야말로 '꿈결 같은 일'이 생긴 것이지요."

물론 그 '꿈결 같은 일'은 노력 없이 그냥 이루어진 게 아니었다. 지난 12년간 안 시장이 미군기지 조기 반환과 공여지 개발을 위한 학술대회와 세미나를 개최하고 국방부 등을 직접 찾아가 시민의 의사를 강력하게 전달하는 등 부단히 움직였던 결과였다. 심지어 의정부시의 신년 시무식을 미군 공여지인 '캠프 레드클라우드' 앞에서 개최하여 미군기지 조기 반환 촉구를 위한 '결의대회'를 시민과 함께 진행한 적도 있었다.

미군 공여지가 을지대학교, 빛의 공원, 예술인마을로

미군부대가 떠나간 부지들은 안 시장이 취임 전부터 준비한 '설계도'에 따라 의정부 시민을 위한 새로운 공간으로 하나씩 하나씩 재탄생했다. '캠프 에세이욘'이 있던 자리에는 을지대학교 캠퍼스와 부속병원이 2021년 개교·개원했고, 의정부역 앞에 있던 '캠프 홀링워터' 자리에는 '빛의 공원'이, '캠프 라과디아' 자리에는 '체육공원'이 차례로 조성되었다. '캠프 카일'이 있었던 곳은 행정타운으로 변모했다. 아직 반환이 완료되지 않은 '캠프 레드클라우드'

행정타운으로 변모한 '캠프 카일' 자리

와 '캠프 잭슨' 부지는 앞으로 각각 'e-커머스 물류단지'와 '예술인마을'로 꾸며질 예정이라고 한다.

"반세기 넘게 국가안보를 지켜오던 의정부시의 미군 공여지가 이제는 국민의 건강과 교육을 책임지는 공간으로 완전히 탈바꿈했다는 점에서 아주 큰 의미가 있습니다. 특히 46만 의정부 시민의 오랜 숙원이던 을지대학교와 부속병원은 지역의 교육과 의료 서비스 분야에 새로운 바람을 일으킬 것으로 기대합니다."

안 시장은 취임 초기부터 도시공원, 도서관, 스포츠 시설 등 다양한 문화 인프라 조성사업을 집중적으로 추진했다. 교육과 생활·체육 등의 시설들을 질적·양적으로 고도화함으로써 시민이 더욱 행복하게 살 수 있는 도시를 완성하고자 하는 게 근본적인 목적이었다.

의정부에는 근린공원을 비롯하여 어린이공원과 수변공원, 문화공원 등 다양한 대상과 소재(素材), 주제 등으로 조성된 공원이 많이 있다. 특히 예술적 가치가 높은 조형물과 조명들이 많이 설치된 시청 인근의 '직동공원'과 경기도 북부청사 뒤편의 '추동공원'은 의정부시의 대표적인 명품 공원으로 손꼽히고 있다. '도시공원일몰제'를 앞두고 다른 지자체들은 엄두조차 못 내고

직동공원

추동공원

있었지만, 안 시장이 강한 의지를 갖고 여러 가지 어려움을 돌파해나가면서 공원 조성을 추진했다고 한다. 국내 최초로 민간 자본을 활용하여 이 두 공원을 조성하고 또 시민에게 환원했다는 점에서도 의미가 있다.

미술도서관, 음악도서관, 레포츠도서관

의정부의 '미술도서관'과 '음악도서관'은 대학교수 출신인 안 시장의 교육 철학이 오롯이 투영된 곳이라 해도 과언이 아니다. 국내 최초의 미술분야 특성화 도서관인 '미술도서관'은 기존의 공공도서관 개념에서 한발 더 나아가 미술관과 도서관을 융합한 새로운 공공플랫폼을 시도한 것으로, 지금도 다른 기관과 지방자치단체의 벤치마킹 방문이 줄을 잇고 있다. '음악도서관' 역시 음악의 모든 장르를 컨셉트로 해서 음악 관련 정보를 얻을 수 있고, 오감을 통한 체험이 가능하고 작은 연주회도 열 수 있는 새로운 매력의 도서관이다. 안 시장은 이들 도서관을 지식과 문화 그리고 휴식이 공존하는 '행복

미술도서관

한 도서관'으로 설계했다고 한다. "도서관은 일반적으로 미래를 위한 준비를 하는 곳이잖아요. 그런데 '미래의 행복'과 '현재의 행복'이 서로 분리되면 안 된다는 게 제 생각이었어요. 그래서 이 도서관에는 아이들을 데려와서 놀게 하고, 커피도 마시고, 친구 또는 이웃과 함께 수다도 떨고, 의자도 마음대로 이동하고, 낮잠도 잘 수 있는, 즉 미래와 현재의 행복을 함께 구현할 수 있는 개념 공간으로 만들었습니다." 이와 비슷한 개념으로 체육분야를 특화한 '레포츠도서관'을 현재 고산동 지역에 조성하고 있다고 안 시장은 덧붙였다.

최고의 복지는 스포츠 복지

안 시장은 또 '최고의 복지는 스포츠 복지'라고 강조했다. "식료품이나 약을 주는 것도 좋지만, 시민에게 평소에도 마음껏 운동할 수 있는 스포츠 공간을 만드는 것이 최고의 복지라고 생각합니다." 그래서 의정부의 4개 권역(흥선, 송산, 호원, 신곡)별로 각각 수영장이 포함된 복합체육센터를 건립해 시민복지 증진을 위한 공간으로 운영하고 있다. 수영과 테니스·배드민턴은 물론 아령 운동까지 할 수 있는 '종합스포츠센터'로 조성한 것이다.

'의정부 반다비 국민체육센터' 건립도 매우 주목할 만한 사례다. 2018년 평창패럴림픽 마스코트의 명칭을 딴 이 체육센터는 수영장, 다목적체육관, 풋살장 등 장애인과 비장애인이 함께 이용할 수 있는 각종 운동시설을 설치해 생활체육 사각지대 해소와 장애인을 포함한 시민의 삶의 질 향상에 이바지하도록 설계한 공간이다. 국비지원사업으로 최종 선정되어 건립이 진행 중이며, 2023년 완공될 예정이다.

'바둑 전용 경기장' 역시 안 시장이 야심 있게 추진한 특색있는 사업 중 하나다. "바둑은 국제스포츠로 인정된 지 오래인데다 우리나라 선수들이 주름잡고 있습니다. 그런데 막상 바둑 전용 경기장은 대한민국 어디에서도 찾을

바둑 전용 경기장(조감도)

수 없어요. 일본이나 중국은 국제바둑대회를 좋은 경기장에서 여는데, 우리는 호텔 등을 빌려서 열고 있는 현실이죠. 그래서 한국기원과 협의하여 바둑 전용 경기장을 의정부에 유치했습니다." 호원동 사패산 자락에 건립 중인 바둑 경기장에는 기원 사무국과 바둑역사전시관, 대국장 등이 들어서며, 오는 2024년 개관할 예정이다.

도로 6m 넓히는 것도 경기도 승인받아야

시민을 위한 여러 사업을 추진하는 데 어려움도 적지 않았다. 안 시장은 체육센터 건립과정에서 특히 '중앙정부'가 걸림돌이 되는 경우가 많았다고 회고했다. "시민을 위한 체육센터 건립에는 많은 돈이 들어가지요. 300억 원이 넘으니까 당연히 중앙정부의 투·융자심사를 거쳐야 하는데, '지자체에서 무슨 국제규격의 테니스장과 50m 레인의 수영장을 지으려 하냐'면서 승인을 안 해주는 거예요." 중앙정부가 끝까지 주장을 굽히지 않는 바람에 수영장은 결국 '25m' 레인으로 설계를 변경해 '조건부 승인'을 받았다. "시민들이 아마

추어 수영대회에 나가려 해도 '50m' 레인이 꼭 필요하다고 이야기해서 그렇게 계획한 것인데요. 수영장 레인 25m를 두 번 왔다갔다 하면 되니까 50m로 만들면 안 된다고 하니, 도대체 이런 코미디가 세상에 어디 있습니까? 돈을 십 원도 지원 안 하면서 말이죠."

시정 수행에 걸림돌이 되기는 경기도 또한 마찬가지였다고 안 시장은 말했다. "의정부시 도로를 6m로 넓히는 것을 왜 경기도에서 심사하는 겁니까? 도의 도시계획심의를 거치는데, 의정부에 직접 와보지도 않으면서 서류만 보고 안 해주는 거예요. 시민이 원해서 시장이 심의를 통과시킨 것인데, 안 해주는 이유가 뭔지 이유를 도대체 모르겠어요."

안 시장은 '시의회와의 갈등'도 어려운 문제라고 회고했다. "(시의회와는) 뭐, 매일이 갈등이었지요. 같은 민주당 시장인데도 민주당 시의원들이 더 반대하고, 오늘도 제가 하려는 '도봉면허시험장 의정부 이전'을 민주당 의원들이 손들어서 다 부결시켜버렸어요. 이런 일이 비일비재해요." 하지만 기초의회를 폐지하자는 일각의 주장에 대해서는 부정적인 의견을 밝혔다.

"현재 우리 지방자치 구조가 바람직하냐는 논의, 이와 관련해 기초시의회와 광역도의회를 통합하자는 주장, 그리고 시의회만 폐지하자는 주장 모두가 다 일리는 있어요. 그렇지만 지금 시의회가 제대로 기능하고 있느냐는 것과는 별개로 시의회가 존재하는 것 자체로 시장이 좀 껄끄러워하면서 예산안 자료라도 한 번 더 살펴보게 되고 조례 만드는 데도 좀 더 신중하게 됩니다. 결국 시의회가 시장의 독주를 막을 수 있는 '견제장치'로서 작용한다는 게 제 개인적인 견해입니다."

'주민피해 보상하라': LH공사 앞 피켓 시위

학자 출신인 안 시장이지만, 시청 집무실 책상보다는 청사 바깥으로 직접 나가서 시정업무를 추진하는 경우가 더 많았다고 했다. 의정부의 현안을 해결하기 위해 현장에서 항상 시민과 함께 행동했으며, 필요하다면 '피켓팅'도 마다하지 않았다. '미군부대 앞 시무식'이 그러했고, '의정부 고산지구 조기보상 투쟁' 또한 이러한 안 시장의 리더십을 잘 보여주는 사례라 할 수 있다. 안 시장이 초선이던 민선 5기에 토지주택공사(LH)는 의정부시 고산지구를 '보금자리주택지구'로 지정하고 지역주민에게 토지보상을 약속했다. 그러나 당시 정부의 '반값 아파트' 정책 실패에 따른 자금난 등 LH공사의 내부 사정으로 토지보상 약속을 이행하지 못하는 상황이 발생했다. "지역주민 입장에서는 LH가 주택지구 지정을 해제해주든가, 해제를 안 하면 반드시 보상을 해줘야 하는 상황이었어요. 당연히 주민들이 들고일어났죠. 그런데 LH는 그게 의정부만이 아닌 전국적인 상황이라며 대통령이 와도 안 된다는 식의 답변을 했어요."

이에 안 시장이 피켓을 들고 LH 본사로 달려갔다. 2013년 1월 1일 시청 시무식을 LH 본사 정문 옆에서 거행하고, 이후 본사 앞 '출근투쟁'을 20일가량 이어갔다. 연일 영하 15도를 밑도는 혹독한 추위 속에서도 안 시장은 정문 앞 피켓팅을 멈추지 않았다. 많은 의정부 시민도 멀리 성남에 있는 LH본사 앞에 모여들어 함께 힘을 보탰다. 언론들도 LH에 대한 의정부시장의 투쟁을 대대적으로 공론화하기에 이르렀다. 그 결과 안 시장은 LH와의 협상을 이끌어낼 수 있었고, 2013년 5월 국토교통부에 지구계획 변경 승인신청을 하는 등 보상 추진을 위한 단계를 밟으면서 전국에서 거의 유일하게 보상을 받아냈다. "LH 같은 공기업은 지방자치단체가 상대하기 참 어렵지만, 시장이 시민과 고통을 함께하면서 그 해결을 위해 앞장서서 노력하면 불가능한 일도

고산지구 보상시위

가능한 일로 만들 수 있다는 점을 보여준 것입니다."

하지만 안 시장에게도 성과를 내지 못해 안타까운 부분이 있었다. "슬럼
화하고 노후도가 높은 가능지구와 금의지구 약 30만 평에 대한 뉴타운 사업
을 성공시키지 못한 게 아쉽습니다. 전임 시장님이 어렵게 시작했고 그 추
진을 제가 이어받았는데, 당시 부동산가격 하락 때문에 뉴타운사업을 할 것
인지가 지역에서 큰 이슈였어요. 저는 (뉴타운을) 하자는 입장이었는데, 주
민들의 걱정과 일부 선동세력의 반대 때문에 결국 두 지역 사업은 모두 무
산되고 말았어요."

뉴타운이 무산된 데 대해 지금은 많은 사람이 아쉬워하고 후회한다고 안
시장은 말했다. 주민 전체의 25%가 반대하면 추진 불가능하도록 법제화되
었기 때문에 이제는 다시 추진하기도 어렵다. "지금은 결과적으로 당시의 재
산가치보다도 훨씬 후퇴했고, 엄청난 난개발만 진행되고 있습니다."

내가 하지 않는 일은 직원도 시민도 하지 않는다

안 시장은 후배 기초자치단체장에 대해선 다음과 같이 조언했다. "시장이란 직위는 정말 처절하리만큼 외롭고 한없이 고독한 자리입니다. 내가 결정하면 이게 마지막 결정이 되는데, 모든 미래가 불확실한데도 수없이 많은 결정을 내려야 하는 위치이죠. 좀 손해 보는 것이 명백한데도 반드시 해야 하는 일들도 있기 마련이고요. 시장에 임하면서 자기가 정말 중요한 일을 하는 사람이라는 것을 한시도 잊어서는 안 됩니다."

특히 자치단체장으로서의 '솔선수범'을 누누이 당부했다. "우리 도시가 청렴해지기를 원한다면 시장 스스로가 청렴해지면 됩니다. 본인이 청렴하지 않고 청탁이나 받아오면서 도시가 청렴하길 바라면 안 된다는 것이죠. 시민들이 운동하기를 바란다면 시장 본인도 운동해야 하고, 공무원들이 공부하기를 바란다면 시장 본인이 일주일에 책 한 권이라도 읽어야 합니다. 본인이 하지도 않는 일을 공무원과 시민이 하길 바란다면, 그 어떠한 것도 이루어질 수 없을 것입니다."

곽상욱 오산시장

단국대 대학원 행정학 박사
단국대학교 겸임교수
더불어민주당 전국기초단체장협의회 대표회장
혁신교육지방정부협의회 대표회장
대한민국시장군수구청장협의회 대표회장

민선 5·6·7기 오산시장

일시 | 2022년 4월 29일(금) 10:00

장소 | 오산시장 집무실

"제가 처음 시장으로 취임할 때 오산시는 정주율이 아주 낮은 도시였습니다. 보통 경기도 내 시민이 자기 도시에 머무는 기간이 20년이었는데, 오산은 12.2년이었지요. 당시 오산시민의 평균연령이 33세, 즉 아이 키우는 부모가 많은 도시였는데 교육여건이 안 좋아서 아이가 초등학교 3~4학년을 넘어가면 인근 대도시로 이사할 수밖에 없는 상황이었던 겁니다. 저 역시 오산에서 아이를 키우면서 교육여건이 어렵다는 것을 많이 느꼈지요. 그래서 도시의 교육환경을 개선하는 게 무엇보다 중요한 일이라 생각했고, 출마 당시 제가 제시한 공약 46개 중 24개, 절반 이상이 교육 관련 공약이었습니다."

'교육도시 오산'은 곽상욱 오산시장이 지방정치에 입문하게 된 계기이자, 곽 시장의 12년 시정을 꿰뚫는 '도시브랜드'이면서 '도시경영의 기본 철학'이다. 곽 시장은 도시의 위기가 '교육문제'에서 출발했다고 진단하며 임기 초부터 교육여건 개선에 행정력을 집중했다. 단순히 경비만 지원하는 지방정부의 역할을 넘어 '교육의 주체'로서 지역에 맞는 교육자원 발굴과 연계를 추진했으며, 특히 학교와 지역사회의 경계를 허물고 지역의 여러 인적·물적 자원을 활용하여 모든 동네를 학교로 만드는 오산형 공교육혁신 모델 육성에 주력했다.

오산형 공교육혁신 모델과 평생교육 시스템 구축

아이들의 창의성을 높이기 위해 곽 시장은 '생존수영', '학생 1인 1악기 통기타수업', '1인 1체육', '1인 1외국어', '토론문화 활성화' 등 여러 가지 혁신교육 시책을 개발하고 추진했다. 나아가 대학과 산업체를 연계해 다양한 분야의 전문지식과 기술, 시민참여가 어우러지는 평생교육 기반을 구축했고, 이는 시민의 창업과 일자리 창출, 그리고 도시경제의 활성화에도 이바지했다. 그 외에도 '곽상욱표 교육정책'은 열거할 수 없을 만큼 많다. 당연히 오산시민의 정주기간은 10년 사이에 59.1%나 향상된 것으로 분석되고 있다.

곽 시장의 독보적인 교육정책은 오산의 학부모와 시민으로부터 좋은 반응과 신뢰를 얻었으며, 다른 지방정부들이 앞다퉈 벤치마킹하는 우수정책 사례로 자리 잡았다. "시작한 지 불과 5년 만에 오산의 교육여건이 주목할 만큼 개선되었습니다. 옆에 있는 100만 도시들과 어깨를 나란히 할 만큼, 아니 오히려 더 좋은 여건을 갖추게 되었지요. 하루가 멀다하고 전국의 모든 지자체와 교육청에서 우리 오산시에 매일 두세 군데씩 벤치마킹하러 찾아

아동친화도시 인증기념식(2017년 6월 15일)

옵니다."

이러한 성과를 바탕으로, 곽 시장은 급변하는 미래사회에 대응하는 창의적 인재의 육성을 위해 첨단 AI교육 기술을 활용한 미래학습환경 조성, 이른바 '에듀테크 기반 미래학교 사업'을 최근 시작했다. 특히 2025년 개교를 목표로 설립 중인 '세교소프트웨어고등학교'는 소프트웨어개발과, 정보보안과 등 15개 학과를 갖추어 미래 4차산업에 대비한 인재 양성의 요람으로 기능할 계획이다.

"지난 10년간 신뢰와 믿음으로 쌓은 학교와 마을, 유관기관 간의 촘촘한 협업 시스템으로 오산시가 대한민국의 미래교육을 선도하는 최고의 교육도시로 우뚝 설 수 있었습니다. 앞으로도 이러한 교육 시스템이 일관되게 작동하여 초·중·고교생과 청년들을 미래사회와 AI시대에 잘 맞는 창의적인 인재로 육성하는 일을 중단없이 계속해야 할 것입니다." 곽 시장의 교육도시 정책은 주민의 정주여건 향상이라는 목적에서 출발했지만, 지역의 특화발전을 견인했음은 물론 이제는 도시의 주요 미래성장 동력으로 자리매김했다.

시민과 함께 오산천 살리기, 국가정원 신청할 터

오산 도심을 남북으로 가로지르는 '오산천'은 곽 시장이 지방정치에 입문한 또 하나의 이유였다. "오산천은 원래 맑은 하천이었고 시민들이 좋아하던 곳이었어요. 그런데 산업화 시대를 거치면서 똥물이 흐르고 악취가 나는 개천으로 오랫동안 방치되었지요. 사람들이 삼겹살 구워 먹고 주차장으로나 쓰는 장소로 전락하고 말았습니다." 시장에 취임하기 훨씬 전인 1990년대에 정부가 오산천에 대해 생태하천 복원사업을 추진한 적이 있었다. 당시 곽 시장은 시민의 입장에서 극력 반대했다고 한다.

"오산천에다 토목공사를 했어요. 시멘트를 바르고 콘크리트 구조물을 갖

힐링공원으로 거듭난 오산천

다놓는 게 도저히 생태하천의 모습과는 거리가 멀었지요. 그래서 환경운동연합이라는 단체를 만들어 시민운동을 했습니다. 당시 관(官)에서는 시민의 목소리에 전혀 귀를 기울이는 분위기가 아니어서 오산시청에 아무리 이야기해도 씨도 안 먹혔어요." 이를 계기로 그는 지방자치단체장에 관심을 가졌고 선거 출마까지 하게 되었다고 회고했다.

　곽 시장은 민선 5기 시장으로 취임하자마자 '오산천 살리기'에 나섰다. 오산천이 맑아지려면 우선 상류에 있는 '기흥저수지'가 깨끗해져야 했고, 이를 위해서는 인근 지역의 이해와 협조가 필수적이었다. 이에 곽 시장은 수원과 용인 등 인근 자치단체장과 국회의원들을 모시고 '오산천 살리기 네트워크'라는 협력체계를 만들었다. 또 순천만에서 가져온 물억새 100만 그루를 심고 하천 주변에 야생화단지를 조성하는 등 각종 수변 정화사업도 진행했다. 10년간 부단히 노력한 결과 최근에는 천연기념물 수달이 서식할 정도로 오산천이 맑아졌고, 이제는 탄천과 양재천에 견줄 만큼 생태하천으로서 좋은 평가를 받고 있다.

"지금은 오산시민들이 가장 사랑하는 '힐링공간'으로 거듭났습니다. 오산천 수변에는 시민들이 가꾸는 200여 개의 정원이 있어요. 시민이 직접 하천을 가꾸어서 효과적인 관리가 가능하고 또 그 가치도 높아졌습니다. 오산천변의 자전거길을 따라 서울 잠실까지 갈 수 있습니다. 자타가 공인하는 대한민국 최고의 하천이기에 이제 '국가정원'으로 신청할 계획입니다."

오산 버드파크와 반려동물 테마파크 등 관광자원 개발

베드타운의 이미지가 강했던 오산을 '문화관광의 도시'로 거듭나게 한 것 또한 곽 시장의 치적이다. 좁은 면적과 젊은 연령의 주민들, 그리고 '100만 도시'들에 둘러싸인 작은 도시의 경쟁력 강화 방향을 문화관광에서 찾은 것이다. "아이들과 손잡고 가족 단위로 놀러올 수 있는 관광자원을 만들고자 노력했습니다. 특히 대한민국 다른 지역에 없는, 우리만의 독특한 것이 무엇인지 찾는 데 고민하고 또 집중했어요."

시청 옆 공간을 활용해 건립한 자연생태체험관 '오산 버드파크'는 열대 조

반려동물 테마파크

류를 비롯한 다양한 생물을 전시하고, 관람객이 먹이 주기 등 각종 생태체험을 할 수 있도록 만들었다. '오산 미니어처빌리지'는 우리나라의 과거와 현재, 세계 여러 나라의 문화 등을 테마로 한 미니어처를 관람하면서 다양한 역사와 문화를 경험하고 배울 수 있는 공간인데, 주말에는 사전 예약을 해야만 입장할 수 있을 만큼 인기가 높다. 일반적으로는 혐오시설인 '하수종말처리장'을 복개해 만든 '반려동물 테마파크'는 애견카페와 동물치유시설 등을 마련해 반려인들이 많이 찾는 공간인데, 입주 카페에서 하루 1천 잔 이상의 커피가 팔릴 정도라고 한다. 그 외에도 '국민안전체험관'과 '죽미령 평화공원', '아스달연대기 드라마세트장', '물향기 수목원', '독산산성' 등 여러 분야의 다양한 주제를 머금고 있는 관광 스폿(spot)들이 곽 시장 임기 중에 하나하나 만들어졌다. "오산에 최소한 이틀 정도는 머물러야 다 볼 수 있을 정도로 문화관광 컨텐츠들을 탄탄하게 구축했습니다. 차별화와 스토리텔링, 그리고 창의적 행정을 통해 우리 도시의 경쟁력을 찾은 것이지요. 우리 시민들, 그리고 찾아오는 관광객들 모두 다 좋아하고 인정하는 결과를 만들어내

죽미령 평화공원

정말 자랑스럽게 생각합니다."

국민권익위 조사 청렴도 1위 도시

곽 시장은 3선 재임하는 동안 많은 사업을 추진하면서도 '행정의 청렴성' 강화에 특별히 공을 들였다. 그 결과 국민권익위원회의 청렴도 조사에서 전국 1위를 차지하는 등 11년 연속으로 국내 최고 수준의 청렴도시로 평가됐다. "청렴이라는 것은 공직윤리의 아주 중요한 내용인데, 안타깝게도 전임 시장님 두 분이 4년 임기를 마치지 못하고 구속되는 일이 (오산에서) 있었어요. 그래서 저는 투명하고 깨끗한 행정을 시민들께 약속드리고 청렴도 강화에 더욱 심혈을 기울였습니다."

시의 '감사조직 개편'과 '엄격한 감사' 실시, '간부공무원 청렴도 측정', '신규공직자 및 부서순회 청렴교육', '계약심사 교육 및 사례집 배포' 등 다양한 청렴성 강화 시책을 통해 청렴의 가치를 실현하는 데에도 힘썼다. 곽 시장은 "민선 5기부터 우리 시가 최고 수준의 청렴성을 유지할 수 있었던 것은 모든

행정의 청렴성 강화를 위한 다양한 노력

공직자가 부패와 부정을 거부하고 투명한 행정을 펼친 덕분"이라며 그 공을 공무원들에게 돌렸다.

임기 내에 꼭 완료하고 싶었던 '운암뜰' 도시개발 사업을 완료하지 못한 건 큰 아쉬움으로 남는다고 했다. 운암뜰 부지는 약 26만평 규모로 경부고속도로와 인접해 교통 및 지역개발 여건이 뛰어난 것으로 평가되는 곳이다. 곽 시장은 이곳을 오산시만의 특화된 '전략 스마트타운'으로 개발할 계획이었다. "오산의 미래 먹거리와 일자리 경제를 위한 사업으로, 인공지능(AI)에 기반한 스마트시티를 조성하여 주거와 상업·문화·첨단산업시설의 융·복합 단지로 개발하는 프로젝트였습니다. 판교를 능가하는 혁신도시의 탄생을 기대했습니다."

그런데 엉뚱하게도 성남시의 '대장동 사태'가 오산의 운암뜰 사업의 발목을 잡았다. 행정적인 진행은 어느 정도 마무리되었는데, 그 '사태'의 여파로 아직도 경기도의 사업승인 단계에 머물러 있다는 것이다. "운암뜰 사업을 제가 마무리하지 못하고 민선 8기로 미루게 돼서 많이 아쉽습니다. 조금 늦어지고 있지만 오산의 미래 발전을 위해선 운암뜰 개발을 계획대로 진행하고, 앞으로 '수도권 남부의 거점'으로 만들어야 할 것입니다."

중앙정부 공모사업은 지방도시 경쟁력 약화로 귀결

곽 시장은 지방행정을 수행하면서 가장 어려웠던 대상으로 '중앙정부' 그리고 '중앙정치'를 꼽았다. 특히 중앙정부가 주도하는 '지자체 공모사업'의 문제점을 사례로 들면서 자치분권의 중요성을 강조했다. "중앙정부 공모사업을 해야만 지자체가 행정을 잘하는 것으로 비친다고 해서 저희도 공모사업 선정을 위해 노력을 많이 했습니다. 그런데 도시재생 등 사업주제를 중앙정부가 설정하고 2~3년 정도 시범사업으로 하다가 흐지부지되면 그 결과를 아무도 책임지지 않는 경우가 비일비재합니다. 이런 '정부에 줄서기' 식의 중앙 집권적인 사업추진 방식은 도시의 경쟁력을 약화시킵니다." 국가는 큰 틀의 의제와 기본계획을 수립하고 지방정부의 구체적인 수요를 뒷받침해주는 상향식(bottom up) 형태의 제도 혁신이 필요하다고 곽 시장은 강조했다. "결국 '자치분권 국가'가 되지 않으면 대한민국 도시의 경쟁력에 한계가 있을 수밖에 없다는 것이 제 생각입니다."

지방행정에 대한 '중앙정치 개입'의 문제점도 질타했다. "정부 공모사업에 '정치'가 개입하면서 전혀 엉뚱한 지자체가 공모사업에 선정되고 정작 그 사업이 필요한 지자체는 탈락하는 경우가 왕왕 발생합니다. 자치분권이 체계화된 구조라면 그런 일이 생기지 않겠지요. 또 행정수행 과정에서 지역의 국회의원과 자치단체장 간의 엇박자로 인해 그 피해를 온전히 주민들이 보는 현실들을 자주 봅니다. 중앙정치는 지방행정이 아닌 오로지 국가적인 의제에만 집중할 수 있도록 미래의 정치제도를 개선해야 한다는 점을 절실하게 느끼고 있습니다." 정치와 행정의 모든 측면에서 중앙과 지방은 지금까지의 수직적인 관계가 아닌 수평적으로 협력하는 '동반자적 관계'로 반드시 재구성되어야 한다고 곽 시장은 힘주어 말했다.

같은 맥락에서 곽 시장은 '기초지방선거 정당공천제 폐지'가 절실하다는 의견을 강력하게 제시했다. "지역의 민생문제는 지방의회와 지방정부에 맡기고, 국회와 중앙정치는 나라의 법과 제도를 만들고 개선하는 데 주력해야 합니다. 그런데 지방선거 공천권을 사실상 국회의원이 쥐고 있으면서 민의를 반영하는 사람이 시장이나 시의원이 되지 못하고, 지역의 중앙정치 예속이 가속화되어 편가르기와 지역사회 분열이 심각하게 나타나고 있어요. 이번 민선 8기 지방선거에서 이런 점들이 극명하게 드러났지요. 기초선거 정당공천을 폐지하면 앞으로 민의가 제대로 꽃을 피우는 지방정치를 만들 수 있을 것이라 확신합니다."

교육자치와 자치경찰제 확대 시급

곽 시장은 자치분권에서 가장 중요한 과제가 '교육'이라는 의견을 밝혔다. "자치분권의 모든 근간은 교육에서 시작해야 하는데, 늘 후순위로 밀리고 있습니다. 눈으로 보기에 당장의 문제가 아니어서겠죠. 그러나 선진국에서는 교육제도의 혁신을 통해 모든 정치혁신과 제도혁신이 동반하여 이루어진 것을 알 수 있습니다. 우리나라에서는 이렇게 중요한 의제가 가려져 있고, 교육혁신에 대한 목소리도 없습니다. 지난 대통령선거에서도 그랬고요."

특히 우리나라 교육제도의 근본적인 개선이 필요하다고 말했다. "기획재정부의 교육예산이 초·중·고등학교에만 집중되어 있습니다. 아이들이 행복하게 성장할 수 있고 행복한 성장이 경쟁력인 나라가 되려면 교육제도의 전환을 꼭 이뤄내야 합니다. 또 진정한 자치분권이 주민 스스로 지역문제를 책임지고 해결하는 힘을 갖는 것이라면, 지역에 대한 가치와 비전을 함께 나눌 수 있는 '교육자치'도 반드시 실시해야 한다고 생각합니다."

자치경찰제 기초단위 확대 시행, 시·군·구 재정분권 강화, 자치조직권 확대 등 자치분권의 공통 의제들에 대해서는 대체로 찬성하면서도, 「지방자치법」 전부개정으로 도입된 '기관구성 다양화'에 대해선 반대한다는 의견을 명확히 했다. "기관구성 다양화는 주민직선제를 핵심으로 하는 지방자치제도의 기본 정신을 훼손할 여지가 매우 다분합니다. 또 헌법상 '권력 분립'의 근간과 입법과 집행 사이의 '견제와 균형'을 약화시킬 수 있고요. 지난번 「지방자치법」 전부개정 과정에서 (기관구성 다양화가) 갑자기 튀어나온 게 좀 어이가 없었습니다."

특히 새로운 제도의 도입을 위해서는 더욱 신중한 검토와 절차를 거쳐야 할 것을 주문했다. "풀뿌리민주주의의 근간을 바꾸는 중차대한 사안인데, 국민적인 공론화 과정이 미흡할 경우 많은 혼란과 시행착오가 발생할 겁니다. 그 피해는 고스란히 지역과 주민에게 전가될 것이고요. 따라서 기관구성 다양화 추진에 앞서 사전 시뮬레이션과 공론화, 전문가의 충분한 검토와 진단 등을 선행하는 것이 필요하다고 생각합니다."

도시의 미래 경쟁력 확보

곽 시장은 전국 기초자치단체장 226명과 제주도 행정시장 2명의 법적 협의체인 '대한민국시장·군수·구청장협의회'의 민선 7기 마지막 대표회장이다. 오산의 시정을 챙겨야 하는 바쁜 일정 속에서도 시·군·구 공동의 관심사와 요구사항, 기초자치의 주요 의제들을 대변하기 위해 총리와 장관도 만나고 동해안 산불현장도 찾아갔으며, 성명서도 발표하는 등 임기 마지막 날까지 동분서주했다. "시·군·구별로 지역상황이나 재정여건이 달라서 통일된 의견을 모으는 게 참 어려웠습니다. 하지만 모든 자치단체장은 자기 지역주민이 최우선이기 때문에 그런 바탕에서 소통과 조율을 통해 합의된 의견들을 이끌어낼 수 있었습니다. 어려운 여건에도 많은 도움을 주신 전국의 시장·군수·구청장님들께 진심으로 감사드립니다."

후임 자치단체장들에 대한 당부도 잊지 않았다. "다음 자치단체장으로 같은 당 후보가 당선되든 다른 당 후보가 취임하든 가장 중요한 것은 도시의 미래 경쟁력 확보입니다. 후임자 스스로 생각하는 이상·비전과 함께 전임자들이 이루어 놓은 성과와 가치들도 잘 들여다보시고 앞으로 더욱 진화하고 발전하는 도시를 만들어나가시길 바랍니다."

김성기 가평군수

한림성심대학 지방행정학과
가평군청 행정공무원(33년 근무)
제8대 경기도의회의원

민선 5·6·7기 가평군수

　　"'보존과 개발이 어우러진 균형 잡힌 발전'을 목표로 내세웠습니다." 김성기 가평군수는 2013년 보궐선거에서 당선하자 곧바로 가평읍 역세권을 포함한 청평면, 설악면 등 관내 읍·면을 연결하는 '도시계획도로'를 매년 개설해 가평지역의 교통 편의성과 접근성을 높이는 정책부터 펼쳤다. 가평에서 태어나 가평의 초·중·고등학교를 졸업하고 2008년까지 33년간 줄곧 가평군에서 공직생활을 해온 경험을 살려 생활 SOC 인프라부터 정비하려 한 것이다.

　　김 군수는 가평과 다른 지역을 연결하는 '광역교통망' 확충에도 역점을 두었다. 서울과 춘천을 잇는 '제2경춘국도' 사업은 정부의 예타면제 사업으로 선정되었지만, 국토교통부가 발표한 최초 노선안은 가평읍을 지나지 않고 우회하는 것이었다. "최초 안은 가평군과는 접근성이 현저히 떨어지는 내용이었어요. 그래서 군의회·군민과 공조해 정부안에 반대하는 '총궐기대회'를 개최했지요. 군민의 의지를 결집하고, 중앙정부에도 가평군의 입장과 의견을 끊임없이 전달한 결과, 결국 최종 발표된 노선안에 가평군의 의견을 반영시키는 데 성공했습니다."

　　김 군수는 2021년 국도·지방도 건설 5개년계획에 가평군이 포함된 9개 도로사업을 확정하는 데에도 역량을 집중했다. 이로써 가평군은 지역 균형발전의 기틀을 마련하고, 신성장 주력거점으로서의 토대도 구축할 수 있었다고 김 군수는 평가했다. "중앙정부와 국회 등과 지속적인 소통을 해나가면서 가평군의 의견이 반영될 수 있도록 끊임없이 애썼습니다. 또 군민의 의견을 하나로 모으고 군에서 자체적으로 용역을 실시하는 등 다른 지방정부에 비해 더 많은 사전준비와 노력을 기울이고 합당한 논리와 근거를 확보한 것이 가평군의 의견을 제대로 반영하는 데 주효했다고 생각합니다."

가평의 새로운 문화지형을 만들다

문화와 복지를 통한 군민의 '삶의 질' 개선 역시 김 군수가 3선 임기 중에 역점을 두어 추진한 사업이다. "2021년 11월 '가평문화원 신청사'를 완공함으로써 비로소 가평군의 향토문화 진흥을 위한 중심기지를 새로이 구축했습니다. 4층 규모의 신청사에는 문화원 사무국은 물론 다목적 강당과 향토사연구소, 동아리방 등이 들어서 있어요. 가평군민이 참여할 수 있는 다양한 프로그램들도 운영하고 있지요."

'경춘선 직선화 사업'으로 못쓰게 된 옛 가평역사와 폐철도부지를 새로운 문화공간으로 거듭나게 한 것 또한 김 군수의 주목할 만한 업적이다. 옛 가평역사와 폐철도부지에 들어선 '음악역 1939'는 공연장과 스튜디오·영화관·레

가평문화원

'음악역 1939' 음악문화체험 공간 시연회

스토랑 등을 갖추고, 연간 25개의 다양한 음악 관련 프로그램을 진행해 지역에 새로운 활력을 불어넣고 있다. 2022년 6월 완공한 '청평역 1979'도 폐선부지를 활용하여 만든 문화공원으로, 전시장과 야외무대·어린이공원 등을 아우르고 있다. 이들 문화공간은 인근에 조성한 '가평레일바이크 공원', '가평잣고을 전통시장' 등과 더불어 가평의 주요 관광지로 떠오르고 있다.

"옛 경춘선 철길로 가로막혔던 곳을 미래를 위한 도시공간으로 개선하여 주변 상권과 연계한 지역의 중심지로 거듭나게 했습니다. 우범지역이 문화공간으로, 버려진 공간이 도심의 아름다운 공원으로 재탄생함으로써 도시의 이미지를 개선함은 물론 군민에게 소통과 힐링의 공간을 제공해 가평의 새로운 도약을 기대하게 만든 것이지요."

2014년부터 실시한 전국 최초의 '초·중·고교 연극동아리 지원사업'도 관내 학생들에 대한 문화사업으로서 군민들의 호평을 얻고 있다. "지역 문화

제2회 가평 THE 푸른 학생연극제

사업은 비용이 많이 드는 반면, 단기간에 가시적인 성과가 나오지 않기 때문에 추진과정에서 군의회와 일부 주민의 부정적 시선도 있었습니다. 그렇지만 꾸준한 대화와 설득을 통해 문화사업을 추진했고, 지금은 많은 주민이 좋은 평가를 보내주고 있습니다." 김 군수는 이 밖에도 '한석봉 체육관' 건립, '청평호반 문화체육센터' 신축 등 지역주민이 편리하게 이용할 수 있는 각종 문화·체육시설을 꾸준히 하나하나씩 만들었다.

'군민을 위한', '군민에 의한' 가평 군정

군정에 대한 주민참여 강화도 김 군수가 적극적으로 추진한 시책이다. '가평군 장기종합발전계획'을 군민과 소통하며 주민참여 방식으로 수립했고, 주민 주도의 지속가능한 마을공동체 생태계 구축에도 노력했다. "군정에 군민을 참여시키려 하면 어쩔 수 없이 정책 결정과 집행과정이 더뎌지고 많은 어려움이 따를 수밖에 없습니다. 하지만 이 과정을 거쳐 정책을 결정하면 절차적 정당성을 확보할 수 있고, 무엇보다 군민의 주인의식을 함양해줄 거라는 확신이 있었습니다."

공동체마을 브랜드 '아람'은 사회적경제 영역에 속한 마을공동체를 상징하는 것으로서, 지역사회에 활력을 불어넣기 위해 가평군이 주민들과 함께 자체 개발한 것이다. 군청의 관계부서와 디자인 전문가 등이 공동으로 참여하여 탄생시킨 브랜드 '아람'은 마을 주민들이 스스로 '희망과 행복의 마을'을 지속적으로 만들어갈 수 있도록 각종 마을공동체 활동을 지원하기 위한 기반으로 널리 활용되었다. "군민을 대상으로 꾸준한 설득과 교육을 통해 현재 32개 아람마을을 조성했습니다. 이러한 마을 단위 공동체를 통해 풀뿌리 주민자치의 초석을 마련할 수 있었다고 자부합니다."

군민의 군정 참여를 확대하면서 김 군수의 공약사업 56건 중 53건이 완료되었거나 진행 중이어서 추진율 94.6%를 기록했다. 특히 광역교통망 확

공동체마을 브랜드 '아람' 장터 품평회

충, 상·하수도 보급률 확대, 읍·면별 문화·체육시설 조성 등 많은 분야에서 군민 참여 확대를 통해 소기의 성과를 거둘 수 있었다고 김 군수는 덧붙였다.

주민들과 함께 자라섬을 꽃피우다

가평군청 인근 북한강 한가운데 위치한 '자라섬'은 국내 최대 규모의 캠핑장과 '재즈 페스티벌'로 널리 알려진 유명 관광지이다. 오토캠핑장과 공연장 등이 있는 자라섬 본섬에는 수영장과 샤워실 등 각종 편의시설이 잘 갖추어져 있어서 해마다 많은 사람이 찾아온다. 반면, 자라섬 최하단의 '남도'는 사람들이 쉽게 접근하기 어렵고 잘 알려지지 않은 '무지의 공간'으로 사실상 오랫동안 방치되어온 곳이다. 김 군수는 버려진 공간이던 남도를 관광자원으로 활용하기 위한 계획을 수립하고 2년간 노력한 끝에 11만㎡ 규모의 '남도 꽃정원'을 조성했다.

"자라섬은 국가하천부지라서 각종 시설을 갖추기가 참 어려운 곳이었어요. 주변 자연환경과 잘 어울리고 기존의 관광자원과도 연결하는 방안이 무엇인지 고민하다가 '남도 꽃정원'을 추진했습니다." 기존의 방식대로 민간업체나 관련 전문가에게 위탁하는 방식으로 꽃 테마공원을 운영하면 일회성으로 끝날지 모른다는 우려에서, 김 군수는 지역주민이 스스로 공원을 조성하고 관리하는 방식을 도입했다. 또 가평군 농업기술센터의 각종 꽃 재배기술과 노하우를 활용하고, 군청 관광부서가 적극적으로 결합해 편의시설 설치 및 축제 개최를 추진하는 등 행정적인 지원도 아끼지 않았다.

2020년부터 본격적으로 개방한 '남도 꽃정원'은 연간 13만~14만 명이 방문할 만큼 반응이 뜨겁다고 한다. 특히 2020년 8월에 내린 역대급 폭우로 자라섬이 침수되는 등 어려움이 적지 않았지만, 군민과 군청이 합심하여 꽃정원의 침수피해를 말끔히 복구했다. 김 군수는 '꽃정원' 조성에 따른 혜택을

자라섬 남도 꽃정원 축제

가평군 지역경제에 환원할 수 있도록 방문객들에게 입장료만큼의 '가평지역 상품권'을 교환해주고 있으며, 인근에 가평군 농특산물 매장도 운영하고 있다. "지역의 관광자원을 발굴하고 지역상권과 연계해 지역경제 활성화에도 이바지하는 방식으로 기획한 덕분인지 자라섬 남도 꽃정원 개방행사에 대한 주민 만족도는 무려 81.6%에 이릅니다."

불합리한 규제가 가평 발전을 가로막아

3선의 임기 동안 공약하고 추진한 정책사업들을 대부분 완료했다는 김 군수도 주민의 반대 등으로 추진하지 못했거나 임기 내 마무리하지 못해 아쉬운 사업들이 있다고 했다. "가평전적비공원 건립을 추진했는데, 부지 선정이 늦어져서 사업이 전체적으로 지연되었어요. 또 종합 광역장사시설 유치와 폐기물 소각장 설치는 주민들의 집단민원으로 인해, 그리고 가평역사박물관 건립은 문화체육관광부와의 협의가 난항을 겪으면서 원래 계획대로 추진하지 못했습니다."

이어 김 군수는 군정 추진과정에서 가장 큰 장애물은 '불합리한 중복규제와 인·허가'라고 지목했다. "주민의 민원은 함께 논의하고 방법을 찾아 나가면 얼마든지 해결할 수 있습니다. 하지만 법적인 규제들은 지방자치의 한계로 작용하여 우리 스스로 극복하기에는 어려움이 많습니다. 특히 가평지역은 수도권이라는 이유만으로 각종 대규모 시설면적을 제한하고 인구집중 유발시설 건립을 원천적으로 봉쇄하고 있어서 군정을 기획하고 추진하는 데 큰 걸림돌로 작용하고 있습니다."

중앙정부 공모사업이 지방재정의 자율성 저해

김 군수는 민선 지방자치의 가장 큰 걸림돌로 '재정분권'의 미비를 지적했다. 재정에 대한 지방자치단체의 독립권이 보장되지 않아, 지역개발 사업비가 늘 부족하고 매년 중앙정부에 예산을 요구하며 의존하는 문제가 발생한다는 것이다. "지방의 '재정독립권'을 보장함으로써 지방이 중앙정부에 의존하지 않게 세목 재조정 등을 추진할 수 있어야 합니다. 그리고 '님비' 현상이 발생하는 이른바 혐오시설 등의 지자체 사업 분야에 대해서는 중앙정부 차원에서 다양한 인센티브를 지원하는 것이 바람직하다고 생각합니다."

중앙정부의 '대형보조금 사업'의 문제점도 이야기했다. "중앙정부에서는 '선도사업'이라는 명목으로 각종 주요 시책에 대해 공모방식으로 지자체의 참여를 유도하고 있어요. 그런데 이런 사업은 대부분, 시설비 지원이 끝나고 나면 그 이후 운영 등에 필요한 재원은 지자체에 떠맡겨버립니다. 그래서 시간이 지나면 운영비 과다 등으로 지방재정에 나쁜 영향을 미치고, 결과석으로는 군민에게 피해를 안겨주게 됩니다."

전임 군수 시절부터 추진해온 여러 '공모사업'이 김 군수 재직기간에 준공 또는 완료되었지만, 오랜 시간이 소요되면서 최초 계획에서 많이 벗어난 경우도 적지 않고, 정부 지침을 반드시 준수해야 하는 점 때문에 운영의 자율성조차 보장받지 못한 사례들이 많았다고 김 군수는 지적했다. "재정 여건이 취약한 우리 가평군의 경우 보조금 사업의 지방비 부담을 의무화한다면 그만큼 자체 사업을 추진할 수 있는 여력을 감소시키게 되고, 궁극적으로는 지방의 자율성을 제약한다고 생각합니다."

김 군수는 재정분권의 여러 과제와 관련해서는 "과세 자주권 강화도 중요하지만, 이 경우 아무래도 세금을 많이 거둘 수 있는 지역에 더욱 유리하기 때문에 가평군 입장에선 '일반재원' 즉 교부세율 확대가 더욱 시급하다"고 밝혔다.

지역의 특화자원을 토대로 자체 경쟁력 키워야

김 군수는 '자치분권과 균형발전 모두 중요한 과제'라면서도, 이들 중 '균형발전'을 먼저 추진해야 할 것이라고 말했다. "자치분권은 재정력이 뒷받침되고 규모가 큰 도시지역에서는 중요하다고 할 수 있습니다. 그렇지만 인적 네트워크와 재정이 부족한 가평군 입장에서는 균형발전을 선행하는 것이 더욱 도움이 될 것입니다. 이를 지원하기 위한 중앙정부와 광역자치단체의 선도와 노력이 필요합니다."

김 군수는 지역 균형발전을 위한 중앙정부와 광역단체의 계획수립 및 지원과는 별도로, 특화자원을 바탕으로 지역경쟁력을 키우는 시·군·구의 자체 노력 또한 절실하다고 강조했다. 예컨대, 가평군은 수도권 주요 도시들과 인접한 지리적 여건과 유명 관광지를 다수 보유한 이점을 적극적으로 활용해야 하며, 그래서 지역발전 정책의 키워드를 '관광산업을 통한 지역 먹거리 확충'으로 삼아 이와 관련한 다양한 정책과 사업을 추진했다고 김 군수는 회고했다. "예를 들면, 북한강 변을 따라 이어지는 각종 관광지를 유람선으로 연결하는 '북한강 천년 뱃길'을 민간과 공동으로 추진하여 미래의 새로운 관광 패러다임을 제시하고자 했습니다."

지방을 존중하고 소통하며 균형발전 이뤄야

김 군수는 중앙정부가 주도하는 자치분권 개혁과 균형발전 정책에 대해서는 비판적인 의견을 밝혔다. "정부가 자치분권과 균형발전을 위해 많이 노력하는 것으로 알지만, 정작 일선 지자체에서 체감하는 내용은 그리 많지 않습니다. 정책 추진과정에서 지방정부가 소외되고 중앙의 결정사항에 대해 통보만 받는 형태가 되풀이되는 것이 가장 큰 이유라고 생각합니다." 김 군수는 중앙정부와 지방정부 간 협치의 핵심은 지방정부에 대한 존중, 그리고 지방을 '관리대상'이 아닌 '대화의 대상'을 여기는 중앙정부의 태도 변화에 있다고 강조했다.

김 군수는 또 '기초지방선거 정당공천제 폐지', '재정분권 강화', '자치조직권 확대' 등 시·군·구 자치분권의 주요 의제들에 대해선 대체로 찬성 의견을 밝혔다. 다만 2020년 「지방자치법」 전부개정으로 도입한 '자치단체 기관구성 다양화'에 대해서는 회의적인 태도를 보였다. "기관구성을 새롭게 추진하는 과정에서 갈등이 발생할 수 있고, 매번 기관구성의 형태가 바뀌다 보면 행정 서비스의 안정성과 일관성에도 지장을 줄 수 있어요. 무엇보다도, 군민을 위해 힘을 쏟아야 할 시기에 정치적 상황으로 군정의 역량을 낭비할 수 있다는 문제가 있습니다."

10년의 임기를 마치는 김 군수는 3선을 할 수 있었던 비결로서 '투명성'과 '현장 행정'을 거론했다. "청렴결백한 마음가짐과 긍정적인 생각으로 모든 일에 임하면서, 주민과 민원인에게는 항상 솔직하고 투명하게 업무를 처리하고자 노력했습니다. 늘 '현장에 답이 있다'는 생각에서 주민의 이야기를 직접 들으면서 이를 적극적으로 해결하려는 '현장 행정'이 주효했던 게 아닌가 생각합니다."

후임 지방자치단체장들에 대해서는 역지사지와 약속을 지키려는 자세를 강조했다. "사심을 버리고 공적인 입장에서 항상 역지사지의 자세로 일을 처리하고, 주민과의 약속을 반드시 지키고자 노력하시기 바랍니다."

원창묵 원주시장

중앙대학교 건축학과
중앙대학교 건설대학원 도시공학석사
전국혁신도시협의회 회장
원주시의회 2·3대 의원
제3·4대 대한민국 건강도시협의회 의장

민선 5·6·7기 원주시장

원창묵 원주시장은 36살이던 1995년 제1회 전국동시지방선거에서 원주시의원으로 당선해 지방정치에 입문했다. 시의원 재선 후 민선 3기와 4기 시장직에 도전했으나 연거푸 낙선의 고배를 마셨고, 세 번째 도전에서 원주시장으로 당선한 뒤 내리 3선 연임에 성공했다. 1995년부터 모든 지방선거에 출마한 원 시장인 만큼 원주시의 현안 문제, 시민의 정서와 행정수요 등을 그보다 정확하게 이해하는 정치인은 드물다는 것이 지역주민들의 중론이다.

오로지 시민의 삶을 위해 추진한 '일방통행' 정책

"2011년부터, 원주 구도심을 살리기 위해 '일방통행'을 시작했습니다. 교통체증이 극심하고 수많은 전깃줄과 관로로 얽혀 있는 정비되지 못한 구도심지역 거리의 모습을 더 이상 방치해선 안 된다는 의견은 예전부터 있었습니다. 하지만 그 누구도 결단하지 못했던 일인데, 도시교통을 전공한 제가 경험을 살려 과감하게 시행한 것입니다. 일방통행과 더불어 전기선로를 지중화하고 하수관거를 새로 묻고 교통선진화 사업을 병행하며 도시미관을 획기적으로 개선했는데, 시행 초기 극렬하게 반대하던 시민들도 점차 한 분 두 분 그 공을 인정해주셔서 가슴 뿌듯했던 기억이 지금도 생생합니다."

원 시장이 3선 재임 중 가장 기억에 남는 정책과 성과로 꼽은 일방통행 정책이다. 중앙대학교와 동 건축대학원에서 건축학과 도시공학을 전공한 전문가답게 원 시장은 구도심 지역 정비를 위한 정책들을 과감하게 추진했다.

도로를 갑자기 일방통행으로 바꾸고 1년 넘게 공사까지 한다고 발표하니, 교통체증과 안전사고, 매출 감소 등을 우려한 시민들과 지역 상인들의 반대가 거세었다. 하지만 원 시장은 뚝심 있게 밀고 나갔다.

"정책의 필요성과 당위성을 믿었기에 저는 결단했고, 비난을 각오하면서도 자신 있게 추진했습니다. 연일 계속되는 시위에 시청 간부 공무원들에게 '도심 다닐 때 누가 돌 던질지 모르니 조심해서 다니라'는 위로 아닌 위로를 하면서 잘 극복해 나가자고 독려했고요. 그 결과 우리는 전국의 어느 구도심보다 잘 정비된 시가지를 가질 수 있었습니다." 시민의 삶에 도움을 줄 것이라는 확신이야말로 정책 추진의 어려움을 극복하는 힘이었다고 원 시장은 회고했다.

'군사도시의 멍에'에서 벗어나려는 노력

원 시장은 초선 때 원주시의 대표 축제인 '원주 다이내믹 댄싱카니발'을 시작했다. 2011년부터 시작한 이 '시민참여형 축제'는 유달리 강했던 '군사도시 원주'의 이미지를 벗어던지기 위해 추진했다고 한다. "취임 직후인 2010년 11월에 원주문화재단을 설립하고, 기존의 관람형 공연인 '따뚜공연'을 시민참여형 축제로 탈바꿈시켰어요. '원주 댄싱카니발'은 국내 최대·최장 규모의 시민주도형 거리퍼레이드 축제로 기록되었고, 문화체육관광부가 '대한민국을 대표하는 문화관광축제'로 선정하는 등 특색 있는 지역축제로 자리 잡았습니다." 코로나19 직전인 2019년에는 국내 126개, 해외 34개 팀이 참여할 정도로 규모가 커졌다.

원주 도심에 자리했던 '1군지원사령부'는 애초 원주시 외곽인 서원주역 근처로 이전할 계획이었다고 한다. 그러나 원 시장 취임 직후 이 계획을 취소하고 사령부 이전지를 다른 지역으로 변경했다. "서원주역을 '화물역'이라고 단

댄싱카니발 개막식 (2019년)

정했기 때문에, 사령부를 (그쪽으로) 옮기려 했던 것이었죠. 그러나 제가 보기에 서원주역은 그 철로의 구조상 환승역이 될 수밖에 없고, 따라서 그 인근 지역은 도시개발이 이루어질 게 분명했습니다." 만약 1군지원사령부가 원안대로 서원주역 앞으로 이전했다면 또다시 '도심 속 군부대'가 될 뻔했기에, 원 시장은 "이것은 하지 않아서 정말 잘된 일"이라고 이야기했다.

모두 함께 즐기며 생활하는 도시 만들기

원 시장은 재선에 성공하자 원주시 최초로 장애인과 함께 이용할 수 있는 '드림체육관'을 개관했다. 2015년에 개관한 드림체육관은 수영장과 헬스장, 대형체육관 등의 시설을 갖추었으며, 장애인들이 신체기능 회복과 건전한 여가활동을 할 수 있도록 장애인 전용 운동기구를 비치해 놓았다. "사회적 약자를 배려하고 함께 살아간다는 가치는 장애인은 물론 일반인에게도 큰

원주드림체육관

위안과 만족을 줄 수 있습니다. 단순한 지표만으로 평가할 수 없는, 더불어 함께 사는 세상을 만들어간다는 사회적 의미가 큰 사업이었어요."

　2016년에는 '원주시립중앙도서관'을 복합문화공간으로 리모델링하여 다시 개관했다. 단순히 책을 읽는 전통적인 기능 외에 다양한 문화교육프로그램과 평생교육을 진행할 수 있도록 설계했다는 것이 원 시장의 설명이다. "독서는 물론, 휴식과 전시, 공연 등 다양한 문화의 장을 열 수 있는 공간이 생기면서, 시민의식을 높이고 삶의 질을 향상시키는 긍정적인 역할을 기대할 수 있었습니다."

　2018년에는 '소금산 출렁다리'를 개장했다. 지정면 '간현관광지' 안에 있는 소금산 출렁다리는 높이 100여m 계곡 위에 길이 200m로 만든, 당시로선 국내 최장 출렁다리였는데, 한 유명 연예인이 출렁다리에서 방송을 진행한 뒤 개장 넉 달 만에 방문객 100만 명을 돌파하면서 대박 관광지로 이름을 알리

소금산 출렁다리 해맞이행사

게 되었다. "출렁다리 관광객들의 발길이 지역 음식점과 전통시장 방문으로 이어지면서 경제적 효과도 톡톡히 보고 있습니다. '장사 잘되게 해줘서 고맙다'는 지역 상인들의 감사 인사를 많이 받았던 기억이 납니다."

'더 큰 원주'를 향한 발돋움: 광역화장장, 시설관리공단 설립 등

3선의 위업을 달성한 원 시장은 기존의 낡고 비좁은 시립화장장을 이전해 '추모공원'으로 확장 개원했다. 다른 혐오시설과 마찬가지로 주민 반대 등으로 인해 추진과정은 상당히 험난했지만, 끊임없는 설득과 협상, 원 시장의 과감한 결단으로 2019년에 성과를 이루어냈다. 화장장과 봉안당, 각종 편의시설 등을 하나의 공간에 모두 갖춰 기존 장례문화가 획기적으로 개선되었다는 평가도 받았다. "인근의 여주시와 횡성군 주민들도 원주시민과 같은 금액의 사용료를 납부하면 이용할 수 있는 '광역화장장'으로 추진했습니다. 예산 절감뿐 아니라 민원도 줄일 수 있는 '지자체 상생협력'의 대표적인 모범

추모공원

사례로 인정받았어요."

　원주 도심 종합운동장 주변에 '둘레숲길'을 조성한 것도 원 시장이 재임
중 추진한 사업이다. 아이들에게 인기가 많은 대형 물놀이장을 비롯하여 숲
공연장, 생태공원 등을 갖춘 도심 속 산책로를 만들어서 시민의 건강을 증진
하고 여가를 즐길 수 있는 공간으로 활용하고 있다. 2014년에 조성한 '봉화
산 둘레길', 2020년의 '혁신도시 둘레길', 2021년의 '치악산둘레길' 등과 더불
어 원주시의 주요 관광자원이 되었으며, 원주시민의 건강 증진과 삶의 질 향
상이라는 다양한 효과를 거두었다고 원 시장은 평가했다. "도심 산책로나 둘
레길을 조성하여 시민 건강증진을 유도하는 것은 참으로 오랜 시간이 걸리
는 일입니다. 하지만 발전하는 도시를 만들기 위해서는 반드시 해야만 하는
일들 가운데 하나라고 생각합니다."

　점점 늘어나는 원주시의 각종 공공시설을 효율적으로 관리하기 위해, 원
시장은 2020년에 '원주시 시설관리공단'을 설립했다. "제가 3선으로 재직하
는 동안 원주시 인구는 5만 명 이상 늘어났고, 예산 규모도 3배 가까이 증가

했습니다. 시설관리공단은 증가한 복지시설과 문화시설, 관광시설, 환경시설 등 각종 공공시설 관리에 민간의 효율적인 경영관리방식을 도입해 안정적으로 운영하는 데 최선을 다하고 있습니다."

민자공원으로 시 예산을 절감하다

원주시 도심에 있는 '중앙근린공원'은 민간자본으로 만든 공원이다. 2020년 '도시공원 일몰제' 대상이었지만 원 시장이 민간자본을 유치하여 무려 2800억 원의 시 예산을 절감할 수 있었다. 원주시가 막대한 예산을 들여 토지보상으로 공원 조성을 할 수 없는 상황에서 「공원녹지법」에 따라 토지주택공사(LH)와 협약을 체결해 추진했지만, 일몰제 시행 5개월을 앞두고 갑작스레 LH가 사업을 포기하면서 난항을 겪었다고 한다. 하지만 원주시가 적극적인 행정지원으로 후속 사업자를 유치했고, 그 결과 시민들은 7km 둘레길을 품은 '도심 속 공원'을 얻을 수 있었다. "공원은 시민의 삶과 직결되기도 하지만, 더 중요한 것은 그렇게 절감한 막대한 예산 2800억 원을 복지와 문화 등 지방자치 실현을 위한 다른 분야에 투입할 수 있었다는 점입니다. 전국 최초로 시행한 민자공원사업은 손꼽히는 우수사례가 되어 타 지자체에서 벤치마킹하러 찾아오기도 했습니다."

하지만 원주시 관광자원의 앵커로 만들기 위해 추진했던 '화훼특화관광단지 조성사업'이 무산된 것은 아쉬움으로 남는다고 했다. "화훼산업을 테마로 하는 대규모 관광단지에, 자원 재활용시설인 열병합발전소에서 생산되는 열에너지를 저렴하게 공급한다는 아이디어는 민간사업자들한테도 상당한 메리트가 있었어요. 2016년 관광단지 지구지정이 확정될 때만 해도 대기업의 시행 문의가 잦을 정도로 장밋빛이었습니다."

막대한 예산이 필요하여 '민자사업'으로 추진했기에 불확실성이 있었지

중앙근린공원 1구역

만, 정작 이 사업의 걸림돌이 된 것은 '환경문제'였다. 물론 이것은 표면적인 명분이었을 뿐, 근본적인 원인은 따로 있었다고 원 시장은 말했다. '열병합발전소를 건립하면 원주시민이 다 죽는다'는 정치적인 공세가 계속되었고, 특히 선거 때만 되면 말로 다 표현하기 힘들 정도로 거세졌다. "원주에는 이미 국책사업으로 한국중부발전이 운영하는 원주그린열병합발전소가 문제없이 운영되고 있습니다. 그럼에도 이런 악의적인 정치공세가 오래 지속되다 보니 사업추진에 좋지 않은 영향을 끼쳤던 게 아닌가 하는 안타까운 생각입니다."

상급기관 감사가 시·군·구 자치 제약

원 시장은 지방자치를 저해하는 주된 요인으로 '상급기관의 감사'를 지목했다. 중앙정부와 광역자치단체의 지나친 감사가 기초정부의 적극행정을 가로막는 걸림돌이 되고, 소극행정을 부추기고 있다는 것이다. "제가 초선 때 '복지부동'하는 공무원들을 호되게 야단치기도 했지만, 공무원들에게도 이유가 있어요. '상급기관의 감사 지적사항이다', '상급기관 담당공무원이 안 된다고 해서 도저히 할 수가 없다'는 것이었죠. 이 때문에 지방정부의 경직된 문화를 바꾸는 데에도 한계가 있었어요."

특히 광역자치단체 감사의 문제점이 컸다고 한다. 예산이나 권한을 위임받은 사무는 당연히 감사대상이지만, 시·군·구 자치사무에 대한 상급기관 감사는 합목적성이 아닌 합법성 감사만 가능한데 이런 범위를 벗어난 감사가 많은 것이다. 『지방자치법』 제190조도 이 점을 분명히 규정하고 있어요. 그런데 광역단체는 위법사항을 특정하지 않은 광범위한 종합감사를 시행하고 있고, 심지어 심야 시간에 시·군·구 청사를 불시방문하는 구태적인 복무감찰까지 하고 있습니다." 중앙정부든 광역정부든 시·군·구 자치사무의 자율성을 침해하는 감사를 해서는 안 된다고 원 시장은 거듭 강조했다.

상급단체 감사의 바람직한 방향과 관련해선 서울시-중앙정부 간 권한쟁의심판(2009년) 사례를 거론했다. "자치사무에 관한 한, 중앙과 지방의 관계는 상하 감독관계가 아니라 상호 보완적인 지도 및 지원 관계이고, 중앙정부의 자치사무 감사는 포괄적인 감사권이 아닌 한정적이고 제한된 감사권이라는 당시 헌법재판소 결정의 내용을 우리가 되새겨볼 필요가 있습니다." 원 시장은 헌법상의 지방자치권을 법률로써 좀 더 명확하게 규정할 필요가 있다고 덧붙였다.

자치분권 기반 위에서 균형발전 이루어야

'자치분권'과 '균형발전'의 관계에 대해 원 시장은 자치분권을 우선 고려하여 지역의 특색 있는 성장을 유도하는 것이 필요하다고 말했다. "우리는 중앙집권을 거쳐 지방분권 시대에 살고 있습니다. 자치분권을 존중하여 각 지역의 실정에 맞게 특색 있는 성장을 유도하는 것이 국가의 균형발전을 도모하는 일이라 생각합니다. 다만 그러한 성장과정에서 절대적이든 상대적이든 결과적으로 균형발전에 뒤처지는 자치단체는 발생하기 마련입니다. 지리적, 기후적, 역사적 여건 등이 모두 다르기 때문이지요. 이때 비로소 '국가균형발전'이라는 헌법 정신에 따라 중앙정부가 관여하는 것이 필요할 것입니다."

특히 균형발전을 위한 국가의 합리적 예산배분의 필요성을 강조했다. "우리나라 산업경제와 인구가 몇몇 대도시에 집중되어 있다 보니, 대부분의 자치단체는 해당 지역의 조세를 전액 지방세로 전환해도 예산 독립을 이룰 수는 없는 것이 현실입니다. 중앙정부가 헌법상 균형발전을 위한 합리적 예산배분을 위해 노력할 필요가 있는 것은 분명하기에, 적어도 '참전수당'처럼 누가 봐도 국가가 부담하는 것이 바람직한 내용은 국가가 온전히 책임져야 할 것입니다." 참전유공자들을 예우하는 '참전수당'은 현재 자치단체 예산으로 지급하고 있다.

'기초선거 정당공천제'에 대해 원 시장은 폐지해야 한다는 의견이다. "지방선거에 출마하려는 사람이 주민보다 공천권자를 먼저 찾아가 충성을 다짐하는 것은 정상적인 정치가 아닙니다. 정당공천제가 지방의 중앙정치 예속을 심화하고 결과적으로 지방자치를 저해한다는 데 대해 이미 사회적으로도 상당한 공감을 얻고 있으니, 마땅히 폐지해야 한다고 생각합니다."

한편, 최근 「지방자치법」 전부개정으로 도입된 '지방자치단체 기관구성 다양화'와 관련해서는 좀 더 신중한 접근이 필요하다는 의견을 밝혔다. "(기초선거) 정당공천제 문제가 아직 해결되지 않은 상황에서 직선제 자치단체장을 간선으로 선출하거나, 지방의원의 자질 문제가 끊이지 않는 상황에서 지방의회가 집행부의 주요 권한을 갖도록 하는 것은 부작용의 우려가 더 커 보입니다. 기관구성 다양화를 추진하려면 시민사회와 각계각층의 폭넓은 의견 수렴과 공감대 형성이 선행돼야 한다고 생각합니다."

돈만큼 대신 꿈만큼 일하자

3선 단체장을 할 수 있었던 원동력이 무엇인가라는 질문에, 원 시장은 '명분과 양심'이라고 대답했다. 특히, 자치단체장이 어떠한 정책을 결정하더라도 자기만의 고집으로 무조건 밀어붙여서는 안 된다고 덧붙였다. "참모들이 반대의견을 제시하면 권위나 억압을 통해서가 아니라 진정으로 그들을 설득할 수 있어야 합니다. 정책 결정에서 '세상에 비밀이 없다'는 생각으로 항상 명분을 가지고 결정하고, 가슴에 손을 얹어 양심에 따라 결정한다면 설령 정답이 아닐지라도 적어도 옳은 방향으로는 갈 수 있을 것입니다."

"자치단체장은 미래를 내다보며 도시를 체계적으로 가꾸고 발전시킬 막중한 책임이 있습니다. 시민이 행복하게 잘 사는 미래 도시를 꿈꾸며 일해야 하고, 공무원들과 함께 그 꿈을 위해 열심히 일하고 보람을 느낄 수 있어야 합니다. 돈만큼 일하는 것이 자본주의 사회에서 당연한 논리겠지만, 적어도 공무원이 된다면 그런 생각을 버려야 합니다. 돈에 욕심이 있다면 자치단체장은 아예 하지 말아야 할 것입니다." 평소 원주시 공무원들에게 '돈만큼 일하지 말고 꿈만큼 일하자!'고 말했다는 원 시장이 후임 자치단체장들에게 전하는 당부이다.

정상혁 보은군수

충북대 임학과
농촌진흥청, 환경부
천수산업(주) 부사장
보광산업 대표이사 사장
충북도립대·영동대 강사
제7대 충북도의원
전국균형발전지방정부협의회 공동대표

민선 5·6·7기 보은군수

일시 | 2022년 4월 8일(금) 10:00

장소 | 보은군청 집무실

"봄에 씨도 안 뿌리고 모심기도 안 하고, 가을에 남들이 낫 들고 나가니 자기도 낫 들고 따라 나간다. 대학교 총장하고 국무총리도 한 사람들이면 나라를 위해 봉사할 일이 많다. 꼭 대통령이 되어야만 나라를 위해 일할 수 있는 것은 아니다. 모두 대통령만 되려고 한다." 정상혁 보은군수는 1941년생으로 전국 226명 시장·군수·구청장을 통틀어 가장 고령이다. 그런데도 그는 인터뷰가 시작되자 카랑카랑한 목소리로 위로만 오르려고 하는 작금의 세태를 꾸짖었다.

정 군수는 1967년 농촌직 7급으로 충북 중원군* 농촌지도소 산척 지소에 발령이 나면서 공직의 첫발을 내디뎠다. 이때 정 군수는 낮에는 근무하고 밤에는 낡은 자전거에 칠판을 싣고 5리쯤 떨어져 있는 동량면 25개 마을을 찾아 돌며 아이들에게 글을 가르쳤다. "당시 내 봉급이 1만 3천 원인데, 6천 원으로 우체국 통신강의 책자를 사서 부잣집 마당에 멍석을 펴고 야학을 시작했어. 두세 명꼴에 한 권씩 책을 보면서 자정까지 수업했는데 날파리가 입으로 들어와. 지금도 그때 기억은 영원히 못 잊어요." 10리를 달려오느라 햇볕에 까맣게 그을리고 남루했지만 조는 법 하나 없이 빛나던 아이들이었다

---

* 1956년 7월 8일부터 1994년 12월 31일까지 충청북도에 존속했던 행정구역이다. 현재는 도농복합형태인 충주시로 통합되었다. 중원(中原)이란 지명은 신라의 삼국 통일 후 757년 (경덕왕 16년)에 충주 지역에 붙여진 중원경(中原京)이라는 지명에서 유래했다.

고 회상했다.

1968년에 정 군수는 중원군청 내무과로 발령이 났고, 이어 충북 농촌진흥원(1969), 농촌진흥청(1973), 환경부(1980) 등으로 옮겨 공직생활을 계속하면서 다양한 경험과 식견을 쌓을 수 있었다. 1985년 퇴직 후에는 민간 기업에서 기획실장, 상무이사, 부사장, 대표이사, 사장 등 임원을 거치면서 기업가적 정신과 소양도 갖추었다.

그 뒤 정 군수는 '재경보은군민회' 수석부회장을 4년 동안 맡았는데, 1999년 6월경 회원들로부터 보은군수 출마를 권유받은 것이 군수가 된 계기였다. "서울에 보은군민회가 있는데 한 번 모임을 하면 1천 명 정도가 참석해. 한날은 회원들이 와서는 '회장님 지금 고향에서 몇 사람이 군수를 하는데 고향을 다 망치고 있습니다. 정 회장님이 와야지 군이 발전할 것 같습니다. 보은군수에 출마하십시오'라고 권유를 하는 거야. 거절했지."

그리고 6개월쯤 뒤인 2000년, 용인시에서 모 건설회사가 아파트를 짓다가 부도가 나는 바람에 입주민들이 입주를 못하고 있었다. 정 군수는 아파트 비상대책위원장으로 뽑혀 1년 만에 모두 입주시켰다. "입주에 성공하고 나니 다 망한 줄 알았는데 어떻게 된 거냐며 다들 난리가 나고 화제가 됐어. 사람들이 '당신이 용인시장 나와라. 용인시장 4년 하고 국회의원 하면 된다'라고 하는 거야. 그런데 내 고향은 썩고 있는데 용인시장, 국회의원이 무슨 소용이냐. 고향으로 가자 해서 내려왔지요." 정 군수는 고향을 획기적으로 발전시키겠다는 각오로 2002년부터 2006년까지 충북도의원을 하고 2010년 7월 민선 5기부터 보은군수를 시작했다.

공동묘지에 다목적 스포츠파크 조성

민선 5기를 시작하면서 정 군수는 보은군의 향후 100년 먹거리 산업으로

'스포츠'를 도입하기로 하고 스포츠산업 육성에 매진했다. "취임 당시 보은군은 스포츠 불모지였지만 가능성을 봤어. 보은군은 국토의 중심에 있어서 서울과 부산 등지에서 2시간대에 도착 가능할 정도로 접근성이 뛰어나고 속리산국립공원 등 관광지가 있어서 숙박 시설이 충분하고 음식문화가 잘 발달해 있어. 특히 면적의 70%가 산림으로 이루어져 여름 기온이 다른 지역에 비해 3~4℃ 낮고 공기가 맑아 스포츠산업 육성에 충분한 경쟁력이 있다고 판단했지요."

보은군은 곧바로 전략사업으로 스포츠산업 육성 계획을 수립하고 여성 축구 리그전을 유치했다. 군청 앞 100년 된 21.2헥타르 규모의 공동묘지 내에 809기 묘소가 있었다. 이들 묘소 연고자 3천여 명에게 수차례 서신을 발송하고 일일이 만나 설득해 묘지를 이장한 후 그 자리에 '스포츠파크'를 조성했다. 295억 원의 사업비를 투입하여 국제 규격의 육상경기장 1면, 야구장 2면, 축구장 1면, 그라운드 골프장 1면, 실내 야구 연습장 1동, 씨름연습장 1동, 체육회관 1동, 헬스장 등 기타 부대시설을 두루 갖춘 스포츠파크를 완성한 것이다. 특히 공동묘지 이전을 통한 스포츠파크 조성은 스포츠 불모지 보

보은 스포츠파크

보은군에서 열린 국제유소년 야구대회 　　　　국제 무예 올림피아드

은군에 스포츠를 꽃피운 역사적 사건이었다.

　스포츠 인프라 구축을 위한 과감한 투자와 함께 스포츠 전담조직으로 군청에 스포츠산업과(스포츠운영팀, 체육팀, 전지훈련팀, 시설관리팀)를 신설해 전문성과 효율성을 높였다. 이를 통해 지난 10여 년간 국제대회 4개, 전국대회 45개 등을 유치·개최했다. 전지훈련은 연간 600개 팀을 유치해 35만여 명의 선수와 가족·코치진이 보은을 방문함으로써 지역경제에 약 350억 원의 도움을 주고 있다. 또 전지훈련 팀 유치로 활성화한 군내 식당들이 보은군 농민이 생산한 쌀과 채소 등 식자재를 사도록 권유함으로써 농가 소득에도 크게 이바지하고 있다.

　2020년에는 94억 원의 예산을 들여 배구, 농구, 핸드볼, 배드민턴 등의 경기가 가능한 '결초보은 다목적체육관'을 준공해 스포츠파크 기능을 강화하는 한편, 다목적 종합운동장을 조성하고 있다. 이 공사가 완공되면 보은군은 1일 최대 5천여 명의 선수가 동시에 경기하고, 연간 50만여 명의 선수단을 유치할 수 있는 전국 최상위권 규모의 종합 스포츠타운을 보유하게 된다.

중부권 최대 휴양관광지 '속리산테마파크'

정 군수가 두 번째 역점을 둔 사업은 보은군에 중부권 최대 휴양관광지 '속리산테마파크'를 조성하는 것이었다. "민선 5기 때 취임하고 보니까 속리산 관광산업은 수학여행 일번지라는 명성은 옛말이고 아무런 희망이 없었어. 1997년 속리산 관광 활성화를 위해 속리산 일대가 관광특구로 지정되어 있어서 뭐 좀 개발하려고 하니까 국립공원구역이다, 문화재 보호구역이다, 백두대간 보존구역이다, 개발할 부지가 없어요." 정 군수는 다시 속리산 관광산업의 활성화를 위한 방안을 모색하기 시작했다. 그리고 속리산 관광의 옛 명성을 되찾기 위해서는 무엇보다도 개발 가능한 부지를 확보하는 게 시급하다고 판단했다.

정 군수는 부지문제 해결을 위해 2011년부터 3년간 중앙 각 부처를 수시로 방문하여 끈질기게 설득했고, 마침내 2014년 말티재 좌우 국유림 95헥타르와 도유림 83헥타르를 여기저기 산재해 있던 군유림과 교환하는 데 성공했다. 그는 "이러한 대규모 국·공유림 교환은 지방자치제가 시작된 이래 전례가 없던 일로 속리산 관광 역사의 새로운 장을 열게 된 쾌거였다"라고 했다. 정 군수는 이어 2015년 말티재 인근 160억 원 상당의 사유림 253헥타르를 감정평가액 41억 3천만 원에 매입함으로써 개발 가능한 군유림 431헥타르(130만 평)를 확보했다. 이 부지에 '속리산 숲체험휴양마을', '말티재 꼬부랑길', 생태교육장, '말티재 전망대' 등 휴양시설과 집라인, 모노레일 등 체험시설을 꾸준히 설치해 지금의 '속리산테마파크'를 조성하게 되었다.

정 군수는 인터뷰를 서둘러 마치고 숲체험휴양마을과 말티재 꼬부랑길, 말티재 전망대 등을 손수 안내했다. '숲체험휴양마을'은 말 그대로 속리산 품에 자리 잡은, 아늑하면서 풍광이 좋은 곳이었다. 가장 위쪽에 한옥마을이 있고 아래로 식당, 그 아래 왼쪽에 통나무마을, 오른쪽에 황토 초가와 너와집,

속리산테마파크

물놀이장 등이 내려다보였다. 이곳은 속리산 소나무 숲속 대자연에서 휴식을 취하고 심신 수양을 하는 자연치유 공간이라고 한다. 그래서 여기 올 때는 그 어떤 취사도구도 가져오지 못하며 주류 판매도 하지 않는다. "숲체험휴양 마을이 자리한 이곳은 남한강 수계에 속하고 백두대간 천왕봉으로 가는 길목에 있는데, 좌우 능선이 날개처럼 마을을 감싸안고 좌측으로 돌아나가는 좌청룡과 우백호의 호랑이가 살았다는 최고의 명당입니다."

말티재 꼬부랑길(임도)로 이동했다. 총 길이 약 10㎞로, 걸어서 2시간 30분 정도 걸리는 길이다. 고지대이지만 경사가 완만하고 경관이 빼어나 부담 없이 걷거나 달릴 수 있는 트레킹 길이다. 좁고 굽은 오솔길을 여럿이 함께 걸을 수 있도록 넓히고 흙과 모래·자갈을 깔아 다져서 인공으로 만든 것이다. 말티재 꼬부랑길은 그래서 일반인뿐만 아니라 전지훈련 선수나 마라토너 등 체육인으로부터도 큰 인기를 얻고 있다. 꼬부랑길에서는 매년 알몸마라톤 대회, 단풍마라톤대회 등 다양한 체육행사가 열리고 있다고 한다.

말티재 정상의 '말티재 전망대'에 이르니 100년 된 살구나무로 만들었다는 어른 머리보다 더 큰 '목탁봉'이 일행을 맞이했다. 목탁을 세 번 치면서 소원을 빌면 소원이 이루어진다고 한다. 속리산 전경을 한눈에 내려볼 수 있는 전망대 3층 옥상에 올라가니 속리산 능선이 파노라마처럼 펼쳐졌다. 주위엔 속리산 산세를 체험할 수 있는 모노레일, 집라인과 번지점프 등이 보였다. "현재 공사 중인 50년대 속리산 시골마을 복원과 앞으로 착공할 다문화 체험 마을, 호텔과 휴양콘도 등이 완공되면 오랫동안 준비한 속리산테마파크는 우리나라 중부권 최대의 휴양관광지로서 면모를 갖추고 관광객 1천만 시대를 열어갈 것입니다."

국립호국원 건립은 주민 반대로 무산

하지만 정 군수도 일부 주민들의 반대로 이루지 못한 일들이 있었다고 아쉬워했다. 대표적인 게 '중부권 국립호국원 유치 무산'이었다. "중부권 국립호국원 건립은 국가보훈처가 800억여 원의 사업비를 들여 2016년까지 완공을 목표로 추진했던 국책사업으로, 2012년 보은군이 1차 선정되었어. 호국원은 국가유공자를 안치하는 국립묘지로서 유치하면 지역에 경제적 효과가 커서 보은군에 큰 호재였지. 그런데 호국원을 단순히 공동묘지로 취급하고 종중의 선대 묘지와 재산의 유지·보존을 주장하는 일부 주민들이 거세게 반대해 결국 무산되고 말았어요."

또 하나는 'LNG 화력발전소 유치 무산'이었다. 약 1조 원을 투자 유치해 설비용량 818MW 규모의 LNG 화력발전소를 보은산업단지 안에 건설한다는 계획으로 추진했지만, 지식경제부 평가에서 '주민 반대'가 감점의 원인이 되어 결국 무산되었다. "기존의 화석연료를 사용하는 발전소와는 달리 청정연료를 사용해 환경피해가 없고 안전성이 입증된 시설임에도 변화에 대한 거부감과 정확한 사실관계 파악 없는 맹목적인 반대 여론에 부딪혀 좌절되었어. 지역 발전을 외면하고 새로운 사업 도입을 무조건으로 반대하는 주민의 지역 이기주의와 성숙한 시민의식의 부재는 우리 사회가 조속히 해결해야 할 문제라고 생각해요."

광역시·도와 기초 시·군·구 간 관계 재정립 시급

자치행정을 수행하는 과정에선 '지방의회'와의 관계가 가장 어려웠다고 했다. "지방의회가 너무 힘들었어요. 의원은 최소한 두 가지 자질을 가져야 한다고 생각해. 하나는 지식이고, 하나는 애향심이지. 의원에게 봉급을 주기로 한 것도 잘못이라고 생각해요. 의원직은 어느 정도의 양식과 지식·애향심이 있는 사람이 명예직으로 고향에 봉사하는 자세로 임해야 한다고 생각합니다."

현재의 시장·군수·구청장과 정당의 관계, 3선 연임제한 등에 대해서도 부정적인 의견을 털어놓았다. "시장이나 군수·도지사가 되면 당적을 떠나야해. 국회의원도 3선 이상 하면 안 되고. 왜 시장·군수만 3선으로 제한해? 그러려면 국회의원도 3선으로 제한해야 마땅해요." 정 군수는 국회의원이 기초단체장과 지방의원 정당공천제를 계속 유지하려는 것은 정당들이 능력 있는 새로운 인재의 등용보다는 정권 유지를 위한 세 확장에만 몰두하고 자신들의 정치 생명만 연장하려는 풍토 때문이라고 했다. 자치단체장은 3선 제한을 하면서 국회의원은 제한을 두지 않는 것은 이런 폐단을 잘 보여주는 단적인 예라고 했다.

지방자치 부활 30년이 지나면서 가장 시급히 해결해야 할 과제로는 '광역시·도와 기초자치단체 간 관계'를 꼽았다. "중앙정부와 지방자치단체 간 관계도 문제지만, 광역시·도와 기초 시·군·구 간 관계가 더 심각한 문제야. 2010년 이후에는 시장·군수가 거의 대학을 졸업하고 기업의 임원까지 한 유능한 사람들이었어. 그런데 지금 시장·군수들을 보면 거의 시·도지사의 하수인이지 대등한 파트너라고는 보기 힘들어. 현장에 있는 시장·군수가 그 지역을 제일 많이 알지. 당연히 도지사는 시장·군수들의 의견을 들어 관내 시·군 중에서 어디가 자원이 부족한지 파악하고 발전 가능한 자산이 무엇인가를 평가해서 시·군을 균형발전을 시켜야 하는 책무가 있는 거야. 도청만 지키고 있는 도지사는 안 돼요."

시·군 공무원을 부시장·부군수로 임명해야

정 군수는 광역과 기초단체 간 불합리한 관계를 보여주는 대표적인 예가 '부시장과 부군수 임명'을 도에서 내정해 보내는 것이라고 지적했다. 「지방자치법」 제123조는 부시장·부군수의 임명권자를 시장·군수로 정하고 있으나, 현재 시장·군수의 부시장·부군수 임명은 허울뿐이라는 것이다. "법이 정한 대로 시행하지 않고, 시·도지사가 시·군·구로 전출시킨 공무원을 시장·군수·구청장이 그대로 임명하는 편법을 자행하고 있어. 시·군 공무원은 아무리 유능해도 부시장·부군수가 될 수 없는 게 현실이야. 시·도지사가 시·군·구를 산하 출장소로 여기고, 시·도에서 파견한 부시장·부군수를 통해 시·군의 중점사업 또는 현안사업 여부와는 관계없이 자신의 정치적 목적을 달성하기 위해 자의적으로 예산을 편성·지원하고 있는 셈이지."

정 군수는 이것은 명백한 「지방자치법」 위반이라고 말했다. "중앙정부는 뭐 하고 있는지 모르겠어. 지역의 실정을 가장 잘 아는 군의 직원이 부군수를 할 수가 없어. 중앙이나 도에서 와서 부시장이나 부군수를 1년 하고 가는데, 시나 군이 안정적으로 행정을 운영하고 지역을 발전시키기 위해서는 그 고장 사람이 부군수나 부시장을 할 수 있어야 해. 현재의 부시장·부군수 임명 관행을 개선하는 게 바로 자치분권의 시작이에요."

노인대학

　지방소멸의 원인과 대책 관련해선 유능한 시장·군수가 사심 없이 지역에 봉사하는 자세를 갖는 것이 우선 중요하다고 정 군수는 강조했다. "숙원사업을 해결하고 능력 있는 시장·군수가 봉사하는 모습을 통해 유권자에게 감동을 줘야 해요. 그리고 지방자치가 성공하려면 주민의식이 높아야 합니다. 학연이나 지연 등을 떠나 지역을 발전시킬 수 있는 참신하고 유능한 사람을 뽑아야 하는 거지요."

　보은군은 모든 읍·면 단위로 노인대학을 하나씩 만들어 교양, 건강, 노래, 시, 운동회 등을 통해 소통할 길이 없는 어르신들에게 소통의 기회를 만들어주고 있다. "동네 노인들이 일주일에 한 번씩 모여 운동하고, 노래하고, 재미있는 얘기도 듣고 마음껏 웃고 즐기고 떠들고 나면 스트레스가 풀려. 인근군에서도 시도하려다 못했어. 실패하면 어떡하냐는 거야. 그러나 실패를 두려워하면 아무것도 못해요."

　우리나라의 인구대책은 2005년부터 시행한 「저출산·고령사회기본법」을 기반으로 저출산 대책 위주의 국가 주도 사업으로 시행해왔으나, 인구문제의 심각성을 현장에서 체감하고 있는 지방자치단체로선 미흡한 점이 많았다고 정 군수는 지적했다. "농촌지역은 저출산도 문제지만 인구의 유출로 인한 인구 감소가 더 큰 문제야. 저출산 대책이라는 국가정책과는 다른 각도의 대응이 필요하지요. 지금의 지방 쇠퇴 원인은 저출산 지역인 비수도권에서 초(超)저출산 지역인 수도권과 대도시로 인구가 급격히 유출하는 데 기인한 측면이 더 커요. 지방의 인구문제는 일자리, 교육, 복지, 교통 등이 포함된 정주여건의 격차에서 기인하기 때문에 지역균형발전이 가장 중요합니다."

정 군수는 먹고살기에 편리한 곳으로 이동하는 사회심리를 변화시키는 노력이 필요하다고 힘주어 말했다. 시·군의 사업예산을 시·도로 올리고 시·도는 중앙부처에 보낸 뒤 기획재정부에서 정해준 한도에 맞춰 예산을 결정하는 중앙정부의 일방적인 통제예산 제도에서 벗어나야 한다는 것이다. 각 지방자치단체가 스스로 문제를 진단하고 문제 해결을 위한 사업을 추진할 수 있도록 자치분권을 강화하는 한편, 중앙정부와 지방자치단체는 지속해서 지역 특화를 추진하고 이를 위한 포괄적인 예산지원이 이뤄져야 '농촌지역 인구의 도시 이탈'을 막고 균형발전을 이룰 수 있다고 정 군수는 누누이 강조했다.

홍성열 증평군수

청주대 사회복지행정대학원
증평군의회 2대 의장
전국농어촌지역군수협의회장
대통령직속 농특위 농촌에너지 전환포럼 고문

민선 5·6·7기 증평군수

일시 | 2022년 6월 22일(수) 14:30

장소 | 증평군청 집무실

"9급 공무원부터 시작해 27년간 공직생활을 했고, 2003년부터 증평군의 회 의원을 두 번 하고 의장도 지냈어요. 공직에 있을 때 증평군의 장기종합 계발계획, 도시계획 등 중요한 업무를 총괄했고요. 물론 주변의 권유도 있었지만, 증평군 발전에 내가 적임자가 될 수도 있겠다, 나만큼 행정을 아는 사람도 없을 거라는 생각이 문득 들었습니다. 그래서 군수가 되어 증평군을 확 달라지게 발전시켜보자고 결심했습니다." 홍성열 증평군수는 이렇게 2010년 민선 3기(다른 자치단체는 민선 5기) 선거에 출마했고, 내리 3선으로 당선해 12년간 군정을 이끌었다.

작지만 경쟁력 있는 녹색도시, '증가포르'와 '그린 베스트(Green BEST)'

증평군은 2003년 괴산군에서 분리돼 지방자치 역사가 짧다. 다른 자치단체는 1995년부터 단체장을 직선으로 뽑았지만, 증평은 2003년부터 시작했다. 증평군은 울릉군을 제외하면 전국에서 면적이 가장 작은 군이며, 읍·면도 증평읍과 도안면 2개뿐이다. 홍 군수는 취임하면서부터 "증평이 작지만 작은 것이 더 아름답고 멋질 수 있다"고 생각하고, "증평만의 시책을 추진해 전국 최고의 군으로 만들겠다"고 다짐했다. 그리고 작지만 강하고 잘사는 '싱가포르'처럼 만들기 위해 '증가포르(증평군+싱가포르) 프로젝트'를 천명하고, 본격적으로 추진했다.

증평은 작지만, 작은 것이 더 아름답고 멋질 수 있다. 그린시티타워

　"싱가포르가 작은 도시국가임에도 청렴하고, 깨끗하며, 녹지가 많고, 관광도시이면서 잘사는 나라가 됐듯이, 증평도 작지만 청렴하고 깨끗하고 잘사는 곳으로 만들고자 했습니다. 하지만 여러 가지 여건이나 인프라가 매우 부족한 조건이었기 때문에 이를 극복하고 다른 지역을 따라잡기 위해서는 몇 배 더 노력해야 했습니다."

　홍 군수는 '녹색도시'를 지향하는 '그린 베스트(Green BEST)'라는 또 하나의 정책을 만들었다. 'BEST'는 최고의 뜻도 있지만, 자전거(Bike)·생태(Eco)·태양광(Sola)·여행(Tour)을 의미하며, 녹색도시가 나가야 할 방향을 제시하고 있다. "증평은 관광이 거의 없다시피 했습니다. 무에서 유를 창조해보자는 신념으로 관광·휴양도시를 만드는 데 집중했습니다. 지금은 좌구산 휴양랜드, 에듀팜 벨포레, 보강천 미루나무숲과 같은 명소가 생기고 관광객이 많이 찾아오는 곳이 되었습니다. 나무도 많이 심고 공원도 10배가량 늘렸습니

인재 육성정책의 하나로 시행하는 비전투어(2013년, 카이스트)

다. 산책하기 좋고 자전거 타기 좋고 운동하기 좋은 증평을 만들면서 여기까지 왔습니다."

홍 군수는 인재 육성정책에도 많은 힘을 기울였다. 학생들이 일정 학년만 되면 인근 대도시인 청주로 다 나갔다. 그래서 홍 군수는 지역의 인재 육성을 위해 장학사업에 과감한 투자를 했다. 지금은 서울대를 비롯해 수도권 대학에 매년 20여 명이 진학하는데, 작은 농촌도시 단위에선 큰 성과라고 자랑했다.

증평의 싱크탱크, '미래전략과(실)'를 만들다

"군수에 취임하고 보니 다른 지자체보다 늦게 시작한 탓인지 여러 측면에서 부족했고, 1읍1면이니 규모의 경제로 다른 자치단체와 경쟁하는 데는 한계가 있었습니다. 그래서 우선 국비 사업이나 공모사업을 유치해서 사회 인프라를 확충하는 일부터 시작하는 길밖에 없다고 생각했습니다. 그러려면

'싱크탱크' 조직이 있어야겠다 싶어 '미래전략과'를 만들었는데, 그게 실은 무척 어려운 일이었습니다." 증평군은 '1읍1면'이기 때문에 행정안전부의 「지방자치단체 행정기구와 정원기준 등에 관한 규정」에 의하면 12개 과밖에 설치하지 못한다. 홍 군수는 "인구는 다른 곳보다 많은데 이렇게 해서 되느냐"며 행정안전부에 여러 차례 "과를 1개 더 설치해줄 것"을 건의했지만, 되지 않았다. "하루는 맹형규 장관이 괴산군의 무슨 준공식에 오신다고 해서 보드를 만들어 점심 장소로 쳐들어갔습니다. 보좌관들이 못 들어가게 막았지만 헤치고 들어가서 '식사하는데 죄송합니다' 하고는 보드를 펼쳐놓고 설명을 했습니다. 다른 사람들 눈이 휘둥그레지더라고요. 그만큼 절박했습니다."

"제가 '우리는 너무 조직도 없고 인원도 없고 일을 제대로 할 수 없다'고 맹장관한테 간곡히 요청했습니다. 그랬더니 장관이 차관한테 '한번 잘 검토해보라'고 지시하더군요." 얼마 뒤 행안부 제도과장이 증평을 방문했고 '1과 13명'을 더 둘 수 있도록 승인이 났다. 그렇게 '미래전략과'가 탄생했다. 홍 군수는 가장 일을 잘할 것 같은 한 젊은 인재를 미래전략과장으로 승진 임명했다. "당신은 내가 있는 동안 딴 데 가지 말고 이 일만 해라, 당신이 원하는 사람은 다 줄 테니 마음껏 일해보라 했지요. 그는 지금까지도 이 업무만 하고 있고, 모든 자료를 다 가지고 있습니다." 그가 국장으로 승진하자 '과'를 '실'로 개편해 실장을 맡긴 것이다.

미래전략과(실)는 각 부서로 흩어져 있는 각종 중앙부처 공모사업을 하나로 묶어 관리하는 '컨트롤 타워' 역할을 했다. 미래전략과가 공모사업을 따서 각 부서에 뿌리면 각 부서가 자료를 만들고, 다시 자료를 취합·보완하여 최종 제안서를 만든다. 이 과정에서 노하우가 쌓여 공모사업을 많이 따냈다. 그랬더니 인근 시·군이 벤치마킹해서 괴산군이 '미래전략담당관'(미래전략팀, 전략사업팀, 평생학습팀, 서울 세종사무소)을 설치했고, 음성군과 진천군도 전락실을 만들었다고 한다.

"다른 자치단체의 시책을 수입만 하던 증평이 이제 다른 자치단체로 정책을 수출하게 된 것입니다. 우리가 각종 공모사업의 귀재 소리를 많이 듣습니다. 국가균형발전위원회 우수사례에서 7번 연속 수상을 했는데 전국 최다입니다. 지방자치경영대전에서 5번 수상했습니다. 매니페스토 공약실천 우수사례에서 9번 상을 받았는데 전국 최다입니다. 그래서 증평군의 공모사업 노하우를 벤치마킹하고 간 기관·단체가 총 306개, 4400명입니다."

'증평 제2산업단지' 조성

홍 군수는 증평의 경제기반을 마련하기 위해 '증평 제2산업단지' 조성과 기업유치를 역점으로 추진하는 한편, '녹색도시'를 지향하는 '그린 베스트' 정책을 추진했다. '증평 제2산업단지'는 2009년 도안면 노암리 일대 70만 2800㎡ 토지가 부지로 지정되자 1295억 원을 투입해 2017년 용지 조성을 완료했다. 현재 우진산전, 현대특수강, 롯데물류 등 30여 개 업체가 입주해 가동 중이다. "제2산업단지 준공으로 1600명의 고용 창출이 일어났어요. 군은 이들의 정주 여건 개선을 위해서도 많은 투자를 했습니다. 증평은 군인데도 제 임기 12년 동안 인구가 줄지 않고 3700명 늘었습니다. 2017년에는 출산율이 1.8명으로 크게 올라갔고요. 증평이 살기 좋다는 소문이 많이 난 덕분입니다. 인구 5만 시대를 곧 열 것으로 기대하고 있습니다."

증평을 녹색도시로 만들기 위한 '그린 베스트' 정책도 성과를 많이 냈다. "환경부에서 2년마다 5개 자치단체를 선정하는 '그린시티'에 2번 지정되었습니다. 탄소중립, 녹색 분야 등을 종합 평가하는데 심사도 까다롭습니다. 그리고 대한민국 6대 녹색도시에도 선정되었습니다. 커뮤니티 웰빙지수도 전국 4위, 청렴도는 전국 1위(2012년, 2016년)를 했는데, 저는 '증가포르'와 '그린 베스트'를 지향한 게 맞아떨어졌다고 봅니다."

생태·관광·휴양도시 증평

재선 때는 본격적으로 증평을 생태와 관광 휴양지로 만드는 데 집중했다. 대표적인 사업은 보강천 미루나무숲, 좌구산 휴양랜드, 에듀팜 벨포레 등이다. '보강천 미루나무숲'은 증평군의 젖줄인 보강천 수변의 30~40년 된 미루나무숲을 휴식공간으로 조성한 곳이다. "처음부터 보강천 미루나무숲이 저렇게 아름답지 않았습니다. 자작나무숲을 조성하고, 조명시설을 설치해 밤에도 산책하기 좋게 만들고, 바닥분수나 물놀이장, 휴식시설 등 명소화 사업을 통해 군민들의 휴식처가 되었지요. 청주 등 다른 지역에서도 많은 사람이 찾는 관광명소입니다." 보강천을 따라 조성된 미루나무숲과 자작나무숲, 벚나무길을 따라 산책을 하고, 하천길을 따라 문경~연풍~괴산~증평~오창~오송~세종으로 이어지는 자전거도로에선 매년 '전국산악자전거(MTB)대회'가 열리고 있다.

'좌구산(坐龜山)* 휴양랜드'는 좌구산 자연휴양림 안에 다양한 편의시설과 공원, 둘레길 등을 조성해 만들었다. "휴양림 안에 여러 가지 시설이 있어서 '좌구산 휴양랜드'로 이름을 지었습니다. 재선하면서 천문대, 집라인, 사계절 썰매장, 오토 캠핑장, 바람소리길(전국 10대 걷기 좋은 길), 별천지공원, 삼기저수지 등잔길(데크길), 명상구름다리(230m), 명상의 숲, 명상의 집 등을 만들었습니다." 좌구산 휴양랜드는 국비와 도비, 군비 등 1300억 원을 투입해 단계적으로 조성했다. 하루에 280명이 묵을 수 있는 펜션 등 숙박시설이 있

---

* 좌구산(坐龜山)은 증평군 율리에 있는 한남금북정맥의 최고봉(657m)으로 증평·청주·괴산 3시·군의 경계를 이루고 있다. 능선을 따라 다양한 수종이 아름다운 산림 경관을 이루고 있는데, 거북이처럼 생겼다 하여 좌구산이라 부른다.

좌구산 휴양랜드 명상구름다리

어서 1년에 40만~50만 명이 찾는다고 한다.

　'에듀팜 벨포레(belle foret)'는 충북 최초의 관광단지이자 중부권 최대 레저휴양지로, 도안면 연촌리에 있다. 증평군과 농어촌공사가 2005년 특구 추진 업무협약을 체결한 뒤, 2016년에 '증평에듀팜 특구'가 지정되고, 민간사업자 '블랙스톤'이 사업에 뛰어들면서 사업이 탄력을 받았다. 2017년 관광단지로 지정되고, 2019년 '벨포레'가 개장했다. "벨포레는 프랑스어로 '아름다운 숲'이란 뜻입니다. 에듀팜 특구는 민자유치로 운영하고 있는데, 우리 군에서 태스크포스(TF)를 구성해 지원하고 있습니다. 2010년 초선 때부터 시작해서 3선한 뒤인 2019년 문을 열었는데, 엄청 어려웠습니다. 예비타당성을 받는데 한국개발연구원(KDI)에서 비용편익(BC) 값이 안 나와 고생했습니다. 충청북도 최초로 관광단지 지정을 받고, 특구지역으로 지정됐습니다. 주말에는 많은 관광객이 찾으며, 면적은 303만 5203㎡(약 92만 평)입니다."

증평에듀팜 특구

이곳에는 호수를 비롯해 골프장 18홀, 숲속 루지, 수상레저, 양떼목장(양몰이 시범, 조랑말 체험), 공룡시네마 등 다양한 체험장과 시설이 있다. 작년에는 전국에서 70개 팀 800명이 모여 '드래곤 보트 대회'를 개최했다. 우주여행을 할 수 있는 영상미디어센터가 2022년 8월 문을 열 예정이고, 모터사이클 경기를 할 수 있는 '오프로드', 물놀이 시설, 연수원은 지금 짓고 있다.

건강친화도시 증평: 도시바람길숲 조성, 생태연못, 자전거 공원 등

3선 때는 더 세밀하게 주민밀착형 건강친화 정책을 추진했다. 대표적인 사업이 '도시바람길숲 조성사업'이다. 산림청에서 총 200억 원을 지원받은 사업으로 전국에서 6개 자치단체가 선정됐다고 한다. 충북에서는 증평이 올라갔는데, 군 단위로는 증평이 유일하다. "도시바람길숲 사업은 2019년 증평이 군 단위로는 유일하게 공모 선정돼 추진한 산림청의 대표적인 생활SOC

사업입니다. 외곽 산림지역의 차가운 공기가 도심까지 이어지도록 녹지공간을 확충해 바람순환 체계를 만드는 것입니다. 도심의 열섬현상과 미세먼지를 줄일 수 있습니다." 2021년에 100억 원을 들여 37.4㎢(7만 3221㎡)에 나무를 심어 생성숲 1곳, 연결숲 7곳, 디딤숲 3곳을 조성하고, 남은 터에는 녹지공간을 만들어 학생과 주민들의 호응을 얻었다.

두 번째는 '생태연못' 사업이다. 생태연못은 하천을 오염시키는 농약이나 축산 분뇨폐수 등 오염물질을 집수·정화 후 방류해 하천 수질을 개선하는 시설이다. 또 정화한 물을 다시 이용해 서식생물 증가를 지원하는 등 생태환경을 조성하는 역할도 한다. "농지나 축사가 많은 지역의 정주 여건을 개선하기 위해 축사를 9개 없앴고, 거기다 연못이나 습지를 조성했습니다. 생태연못이나 습지는 농지나 축사에서 유출되는 농약, 폐수 등 각종 오염물질을 정화해 하천의 수질 악화를 예방하고 가뭄도 예방할 수 있습니다."

세 번째는 '자전거공원'이다. 자전거공원은 우체국, 은행, 식당 등의 미니어처를 만들고 그 사이로 길을 내 자전거를 타고 사진도 찍는 곳이다. "규모는 크지 않습니다. 그런데 외국 청년들이 그렇게 많이 찾는다는 겁니다. 코로나19 전인 2019년에는 일본과 태국, 대만 등에서 청년들이 1450명이나 찾아왔다는 거예요. 외국 청년들이 왜 여길 찾는지 궁금하더라고요. 그래서 어느 날 현장에 나가보니 일본 청년 3명과 태국 청년 2명이 있어요. '도대체 여기를 왜 왔느냐'고 물으니, 여기가 자기들 나라에서는 굉장히 유명한 장소인데 사진 찍고 가면 영웅이 된다는 겁니다." 외국 청년들은 인천공항에서 내려 서울시 구의동 버스터미널까지 전철로 이동, 구의동에서 직행 고속버스를 타고 증평터미널까지 와서 택시로 자전거공원에 도착한다. 그리고 사진만 계속 찍고는 다시 돌아간다고 했다. "제가 너무 미안해서 차를 불러 '청년들을 싣고 좌구산도 구경시키고 민속체험도 해주라'고 했죠. 그런데 청년들

연암 지질생태공원

은 다른 데엔 관심이 없고, 오직 자전거공원에서 사진 찍는 데만 꽂혀있는 겁니다. (웃음) 그래서 제가 자전거공원의 도로 폭을 5~6m 더 확장했습니다.”

네 번째는 '연암 지질생태공원'이다. 선캄브리아시대 편마암에서부터 중생대의 화성암, 백악기의 퇴적암 등이 모두 분포해 있는 곳으로, 수변 데크길, 출렁다리, 쉼터 등 편의시설을 갖추었다. “900m 한 구간에서 선캄브리아, 중생대, 백악기 등 시대별 암석을 다 볼 수 있는 유일한 곳입니다. 지질학자들이 여기 와서 보고 공부하고 갑니다. 환경부 예산 39억 원을 지원받아 저수지 주변에 암석을 전시하고 지질을 볼 수 있도록 정비했습니다.”

'증평종합운동장'과 '제3산업단지'는 끝내 이루지 못해

홍성열 군수는 재임 중 종합운동장을 만들어 도민체전을 한번 개최하려고 했지만, 예산문제 등으로 이루지 못한 것이 매우 아쉽다고 했다. “증평은 종합운동장이 없어서 충북도 시·군 가운데 유일하게 도민체전을 한 번도 유치하지 못했습니다. 그래서 종합운동장을 만들어 도민체전을 임기 중에 꼭 한 번 유치하려고 했는데, 예산문제 등으로 착공이 늦어져 아직도 공정률 30% 수준에 머물러 있습니다."

'제3산업단지'를 하나 더 만들려고 했지만 주민 반대로 무산된 것도 아쉽다고 했다. "민간투자도 결정되고 연구용역을 하는 중이었는데, '군수가 업자 편이냐'면서 엄청나게 몰아붙여 공청회도 열지 못했습니다. 주민들이 하도 반대를 하니까 결국 환경청이 재검토하라더군요." 반대하는 논리는 '옛날 추억이 없어진다', '시내와 너무 가깝다' 등이었는데, 공해 없는 정보통신이나 첨단산업 업체를 유치하려 했다며 거듭 아쉬워했다.

주민을 이해시키고 설득하는 것이 가장 어려워

주민 반대 등 어려움이 있었으나 리더십으로 이를 돌파한 사례도 있다. 농림축산식품부가 100억 원을 지원하는 '친환경농업단지 조성사업'으로 11개 사업을 지원하는데, 가축분뇨를 퇴비로 만드는 '농촌자원화 시설사업'을 반드시 포함해야 한다. "농촌자원화 시설은 혐오시설이라며 아무 마을도 받으려 하지 않았어요. '냄새난다, 땅값 떨어진다.' 후보지마다 군청 앞에서 집회를 두 달씩 하고 군청을 점거하는 바람에 후보지를 서너 번 옮겼습니다." 1년 이상 시달리다가 100억 원을 반납하기는 어려워서 한 군데를 정해 밀어붙였다고 한다. "주민들이 두 달 동안 집회를 했는데 인센티브도 제안하며 설득했습니다. 최종적으로 사곡리에 사업을 했고, 처음에는 민원이 많았는데 지금은 계속 조치해서 많이 나아졌습니다."

지역이기주의 때문에 주민을 설득하는 데 어려움도 있었다. 증평에 쓰레기소각장을 설치하면서 몇 년까지 쓰겠다고 약속한 곳이 있는데, 그 기간이 다 되면 더는 쓰레기를 소각하지 못한다. "다시 하려면 주민을 설득해야 하는 데 주민들이 얼마나 반대하는지 무척 힘들었습니다. 인근 괴산군에 '광역 쓰레기소각장'이 있고 기존에 쓰던 소각장도 있지만, 이곳도 예비적으로 사용해야 하고, 타지 않는 쓰레기 매립도 해야 해서 군으로서는 꼭 필요했습니다. 그 마을에 80호쯤 주민들이 사는데, 호당 매월 50만 원씩 1년에 600만 원을 지원해주는 것으로 합의하고 20년간 소각장을 더 쓰기로 했습니다."

홍 군수는 후배 단체장들에게 서두르지 말라고 당부했다. "대체로 자치단체장이 되면 공약한 것을 빨리하고 성과를 내기 위해 서두릅니다. 그러나 급히 하면 탈이 나는 법입니다. 미리 발표부터 하지 말고, 깊이 고민하고 충분히 생각해서 최고 최적의 대안이라는 생각이 들 때 실행에 옮기라고 당부하고 싶습니다."

황명선 논산시장

국민대 대학원 행정학박사
대통령정책기획위원회 위원
건양대학교 사회복지학과 겸임교수
서울특별시의회 제6대 의원
대한민국시장·군수·구청장협의회 대표회장

민선 5·6·7기 논산시장

일시 | 2022년 5월 6일(금) 10:30

장소 | 천안시 고가교

"2002년부터 서울시의원을 했습니다. 참여정부 시절 충청권은 자민련(자유민주연합) 텃밭이었고, 집권당인 민주당이 충남도에 낼 후보가 없다며 요청해서 서울시의원직을 사임하고 선당후사의 마음으로 고향인 논산으로 왔지요. 중앙당 일도 해보았지만, 풀뿌리 현장에서 시민들의 더 나은 삶을 만들어나가는 것이 굉장히 중요하다고 생각했습니다."

황명선 논산시장은 2006년 논산에서 현장의 농민과 시민의 목소리를 들으면서 '정치가 근본적으로 사람을 위한 것인데, 대한민국 정치는 집권을 위해 싸움만 하는 여의도 정치에 갇혀 있구나' 생각했고, 권력을 위한 정치가 아니라 시민, 주권자를 위한 정치를 해보기로 작정했다.

"고향 논산에 와서 보니까 민주당으로는 도의원, 시의원 출마자들도 없었습니다. 충청권은 당시 자민련의 공천을 받으면 그냥 당선하는 분위기였습니다. 예상대로 처음엔 낙선했지만, 4년 동안 열심히 해서 2010년 민선 5기 때 시장으로 당선했습니다. 당시 충남도 16개 시·군에서 저와 나소열 서천군수, 복기왕 아산시장만 민주당이었습니다. 2006년에 당의 요청을 받고 선거에 나가서 떨어진 염태영(수원시장), 이재명(성남시장) 이런 분들이 모두 2010년 민선 5기에 당선했지요."

'시민의 생명과 안전, 더 나은 삶을 위해'

"민선 5기 시장에 취임하면서 '시장 위에 시민 있다'고 공표하고, 지방정부의 가장 큰 역할은 '시민의 생명과 안전을 지키고 시민의 더 나은 삶을 만들어가는 것'이라고 규정했습니다. 4년 동안 저한테 주어진 시간을 권력이라 생각하지 않고, 시민한테 위임받은 권한으로 여기면서 헌신하겠다고 다짐하며 일했습니다."

황 시장은 취임 직후 기존의 '자치행정국' '산업건설국' 등을 '친절행정국' '행복도시국' '동고동락국'(백세행복과, 마을자치분권과, 맑은물과) 등 시민의 더 나은 삶을 위해 실제 일하는 조직으로 만들고자 이름부터 싹 바꿨다. "조직이 추구하는 가치가 무엇입니까? 시민을 섬기고 시민을 받드는 것입니다. 국장과 부서장의 목표도 시민의 더 나은 삶을 위한 것이고, 이렇게 해서 민선 6기·7기까지 왔습니다."

황명선 시장은 재임 12년간 한 일에 대해 몇 점을 주겠느냐는 질문에 'A+'라고 답하며 웃었다. "시민들께서 평가해 주실 겁니다. 저는 선거 때 돈을 쓰지 않습니다. 대신 '여러분이 저를 시장으로 뽑아주면 시민들의 삶을 더 낫게 하는 데 헌신하는 것으로 보답하겠다'고 합니다. 저는 시장을 하면서 정책을 직접 다 제가 설계했습니다. 제 가치는 '시민의 생명과 안전, 더 나은 삶'입니다."

황 시장은 도농복합도시 논산에 사는 아이들과 청소년, 농민, 어르신까지 모든 시민은 대한민국 국민으로서 행복을 추구할 권리가 있는데, 기본적인 생활 여건에서 농촌과 도시 간 양극화가 심하다고 했다. 즉, 논산은 교육·문화·의료를 비롯해 건강한 삶과 평생학습 등의 여건들이 서울이나 인근 대도시보다 뒤떨어져 있다는 것이다. 그래서 농촌의 현실에서 대도시 시민과 비교해 양극화를 극복하는 것이 논산시장의 역할이라고 생각했고 여기에 집중했다고 한다. "저는 정책으로 다음 선거를 준비했습니다. 황명선을 선택하니 우리 아이의 삶이 나아지고, 나의 삶이 나아지고 어머님의 삶이 달라진다는 것을 느끼도록 했습니다. 이것이 3선을 할 수 있었던 원동력이었고, 현장에서 열심히 헌신적으로 노력했기 때문에 스스로 A+를 주고 싶습니다."

초선 시절 '세일즈 시정'으로 시작하다

황명선 시장이 시장에 취임하면서 처음으로 한 일은 '세일즈 시정'이었다. 그가 논산시의 전체 예산을 살펴보니 시민이 내는 세금 900억 원을 포함해 4200억 원 규모인데, 도서관과 공원·문화원 등 기본적인 공공 인프라는 하나도 없고 빚은 500억 원이나 있었다. 이래서는 안 되겠다 싶어 '세일즈 시정'을 시작했다. "중앙부처 돈을 끌어다가 기본적인 인프라부터 갖춰야겠다고 생각했습니다. 제가 취임 초엔 1년에 200번 정도씩 서울로 출장을 다녔을 겁니다. 국회의원 중 안 만난 사람이 없었고, 행정안전부 지방교부세과는 한 달에 두 번은 방문해 담당 과장이나 국장을 만났습니다."

민선 5~7기 12년 만에 논산시 예산은 4200억 원에서 1조 3천억 원으로 규모가 3배 정도 증가했다. 비결은 다음 회계연도 국가 예산을 분석하고 중앙부처와 국회의 예산주기에 맞춰 대응하는 것이었다. "국회 예산서를 분석해보니 대략 시범사업, 보조사업, 공모사업 등 3가지로 분류되고, 사업은 3천 건 정도 되더라고요. 그 가운데 도농복합도시에 맞는 사업을 300개 정도 추려냈습니다. 그 사업을 보완해서 1월에 팀장부터 모여 부서별로 사업보고회를 하고, 정리된 내용을 가지고 2월부터 4월까지 국회나 중앙부처를 대상으로 집중 세일즈를 하는 거죠."

보통교부세 배정액도 논산이 충남에서 1위였다. 지방교부세는 '지방교부세 매뉴얼'의 산정공식에 따라 계산해서 각 자치단체로 배분한다는 점에 착

세일즈 시정을 펼치다

안해, 산림면적, 상·하수도 인프라 등 모든 지표를 꼼꼼히 분석하고 보완했다. "논산훈련소의 훈련병 수까지 포함한 교부세 산정지표를 잘 관리하고 예산주기에 따라 전략적으로 대응해야 합니다. 시장이 예산주기를 잘 파악해 대응하는 것과 그냥 해보는 것은 큰 차이가 있습니다. '디테일한 세일즈 시정'을 한 것이죠."

재선 때는 논산 시민의 삶의 인프라를 만들다

초선 때 세일즈 시정에 집중했다면, 재선 때는 이를 바탕으로 부족한 시민 도서관, 공원, 문화원 등 논산 시민의 기본적 삶의 인프라를 만드는 데 집중했다. "농민들과 시민들이 저에게 묻더라고요. '시장님, 저도 세금 내는데 저녁이 있는 삶이 있어야 하지 않습니까?', '왜 대전이나 서울의 예술의 전당에 가야 공연을 볼 수 있습니까?'" 황 시장은 공연기획전문가를 개방형으로 뽑고 장년층 콘서트나 뿅뿅이, 번개맨 등 어린이 콘서트, 청소년 콘서트를 열었다. 청소년 콘서트는 교과과정에 넣어서 기말고사가 끝난 뒤 다음날 논산시 관내 학생들 8천 명이 다 모인 자리에서 연다. 지금까지 최정상의 방탄소년단(BTS), 트와이스, 레드벨벳, 치타 등이 공연했다.

황 시장은 또 수요자(시민) 중심으로 하는 게 중요하다고 했다. 조수미, 조지 윈스턴, 이문세, 이승철, 싸이 등이 1년에 50~60회 정도 공연을 했는데, 농민 콘서트를 하면 농민들의 수요를 조사해서 기획하고, 청소년 콘서트는 각 학교 회장의 의견을 받아 가수를 초청한다. 조례를 제정해 시민을 위한 1~2만 원 지정석을 만들었다. 대전이나 서울에 가지 않아도 저렴한 가격으로 수준 높은 문화예술을 누릴 수 있다는 것을 보여준 것이다.

"'논산시민공원'도 시민 중심으로 만들었습니다. 시민공원 조성계획이 전부터 있었는데 부지도 확보 안 된 상태였지요. 그래서 좀 더 자연친화적이면서 예산도 아끼는 방법을 고민하다가, 야산을 있는 그대로 보존하고 아래 논만 메워서 광장을 만들기로 했습니다." 황 시장은 야산에는 산책할 수 있는 오솔길을 만들고 소나무 등은 가지치기를 해서 잘 가꾸었다. 그리고 밤에는 야간조명을 하고 감시카메라도 달아 아름다움과 안전을 동시에 추구했다. 조명과 스피커까지 식물들이 스트레스를 받지 않도록 배려했다.

3선 시절엔 내 삶이 달라지는 디테일한 정책 추진

"3선 시장 때는 청소년 글로벌 해외연수, 동고동락공동체, 한글대학 등 구체적으로 내 삶이 달라지는 디테일한 정책을 추진했습니다. 그리고 탑정호수, 훈련소 외출제도, 강경마을 근대역사문화거리 조성, 충청 유교문화권(돈암서원) 등을 통해 논산을 찾아오고 싶은 도시로 만들고 전국에 알리기 위해 많이 노력했습니다."

'동고동락 공동체사업'은 논산시가 마을로 직접 찾아가 어르신들에게 다양한 서비스를 제공하는 사업이다. 의사나 간호사, 영양사, 운동사 등이 마을을 돌며 어르신들에게 건강카드를 만들어 서비스를 제공하고, 1년에 한

청소년 글로벌 해외연수(건양중학교 일본 연수)

번씩 진단해서 병원으로 안내한다. 황 시장은 마을로 찾아가서 시민들이 더 나은 삶을 살아갈 수 있도록 하는 것이 '지속가능한 논산'을 만드는 첩경이라 생각하고 민선 7기에는 이런 사업을 더욱 확대해갔다.

'탑정호수'는 둘레가 25km인 저수지로서 농어촌공사가 관리하고 있었다. 황 시장은 탑정호수를 사람들이 많이 찾는 관광명소로 만들어 보자고 마음 먹고 일을 시작했다. "인구를 늘리는 것은 정말 쉽지 않은 일입니다. 그래서 저는 우리 지역의 역사, 문화, 자연 등 지역자원을 특화해서 많은 사람이 우리 지역을 찾아와 먹고 쓰고 힐링하고 돌아가게 하는 관광전략이 필요하다고 생각했습니다." 황 시장은 탑정호수에 '슬로시티' 개념의 관광전략을 썼다고 한다. 음식점, 모텔 등의 개발은 최대한 제한해 호수의 수질을 깨끗하게 유지하고, 아름다운 주변 경관을 잘 보존해 누구나 와서 편안하게 즐길 수 있도록 '차별화'했다. 특히 동양 최대의 출렁다리를 만들어 밤이 되면 환상의 미디어 쇼를 펼친다.

탑정호수의 아름다운 경관과 출렁다리

 황 시장은 '논산훈련소'의 면회제도를 '외출'로 만들었다. 훈련소 외출제도
는 훈련병 13만 명을 비롯해 연간 130만 명의 훈련병 가족이 논산을 찾도록
만들어 엄청난 경제효과를 가져왔다고 한다. "우스갯소리로 '논산 쪽으로는
오줌도 안 눈다'는 말, 대한민국 성인 남자들은 다 알지요. 논산은 훈련소 때
문에 모든 국민이 알고 있지만 '논산은 훈련소'라는 것만 각인되어 있어서 이
를 어떻게 깰 수 있을까 많이 고민했습니다. 그래서 서바이벌 게임, 가상체험
등 재미있는 병영체험을 가족과 함께 즐길 수 있는 '밀리터리 체험관'을 만들
고, 세계적인 병영도시로서 새로운 이미지를 만들고자 했습니다."

 '강경마을'은 우리나라의 근대역사가 살아 있는 곳이다. 강경포구로 해산
물이 많이 들어와서 예전부터 이것으로 담근 젓갈이 유명하다. 조선시대에
는 3대 시장 중 하나로 번창한 상업지역이었고, 일제강점기 시절엔 수탈의
현장이었다. "강경 근대문화역사거리를 복원하고 문화와 예술을 체험할 수
있는 다양한 볼거리, 먹거리로 채워 관광객들이 찾아올 수 있게 했습니다."

 '충청 유교문화권 사업'은 민선 5기 때부터 시작했는데, 2019년 돈암서원

강경근대역사문화거리

이 세계문화유산으로 등재되었다.* "안동과 경주가 영남 유교권의 산실이라면, 충청권 기호유학의 산실은 논산 '돈암서원'입니다. 사계 김장생, 신독재 김집, 우암 송시열, 동춘당 송준길 등 많은 유학자가 돈암서원을 중심으로 기호유학을 형성했지요."

황 시장 역시 재임 기간에 이루지 못한 아쉬운 사업이 있다고 했다. "논산뿐만 아니라 국가 전체로도 '고속철도(KTX) 논산역'을 만들지 못한 것이 가장 아쉽습니다. 국가의 지도자들이 국가의 부름을 받고 오는 13만 명의 청년과 130만 명의 가족들을 외면한 것입니다. 이건 논산시가 아니라 국가가 나서서 해야 할 일입니다. 국가 지도자와 관료들의 인식이 문제입니다. 지역이 필요해서 역 하나 만들어 달라는 것이 아니라, 국가안보나 병영과 관련된 특수목적인데 경제성 분석을 한다는 것 자체가 관료주의적 사고입니다."

---

* 유네스코 세계문화유산으로 지정된 우리나라의 서원은 영주시 소수서원, 함양군 남계서원, 경주시 옥산서원, 장성군 필암서원, 대구 달성군 도동서원, 안동시 병산서원, 정읍시 무성서원, 논산시 돈암서원 등 9곳이다.

현장과 유리된 규제 완화의 폐해: 태양광 시설과 축사 허가

황명선 시장은 자치단체장으로서 제일 힘든 일은 민원인 처지에서는 맞는데 법과 제도가 따라가지 못하는 경우라고 했다. 가장 대표적인 예가 '축사'와 '태양광 시설'이다. 12년 동안 대략 태양광 민원은 700건, 축사 민원은 300건이나 되었다. 그는 "기본적으로 축산업계를 보호하고, 에너지도 전환해야 하는 국가적 담론과 정책 방향은 맞다"면서도 "그러나 정책을 설계할 때 구체적인 부분은 해당 시·군·구에 권한을 위임하면 좋은데, 이걸 중앙정부가 세밀하게 설계하지 못해서 산림과 마을 들녘이 초토화되고 지역갈등이 심화한다"고 탄식했다.

"마을주민들이 저한테 묻습니다. '갑자기 모르는 사람이 마을에 나타나 땅을 사고 앞산을 다 까서 태양광을 한다는데, 이거 맞습니까?' 분명히 맞지 않습니다. 그런데 공무원들은 답변합니다. '시장님, 법대로 해줘야 합니다. 나중에 행정소송까지 가면 그 비용을 시가 다 부담해야 합니다.' 한 직원은 못한다면서 다른 부서로 옮겨간 일도 있었습니다." 황 시장은 에너지 전환이라는 국가적 담론을 만들어 내고도 개발과 특혜의 함정에 빠져 갈등만 양산하는 현실이 너무 안타까운데, 이는 근본적으로 자치분권이 제대로 안 되어서 그렇다고 했다. "해당 시·군·구에 '여러분이 쓰는 에너지는 스스로 자립할 수 있도록 계획을 세우고 국가가 지원해 함께 합시다'라고 하면, 통·리장회의나 주민자치회, 새마을회 등을 통해 축사부터 사는 집 지붕까지 태양광 시설을 다 설치합니다. 그런데 외지사람이 갑자기 들어와서 투기나 투자, 결국 지목 변경의 목적으로 설치하니까 국토가 초토화하는 겁니다."

'축사' 허가도 마찬가지라고 했다. 축사의 악취로 주민들이 많은 고통을 받는데, 대형축사 허가서류를 변호사들과 함께 들이밀면 행정적으로 법적으로 막을 방법이 없다는 것이다. 2007년의 「농지법」 개정으로 축사도 농지에 포함되면서, '농지전용허가' 없이 논에다 축사를 짓는 것이 가능해졌기*때문이다. "저는 무조건 축사가 들어오면 허가를 안 해줍니다. 논 한가운데 축사가 들어오면 친환경 농업을 할 수 없으니까요. 그러나 소송이 들어오면 결국은 해줄 수밖에 없습니다. 행정심판을 하면 시가 무조건 집니다. 농민들한테는 친환경 농업을 해서 농민들 소득보장을 해주자고 해놓고 법을 개정해 축사를 만들어버립니다. 국가의 정책에 엇박자가 나니 현장에서는 심각한 갈등이 일어납니다."

황 시장은 "태양광 시설과 축사문제는 현장에 대한 구체적인 고민 없이 규제완화가 이루어질 경우 실제로 어떤 폐해가 발생하는지를 잘 보여주는 사례"라면서 "결국은 국가정책의 기본적인 가치가 무너지는데, 태양광 시설은 10년, 15년 수명이 다하면 모두 방치되어 과거의 석면 슬레이트처럼 국가적 부담으로 작용할 것"이라고 우려했다.

기초정부 중심의 자치분권·재정분권 절실

자치분권의 가장 큰 걸림돌은 '핵심적인 사무나 권한의 이양이 이뤄지지 않은 점'이라고 했다. "『지방일괄이양법』을 통해 400여 가지 사무가 지방으로 이양되었다고 하지만 형식적으로 이루어졌습니다. 정작 주민들의 더 나은 삶을 만들어가기 위한 핵심적인 사무나 권한은 이양하지 않았습니다. 지방정부가 스스로 결정할 수 있도록 사무와 권한을 적절히 이양했다면 논산시 농촌 들녘에다 축사를 허락했겠습니까? 산림을 훼손하면서 태양광 시설을 지을 수 있도록 허락했겠습니까? 스스로 우리 집 지붕에다 에너지 자립을

---

* 『농지법』 제2조 농지의 정의 '1호 나목'에서 '토지의 개량시설과 토지에 설치하는 농축산물 생산시설로서 대통령령으로 정하는 시설의 부지'도 토지에 포함하는데, 축사나 곤충사육사 등이 대통령령으로 정하는 시설의 부지에 해당한다.

위해 태양광 시설을 하자고 권유했을 텐데, 지방에는 권한이 없습니다. 지금 지방은 '행정 대행서비스 기능'밖에 못합니다."

황 시장은 자치분권의 또 하나 중요한 과제로 '재정분권'을 들었다. "지금까지 국회나 행정안전부, 기획재정부 등을 상대로 1단계, 2단계 재정분권을 추진했지만, 이게 거의 싸우다시피 해서 빼앗았다는 느낌입니다. 중앙정부 관료들이 절대로 재정 관련 권한을 지방으로 나눠주려고 하지 않기 때문입니다. 이제 그래서는 안 됩니다. 기초지방정부가 주민들의 더 나은 삶을 스스로 책임지고 만들어나갈 수 있도록 국가 지도자가 책임 있는 결단을 내려서 재정분권을 제대로 이뤄내야 합니다." 그는 이어 "서울이나 대도시는 과세자주권 중심의 재정분권을 말하지만, 나머지 지역의 도시들은 대부분 교부세가 없으면 기본적인 살림조차 꾸려나가기 버겁다"면서 과세 자주권 보장과 일반교부세율 증가가 적절히 조화되어야 한다고 말했다.

그는 또 이번 기회에 광역시·도의 역할을 다시 한번 규정할 필요가 있다고 했다. "정부가 '국가균형발전특별회계'를 폐지하고 사업과 관련 예산을 시·도로 다 넘겼습니다. 그런데 예전에는 100% 국비로 하던 사업인데, 시·도는 같은 사업을 주면서 예산을 '매칭'시키는 바람에 시·군·구는 이전보다 더 어려워졌습니다. 시·군·구 자율편성 예산이 아닌, 시·도 사업에 시·군·구 예산이 매칭되면서 '국고보조금'이 '시·도비보조금'으로 전락해 버렸습니다."

자치경찰제와 교육자치, 기초정부 중심으로 개편해야

황 시장은 지방자치의 발전을 위해서는 기초정부 중심의 자치경찰제와 교육자치가 실현되어야 한다고도 했다. "시·도자치경찰제는 폐지하고 '시·군·구 자치경찰제'로 개편해야 합니다. 지방선거와 똑같이 주민들이 경찰서장, 당적은 없는 서장 1명을 뽑기만 하면 됩니다. 그러면 아침저녁으로 지구

대나 파출소에서 나와서 아이들의 안전과 생명을 책임질 것입니다."

교육자치에 대해서도 개혁을 촉구했다. "학교돌봄서비스를 5시 이후에도 하자고 관내 학교에 제안하니, 학교 선생님들이 '우리는 돌봄선생이 아니다'면서 반대했습니다. '5시 이후에는 당신들 제자가 아니냐. 제가 책임질 테니 돌봄교실을 열자'고 해도 안 된다는 겁니다. 교육자치가 안 되어 있기 때문입니다. 경찰서장과 마찬가지로 교육장 1명만 민선으로 뽑으면 돌봄서비스를 고민할 필요가 없습니다. 간단한 제도인데 안 하려고 하니, 위원회를 만들고 광역으로 합니다. 광역으로 한다는 건 필요가 없다는 것이고 폐지하자는 것입니다. 이런 논리를 중앙관료들이 만듭니다. 핵심은 시민의 생명과 안전, 돌봄서비스의 영역까지 지방자치의 영역으로 가져오는 것입니다."

황 시장은 민선 7기 후반기 대한민국시장·군수·구청장협의회 대표회장직을 수행하면서 느낀 소회를 토대로 이렇게 당부했다. "지난 1년 반 동안 협의회 대표회장으로서 자치분권 개혁을 위해 헌신했는데요, 그 과정에서 중앙관료와 국회의원의 자치분권에 대한 인식이 근본적으로 부족하다는 것을 느꼈습니다. 중앙의 권한이나 재정이 지방으로 내려가는 걸 '빼앗긴다'고 인식하더라고요. 경찰서장과 교육장까지 주민들이 뽑을 수 있도록 이번 대선 기간에도 요구했는데, 새 정부가 그렇게 만들어나가면 좋겠다는 바람입니다. 그리고 228개 모든 시·군·구가 협의회가 주관하는 '좋은 정책대회' 등을 통해서로 학습하고 공유하며 발전해나가길 바랍니다. 앞으로도 협의회가 자치분권을 위해 더욱 헌신적으로 역할을 해주시고요."

김석환 홍성군수

홍성고등학교
홍성군 기획감사실장
충청남도 지방공무원교육원 교수
충청남도 의회사무처 의사담당관

민선 5·6·7기 홍성군수

일시 | 2022년 4월 15일(금) 14:30

장소 | 홍성군청 집무실

"자치단체장은 한 번은 계획하다가 끝나니까, 최소 두 번은 해야 계획했던 것을 어느 정도 이룰 수 있습니다. 오랫동안 홍성군의 최대 현안은 군청사 이전이었습니다. 그래서 제가 3선 군수로 취임하면서 군청사 이전은 투명한 행정절차와 군민의 뜻에 따라야 성공할 수 있다는 철저한 원칙을 세웠습니다."

홍성군 청사 이전에 대한 필요성에는 모두 공감했지만, 막상 청사가 이전한다고 하니 이해관계에 따른 주민 반발과 갈등으로 쉽게 추진하지 못하고 있었다. 그래서 김석환 군수는 이전 후보지를 공모했다. "군민들에게 후보지를 공모하니 11군데가 들어와 5곳으로 압축했습니다. 5곳 중 최종 어디로 갈 것인가는 전 군민 투표로 결정하기로 했습니다. 투명하고 공정한 절차를 위해 중앙선거관리위원회 주관으로 직접투표와 모바일투표를 하고 전문가 의견을 수렴하여 결정했습니다."

최종 후보지는 투표 점수와 전문가 평가점수를 합산해 최고점을 받은 '옥임택지개발지구'로 선정되었다. 김 군수는 최근 군의회가 후보지를 바꾸려고 하는 움직임에 대해 크게 걱정했다. "지금 후보지가 바뀌면 찬반으로 갈라져 홍성에선 아무 일도 못합니다. 설계도 공모해서 심의위원들이 만장일치로 채택했고, 중앙정부와 도청 심의도 다 끝나고, 실측 설계도 끝났습니다. 제 임기 중에 착공하려고 해서 '서둘지 말고 충분하게 준비해서 착공하라'고 했습니다."

신뢰와 청렴의 군정을 펼치다

김석환 홍성군수는 34년간 공직생활을 한 행정전문가다. 홍성군 문화공보실장과 기획감사실장, 충남도 농업기술원 총무과장, 충남도의회 사무처 의사담당관 등을 거쳐 2010년 민선 5기 홍성군수로 당선해 내리 3선을 연임했다. "제가 홍성군과 면, 충남도에 근무하면서 당시 자치단체장들이 하는 행태들을 보며 '왜 저렇게 할까' 하는 게 많았습니다. 내가 자치단체장을 하면 공직사회를 쇄신해서 모두가 가족처럼 함께 노력하는 분위기를 만들고 싶었습니다. 공무원과 자치단체장장이 차이가 있는 게 아니니까요. 직원들이 군수 앞에서 말도 제대로 못하고, 옛날에 군수 관사가 있었을 때는 간부들이 관사에서 살다시피 했습니다. 이런 행태는 없어져야 한다고 생각했죠. 군정을 위해 공무원과 군민과 함께 일을 하고 싶다는 생각을 했습니다."

김 군수는 신뢰와 청렴·정직을 강조했다. "군민과 행정은 신뢰입니다. 신뢰 없는 행정이 어디에 있겠습니까? 군수부터 청렴해야 합니다. 청렴과 정직을 모토로 해서 군민과 약속한 것은 틀림없이 지켜야 합니다." 한국매니페스토실천본부는 전국 기초단체장 공약실천 평가에서 홍성군을 7년 연속 우수기관으로 선정했다. 김 군수는 읍·면 순방도 연초 한두 달간 집중적으로 돌아다니며 형식적인 보고를 받는 대신, 1년 연중 두 군데 마을씩 직접 찾아가서 주민들과 무릎을 맞대고 이야기를 들었다고 했다. "주민들은 고속도로가 어디로 나고 KTX가 들어오는지 안 들어오는지에는 관심이 없습니다. 우리 마을길 잘 포장해주고, 가로등 달고, 경로당 따뜻하게 시원하게 하고, 수돗물 잘 나오는 것이 중요합니다."

서기관으로 공직생활을 명예퇴직하고 2006년 자치단체장 선거에 처음

김석환 군수의 순방 대화

도전했지만 실패하고, 4년을 쉬며 준비해 2010년 홍성군수로 당선했다. 군수로 첫 부임을 하면서 먼저 공직사회의 잘못된 행태와 부패를 없애는 데 노력했다. "공직사회를 완전히 쇄신했습니다. 공무원들도 열심히 일해서 승진해야 한다는 공직문화를 만들려고 했습니다. 떠도는 얘기지만 승진하려면 돈을 줘야 한다는 말도 있었습니다. 그 돈을 군수가 받으면 모두 뇌물입니다. 군수라는 사람이 도둑놈 소리를 들어서 되겠습니까? 제가 부임하면서 이런 것들을 싹 다 청소했습니다. 부인회도 다 없애버렸습니다. 모든 잘못된 과거 행태와 부패를 다 없앴습니다. 근무평정은 원칙을 지켜가며 근무성적과 성실·청렴으로 평가해야 합니다."

김 군수는 또 업무나 민원처리에서 체계와 절차를 중시했다. "행정체계가 있는데 군수를 안다고 실무자를 무시하고 나한테 바로 오는 사람이 많습니다. 읍·면에서 할 일이 있으면 읍·면장이 검토하고, 군수에게 보고해서 예산 범위 내에서 골고루 해주어야 합니다. 이장을 통하지 않고 나하고 잘 안다고 해주는 것은 안 됩니다. 동네 이장이 우리 동네에서 제일 급한 일이라고 해야 해주는 게 맞습니다. 저는 이런 규칙과 원칙·절차를 완전히 체계화했습니다."

충남도청 홍성 이전과 내포신도시

군수로 당선한 뒤 충남도청의 홍성군 이전을 본격 추진했다. 그 배경에는 홍성군이 유서 깊은 역사가 있는 곳이라는 점도 있었다. 홍성은 원래 고려시대부터 '홍주(목)'라고 불렸다. 조선시대에는 홍주 목사가 파견되어 지금의 경기도 평택에서 서천까지 서해안 22개 군·현을 관할했다. 옛날에는 지금의 충청남도·충청북도가 아니라 '충청도'였고, 홍주와 공주(충남), 충주와 청주(충북) 4주에서 관할했다. 홍주는 차령산맥 이북의 충청도 서북부의 중심지역이며 충청도 4대 고을 중 하나였다. 하지만 일제 치하에서 대전(大田)의 성장 등으로 그 세력이 축소되기 시작했다.

충남도청은 공주에 있다가 1932년 대전으로 이전했다. 대전이 1989년 직할시(광역시)로 승격되면서 도청을 옮기는 문제가 대두했다. "앞으로 충남도청은 대전시에 있으면 안 된다고 생각했죠. 홍성을 충남도청 소재지로 한번 만들어야겠다고 마음먹고 군수가 되기 전부터 준비하고 있었습니다. 그러다가 군수가 되면서 본격적으로 추진했습니다. 당시 충남지사가 공주 출신이어서 모든 인프라는 공주 중심으로 되어 있었습니다. 예산군과 함께 도청 이전을 위해 노력했습니다. 공주와 홍성은 역사성이 있으니까 일단은 옮겨야 한다고 했죠. 그런데 공주만 해도 대전권입니다. 능성이 하나만 넘으면 대전인데 옮기나마나입니다. 도청 소재지가 되려면 차령산맥을 넘어야 하고 결국은 홍성밖에 없었습니다. 첫 군수를 할 때 2010년에 충남도청은 홍성(내포신도시)으로 오게 되었습니다."

'충남내포혁신도시' 100만 명 서명운동

　군청사 이전, 충남도청 이전에 이어 김 군수가 역점을 둔 사업은 내포신도시를 혁신도시로 지정하는 것이었다. "혁신도시는 노무현 정부가 추진한 균형발전 사업입니다. 그런데 혁신도시를 할 때 충남하고 대전은 빠졌습니다. 왜 그렇게 했냐? 앞으로 세종시가 행정수도가 되면 충남과 대전은 발전한다는 이유였습니다. 그러나 세종시가 '세종특별자치시'로 충남도에서 분리되었지요. 또 속은 겁니다. 세종시에 연기군 땅과 인구 다 주고, 공주 일부 땅과 인구 주고 속은 거죠." 김 군수는 이래서는 안 되겠다 싶어 2019년 홍성에서 충남도·대전까지 '충남내포혁신도시' 지정을 촉구하는 '100만 명 서명운동'을 전개했다.

　이듬해인 2020년 「국가균형발전특별법」 개정을 통해 내포신도시가 혁신도시로 최종 지정되었고, 김 군수는 홍성군 발전을 크게 기대하고 있다. "혁신도시만 지정됐지 아직 시행은 안 되고 있습니다. 그러나 내포신도시 공공기관 이전을 지난 20대 대선 때 대통령 공약으로 약속했기 때문에 새 정부에서 시행할 것으로 보고 있습니다." 그리고 홍성군 차원에서 준비도 하고 있다고 했다. "우리가 이전을 희망하는 공공기관 20군데를 나름대로 추렸고, 대상기관에 몇 번 찾아가 살펴보았고, 기관에서도 홍성군을 보고 가고 했습니다. 우리는 내포신도시를 '탄소중립도시'로 만든다는 계획입니다. 공공기관은 정원의 30%를 지역 청년으로 의무적으로 채용할 수 있기 때문에 청년을 지역에 잡아두고 관련 민간기업의 지방 이전을 촉진하는 효과도 있습니다."

농정발전기획단과 '홍성통' 그리고 '젊은협업농장'

홍성군은 축산이 유명한 농업군으로 잘 알려져 있다. 그래서 김 군수는 홍성군의 강점인 농업발전과 지역개발과 관광산업을 활성화하여 다양한 정책을 추진해왔다. "홍성의 농업발전을 위해 제가 착안한 것이 농정기획 전문가를 공모로 채용하여 '농정발전기획단'을 설치하고, 각계의 민·관 전문가들이 참여하는 민관 거버넌스인 '홍성통'을 만드는 것이었습니다." 홍성군은 농정발전기획단과 홍성통을 중심으로 친환경 농업발전 전략을 수립하고 시행했다. 홍성군은 전국 최초로 '유기농업특구'로 지정되었으며, 학교급식지원센터를 군에서 직영하여 친환경 농산물을 군내 학교와 공공기관은 물론 서울 노원구에 학교급식 식재료로 공급하는 등 친환경 농업군으로 성장했다.

"장곡면에 '젊은협업농장'이 있습니다. 여기서는 농약과 화학비료를 사용하지 않고 퇴비와 유기농 자재를 사용하여 다양한 종류의 채소를 생산하고 있습니다. 그리고 각 지역에서 온 사람들이 1박 2일 숙식을 하며 교육도 받고 갑니다." 젊은협업농장은 안전한 먹거리를 생산하고 지역먹거리 선순환 체계를 만드는, 유기농에 기반한 사회적 가치를 실현하는 협동조합농장이다. 2011년 젊은이 3명이 모여 농사를 짓기 시작해 지금은 농업을 지원하

젊은협업농장(전경)

는 50여 명의 조합원들과 농업을 실천하는 조합원 7~8명이 협동농장을 운영하고 있다.

'홍성학'을 강의하다

김 군수는 2010년 취임 직후부터 군 차원에서 대학이나 지역의 청년들에게 '홍성학'을 가르치고 있다. "다른 지역에서 홍성으로 유학온 젊은이들이 대학에서 2년이나 4년 정도 지내고 나면 홍성에 대해서 뭘 알겠습니까?' 지금은 너희들이 홍성에 대해서 배우지만, 나중에 졸업해서 형이 되고 아버지가 되면 당신들이 홍성에 대해 설명해야 하지 않겠는가' 하고 얘기했죠. '도청도 오고 홍성에서 사는 것을 생각해야 한다'고. 제가 홍성에 근무하는 공중보건의한테 '여기서 열심히 일하면 여기서 성공한다'고 얘기했죠. 지금은 수강률도 높고 군에서 버스투어도 해줍니다." 현재 홍성에는 청운대학, 혜전대학,

폴리텍대학 등 3개의 4년제 대학이 있다. 2010년부터 홍성학을 가르친 이후 다른 지역에서도 '지역학' 강의가 많이 생겼다고 한다.

김 군수는 대학을 가지고 있는 지역은 그 대학을 꼭 지켜야 한다고도 했다. "인구가 줄어드니까 지방대학이 큰일났습니다. 대학이 없는 지역은 대학을 유치하려고 야단인데, 있는 대학을 문 닫게 해선 안 됩니다. 대학이 요청하기 전에 우리가 무엇을 어떻게 지원해야 대학이 없어지지 않고 살 수 있는가를 생각해야 합니다. 없어졌다고 생각해보세요. 있을 때는 모릅니다. 대학이 없어지지 않도록 우리의 아이디어와 재원을 지원해야 합니다."

지방행정 발목 잡는 공모사업

김 군수는 재임 동안 아쉬웠던 것도 이야기했다. 국가가 공모사업을 해놓고 관련 중앙부처나 도에서 예산을 주지 않는 경우다. 대부분의 중앙부처 공모사업은 지방(광역-기초)이 일정 비율로 예산 분담을 해서 사업을 진행한다. 많은 준비를 해서 공모사업에서 선정되었는데 예산 지원이 안 된 경우다. "내포신도시 주변에 축사가 있는데, 냄새난다고 아우성이어서 군이 예산을 투입해서 축사를 들어내고 그 자리에 청소년수련관을 만들면 좋겠다 싶어 중앙부처 공모사업으로 따냈습니다. 중앙이 80%, 지방이 20% 비율로 예산 분담을 해서 청소년회관을 짓기로 했지요." 그런데 이후 그 사업이 지방이양사업으로 바뀌면서 예산이 충남도로 넘어갔다. 다른 지역은 원래대로 광역단체 80%, 기초 20% 예산 부담으로 했는데, 충남도만 도 30%, 홍성군 70% 부담을 하는 것으로 결정했다. "갑자기 그 많은 예산을 홍성군이 어떻게 부담합니까? 우리가 할 힘이 없어서 도에 사정사정하다가 포기했습니다. 지금 도가 갑질하는 것이 한두 가지가 아닙니다."

또 하나는 내포신도시 역세권 개발이다. "내포신도시에 직선도로를 만들

홍주목(홍주아문)

고 역을 활용하기 좋게 하고 특색있는 랜드마크를 만들지 않으면 살아날 수가 없습니다. 디지털센터를 만들어야겠다고 해서 공모사업에 선정됐지만, 해당 중앙부처에서 예산을 안 주는 겁니다. 예결위원장을 찾아가서 설계비만이라도 해달라고 했으나 끝까지 안 해줘서 포기했습니다. 국가(국가균형발전위원회)에서 공모사업을 했는데 주무부처가 예산을 안 주는 겁니다."

세 번째는 홍주성을 제대로 복원하지 못한 것이다. 김 군수는 지역에서 문화재나 사적지를 복원하고 관리하는 것이 너무 힘들다고 했다. 문화재청이 '갑 중의 갑'이라는 것이다. "군청을 중심으로 홍주성 유적들이 있습니다. 임기 중에 홍주성을 복원한다는 것이 목표였습니다. 그런데 문화재를 복원한다는 것이 보통 힘든 것이 아닙니다. 예산도 안 주고 한번 정해놓으면 사적지 필지만 보수하게 되어 있어서 인접한 곳은 사적지로 추가 지정해줘야 보수가 가능합니다." 김 군수가 사적지를 몇 군데 추가로 요청했지만 안 됐다. "문화재청에서 '군에서 지정하려면 군 예산으로 발굴해서 가져오라'는 거예요. 홍주성 남문은 복원했고 북문을 복원하다 말았습니다. 북문을 복원하려고 1년 6개월 발굴작업을 하니 돈 생기는 건 문화재청이 다 가져가고 문은 복원을 안 해주는 겁니다. 서문지를 발굴해야 한다고 해서 서문지를 발굴했는데, 고증이 안 됐다고 복원을 안 해주는 거예요. 자기들 먹거리만 만드는 겁니다."

문화재 복원에서 고증이 안 된 것은 복원을 안 해준다고 한다. 김좌진 장군과 한용운 선생 생가터는 설계사를 데려와서 육성을 녹음하고 승인을 받아서 복원했는데, 성삼문 선생이 태어난 곳은 고증해줄 사람이 없어 못하고 있다고 했다. "고증이 안 되면 못합니다. 홍주성은 조감도가 있어도 안 해줍니다. 문화재청이 문화재를 발굴하고 보존하기 위해 있는 곳인지 어깨에 힘주려고 하는 데인지 모르겠습니다. 긍정적으로 하려고 하는 것이 없습니다."

혐오·기피시설, 주민과 함께 풀어나가야

김 군수는 '혐오·기피시설'을 둘러싼 주민 간 갈등이 가장 힘들었다고 회고했다. "환경오염처리시설을 하나 지으려면 너무 힘듭니다. 홍성은 축산이 많습니다. 옛날에는 축산폐수였지만 지금은 자원입니다. 액비는 액비대로 숙성해서 농토로 나가고, 슬러지는 증기로 쪄서 메탄가스를 만들고 발전기를 돌려 전기를 생산합니다. 찌꺼기는 비료로 사용합니다. 홍성군의 축산규모로 봐서는 이런 '공공가축분뇨처리시설'이 몇 개 있어야 합니다. 그래서 300억 원 규모의 공모사업을 따왔는데 주민들이 전부 나서서 반대했습니다. 그래서 유치하려는 곳을 공모하자, 인센티브도 준다고 해서 결성면 내남마을이 응모해 선정되었는데 결성면 전체가 반대하는 겁니다. 다른 마을은 왜 인센티브가 없느냐는 겁니다. 주변 지역으로 대형 화물차가 다닐 것이므로 면 전체가 감당해야 한다는 논리였습니다. 전부 이권과 관련이 있습니다."

공공가축분뇨처리시설은 내남마을이 아니라도 홍성군 어딘가에는 들어와야 하는 시설이라는 게 환경단체와 관계자들의 공통된 견해다. 홍성군에서 매일 나오는 3000톤 이상의 가축분뇨는 결국 홍성군 안에서 처리할 수밖에 없으므로 무작정 막을 수 없다는 것이다. "할 수 없이 이장대표, 주민자치위원회 대표 당신들이 나서서 조정역할을 해보라고 했습니다. 돈을 주는 것은 안 된다. 대신 주변 마을의 숙원사업 중심으로 연차적으로 해주겠다고 했죠. 공개적으로 해서 주민들끼리 토론을 하게 해야 합니다. 옛날처럼 행정에서 결정해서 밀어붙이는 식의 일방적 행정의 시대는 지났습니다. 모든 것은 주민과 함께 거버넌스 형태로 해야 가능합니다."

지방소멸 막기 위해 수도권 총량제 계속돼야

김 군수는 지방소멸을 막기 위한 견해도 밝혔다. "지방소멸을 막기 위해서는 실질적으로 국가가 나서야 합니다. 각종 출산율 수당은 소용없습니다. 국가정책으로 나서서 아이가 태어나면 양육부터 주거·교육까지 모두 책임지지 않고는 저출산이나 지방소멸을 해결하지 못합니다." 수도권 총량제도 계속 유지해야 한다고 했다. "표가 서울과 수도권에 몰려 있으니 정치인들이 총량제로 묶은 것을 툭 하면 풉니다. 경기도가 서울과 하나가 되었지요. 도시라는 건 서울이 있으면 천안, 대전, 대구, 광주, 부산 등 지역의 거점도시를 중심으로 발전해야 하는데, 서울과 인근 경기도에만 집중시킵니다. 국가정책적으로 통제가 안 됩니다. '충남행복주택'을 짓고 있는데, 신혼부부가 들어가 아기를 한 명 낳으면 반값, 둘을 낳으면 무료로 삽니다. 내포에도 짓고 있습니다. 청년들이 피부에 닿는 것을 해줘야 합니다. 집 한 채도 없는데 무슨 희망으로 살겠습니까?"

김 군수는 이제 우리도 '차고지 증명제'를 해야 한다고 강조했다. "시골이나 도시나 주차 때문에 큰 문제입니다. 정부는 전혀 대책이 없습니다. 건물을 지으면 주차공간은 건물에서 해결해야 합니다. 건물을 지으면서 '주차장이 없어도 150m 인근 복개주차장을 사용한다'고 하면 다 허가해주니 자기 주자창을 만들지 않습니다. 옛날 아파트 근방은 전부 주차장입니다. 도로를 넓혀도 전부 주차장입니다. 이제 우리나라도 '차고지 증명제'를 해야 합니다. 과거에는 자동차산업 육성을 위해 그랬지만, 앞으로는 국가가 제도적으로 차고지 증명제를 도입해야 합니다."

이환주 남원시장

한양대 토목공학과 학·석사
전북대 토목공학과 박사
제20회 기술고시
전라북도 환경과장·전략산업국장
새만금군산경제자유구역청 개발본부장
전주대학교 겸임교수

민선 5·6·7기 남원시장

"2011년 10월 취임 뒤 가장 중점을 두었던 부분은 재정력 확충이었습니다. 지역경제를 살리겠다는 시민과의 약속을 지키기 위해서는 열악한 재정력을 확충하는 일이 시급했습니다. 이를 위해 국가 예산 확보를 시정의 최우선 과제로 삼았지요. 그 결과 2012년 당시 4986억 원이었던 시 예산은 2021년 1조 114억 원으로 2배 이상 규모가 늘어나는 큰 성과를 이뤘습니다. 문재인 정부의 재정분권 강화로 중앙정부에서 내려보내는 일반재원 이전액 등이 증가한 덕도 있겠지만, 열악한 재정여건 극복과 국비 확보를 위한 우리 시만의 차별화된 전략개발과 능동적인 대응, 고향 출신 중앙부처 소속 공무원과 국회의원들의 유기적 협력에 따른 결과로 보는 게 더 정확할 것입니다."

2011년 보궐선거로 처음 당선한 이환주 남원시장은 고위 공무원 출신답게 지역경제를 살리는 일을 최우선 과제로 삼았다. 그리고 남원시의 자연·지리적, 문화·관광적 이점을 활용한 차별화된 전략(사업 및 브랜드개발)이 필요하다고 판단했다. "남원 하면 지리산과 춘향전을 떠올리는 분이 많을 것입니다. 그래서 지리산권에 자생하는 풍부한 자원 식물을 활용한 '친환경 화장품클러스터' 조성을 통해 새로운 성장동력의 기반을 마련하고자 노력하면서 농산물 공동브랜드인 '춘향애인'을 개발했습니다. 또 노암 제3농공단지와 일반산업단지 조성을 추진해 기업유치 투자 기반과 신산업 인프라를 구축하고자 힘썼습니다."

춘향애인

다시 찾고 싶은 관광도시 남원

이환주 시장은 2014년 재선에 성공하자 '다시 찾고 싶은 관광남원'을 모토로, 초기의 차별화된 전략사업을 더 힘있게 추진했다. 운봉읍에 백두대간 생태전시관을 조성하고, 휴양시설과 테마형 탐방로, 주변 경관 조경, 오토캠핑장 등을 연계하여 지리산권의 문화관광 거점 공간으로 만들었다. 광한루원 주변 5개 지구에 전통한옥 숙박단지 '남원예촌'과 예촌길 조성사업을 마무리하고, 화인당, 예루원, 조갑녀전수관 등을 조성하여 남원만의 전통문화를 활용한 문화관광 기반을 마련했다. 아울러 시민들의 삶의 질 개선을 위해 낡은 상수관 교체사업을 시작하고, 청소년수련관과 어린이청소년도서관을 건립했다.

3선 기간에는 그동안 계획했던 현안사업을 가시화하는 데 주력했다. "그동안 열악한 재정여건으로 우수한 문화관광 자원을 지역경제 활성화로 이

남원예촌 전통한옥 숙박단지

어가는 데 많은 한계가 있었습니다. 이런 문제를 해결하기 위해 오랫동안 민간투자사업 유치에 노력한 결과, 2019년 민간투자 협약을 체결했고, 2020년 광한루원-요천-남원관광지를 연결하는 모노레일, 집라인, 어드벤쳐 시설 공사를 시작했습니다. 또 대산면 옥율리 일원에 민간 차원의 관광단지를 조성해 호텔, 골프장, 워터파크 등이 들어설 예정입니다. 남원시가 최근 관광 트랜드에 맞게 '보고 즐기며 체험·휴양까지 다 할 수 있는' 명품 관광지로 거듭날 수 있을 것으로 기대합니다."

이환주 시장은 이외에도 남원사랑상품권을 발행하여 성공적으로 안착시켰고, 남원형 배달앱 '월매요'를 출시해 지역의 소상공인 보호와 지역경제 활성화를 위한 기반을 다졌다. 교룡대로, 신정대로 등 도시가로망 간선도로 확충, 도심 내 공영주차장 조성 등을 통해 편리한 도시환경 조성을 위한 노력도 아끼지 않았다.

지리산권의 천연자원과 친환경 화장품클러스터

이 시장은 자신의 리더십으로 여러 난관을 헤쳐온 대표적인 정책사업으로는 '친환경 화장품클러스터' 사업을 제일 먼저 꼽았다. "우리나라 제1호 국립공원인 지리산에서 자생하는 1400여 종에 달하는 풍부한 자원식물을 활용하면 '화장품 원료산업을 기반으로 하는 남원만의 차별화된 화장품산업을 만들 수 있겠다'는 확신이 들었습니다."

2011년부터 화장품클러스터 집적화단지를 조성하고 2014년부터 본격화한 남원시의 화장품사업은 제조·생산 및 지원 분야의 취약한 기반인프라 조성, 지리산 천연자원을 이용한 소재원료와 제품 등 산업기술 개발, 그리고 기업의 기술경쟁력 확보를 위한 기업지원 프로그램을 중심으로 진행되었다. 첫째, 산업기반 인프라 조성을 위해 정부의 '미래화장품 육성사업'과 연계해 국비 244억 원을 유치했고, 이 재원으로 노암산업단지 안에 화장품집적화단지 조성, 우수화장품 제조시설과 기업지원 및 연구개발을 위한 화장품지원

차별화된 화장품산업의 상징인 화장품클러스터 집적화단지

센터 설립, 청정 지리산권역 내 화장품원료 발굴과 제조 활성화를 위한 원료 생산시설 등을 잇따라 건립했고, 화장품 전문기업 입주공간인 남원코스메틱비즈센터가 2022년 6월 준공한다. 둘째, 산업기술 개발은 지리산권 자원식물을 이용한 화장품 소재원료를 55건 개발하여 30건을 사업화했고, 화장품 원료 등재, 논문·특허 등 지식재산권도 창출해 기업 기술지원으로 연결했다. 셋째, 기업지원은 기술지원에서부터 사업화, 물류, 창업, 교육지원까지 총 561건의 프로그램을 실행했다. 그 결과 2015년 5개로 출발한 화장품기업은 2021년 현재 28곳으로 늘어났고, 매출은 37억 원에서 300억 원, 고용은 44명에서 305명으로 성장했다.

"앞으로 남원시 화장품산업은 국내 수도권과 중부권 화장품산업에 대응한 남부권역의 중소·영세기업 중심 성장 플랫폼으로서 기업 성장을 위한 인프라 조성과 기술개발, 기업지원 프로그램을 다양하게 추진할 것이며, 이를 통해 남원 산업경제의 새로운 동력원으로 자리 잡을 수 있을 것입니다."

소통으로 맺은 결실, 시립김병종미술관

지역이기주의 등으로 정책추진에 어려움을 겪었으나, 소통과 협력으로 이를 극복한 사례도 있었다. '남원시립김병종미술관' 건립 사업인데, 남원 출신의 세계적인 김병종 화백의 작품 400점을 무상으로 기증받아 미술관 건립 사업을 추진했다. 문화예술 분야가 남원의 관광 활성화에 큰 몫을 차지할 거라는 비전이 있었기 때문이다. 하지만 개관 직전에 미술관 명칭에 작가의 이름을 넣는 것에 대해 지역 내 예술인들의 반대가 일어났다.

다행히 미술관 건립 사업을 시작하기 수년 전부터 시정소식지와 각종 언론을 통해 시민들에게 사업의 목적과 기대효과를 수시로 알려온 덕에, 반대하는 예술인들과 시민단체들을 대상으로 2017년 사업설명회를 다시 열어

남원시립김병종미술관

오해를 풀 수 있었다. "지역 예술인들이 소외되지 않는 미술관 운영을 약속했습니다. 현재 남원시립김병종미술관은 지역 예술의 특성을 살린 전시, 지역예술인초대전 등을 개최하면서 시민이 함께하는 복합문화공간이 되었습니다. 2022~23년 '한국관광 100선'에 선정되는 등 문화 사업의 대표적인 성공 사례로 손꼽힙니다. 시민들과의 소통, 이해, 협력이 정책 성공의 열쇠였던 것 같습니다."

공공의료대학 유치 지연은 못내 아쉬워

하지만 남원에 공공의료대학(원)을 유치하려던 계획이 의사단체의 반대로 계속 지연되고 있는 상황은 이환주 시장에게 큰 아쉬움으로 남는다. 이 시장은 옛 서남대가 폐교하자 지역민의 피해를 최소화하고자 공공의대(국립의학전문대학원) 설립을 유치하기로 하고, 시 차원에서 대학유치추진위원회를 발족해 여러 방안을 모색했다. 그 결과 2018년 4월 보건복지부는 '국립공공의료대학(원)'을 남원에 설립하기로 확정했고, 5월에는 관계부처가 합동으로 대학설립 예정지를 방문해 부지로 확정하고 매입을 추진했다.

그러나 '국립공공의료대학(원) 설립' 관련 법률안은 20대 국회에서 야당과 의사단체의 반대로 폐기되었다. 다시 21대 국회에서 '국립공공의료대학(원) 설립' 관련 법률안을 발의했으나, 야당과 의사단체의 저항으로 상임위에 계류된 상태로 표류하고 있다. 2020년 7월 보건복지부가 발표한 '의대 정원 확대 및 공공의대 설립 추진방안'은 코로나19 위기상황임에도 의사단체의 파업 등 극심한 반대에 부닥쳐 한 걸음도 나가지 못하고 있다. 2020년 9월의 국회와 의사단체 간 합의에 따라 코로나19 안정화 이후 원점에서 재논의하는 것으로 미뤄진 것이다.

"코로나19로 인해 더욱 절실해진 국립공공의료대학 설립이 의사단체의 반대와 정치적 이해관계로 인해 지연되고 있습니다. 현재 우리나라는 공공보건의료 담당 의사 수가 OECD 국가의 평균치보다 턱없이 부족하고, 필수 중증의료기관의 지역 간 격차도 심한 편입니다. 그리고 지역균형 발전을 위해서도 지역의 공공의료체계를 강화할 필요가 있고요, 앞으로 코로나19와 같은 의료재해에 대비하기 위해서도 공공의대가 큰 역할을 해야 합니다. 코로나19가 안정화하면 의사단체들과 정치권이 정치적 역량을 한데 모아 공공의대 설립에 나서야 할 것입니다."

자치분권과 균형발전의 세출 책임성

자치분권과 균형발전은 선후의 관계가 아닌, 지속가능한 지역의 발전을 위해 동시에 추구해야 할 가치라고 이환주 시장은 강조했다. "지역 간 불균형은 우리나라가 고도의 압축성장 과정을 거치면서 나타난 대표적인 문제라고 생각합니다. 균형발전을 고려하지 않고 자치분권만 추진하면 발전지역과 저(低)발전지역 간 격차는 더욱 확대될 것입니다. 반대로 중앙집권의 정도가 높은 국가일수록 수도권과 일부 대도시 집중 현상이 심하다는 것을 볼때, 자치분권 없는 균형발전은 지역별 특수한 상황을 도외시한 획일적 정책 추진이 될 가능성이 큽니다. 건강한 몸을 위해서는 신체 각 부위가 제 기능을 잘 발휘하고(지방분권) 근육이 고르게 발달(균형발전)해야 하듯이 건강한 지역발전이라는 몸체를 잘 굴리기 위해서는 지방분권과 균형발전의 양 바퀴가 유기적으로 잘 돌아가야 한다고 생각합니다."

이 시장은 이어 성공하는 지방자치를 위해서는 무엇보다 '재정분권'을 최우선으로 실현해야 한다고 했다. "완전한 지방자치는 권한(일과 기능)과 돈(재정)이 있어야 가능합니다. 일은 어느 정도 이양되었는데, 재정 이양은 아직도 많이 부족합니다. 2단계 재정분권에 따른 지방소비세 인상 등으로 세원 이양이 증대한 부분은 그나마 긍정적으로 판단합니다." 그는 또 세입분권이 확대하는 만큼 세출에 대한 자율성도 확대해야 한다고 했다. "완전한 재정분권은 세입과 세출의 책임을 지방정부에 이전하는 것입니다. 그동안 지방소비세의 규모 확대, 지방세 신세원 발굴 등 세입분권에 초점을 맞추었으나, 이제 지방정부 지출의 자율성을 높여 자치단체의 세출 책임성을 확보해야 합니다."

정당공천제 폐지는 이미 국민적 공감대 형성

이 시장은 이어 기초지방선거 정당공천제의 확실한 개선 또는 폐지가 시급하다고 강조했다. "기초선거에서 정당공천제 폐지는 오래전부터 논의해 왔으며 이미 국민적 공감이 형성되었습니다. 정당공천제의 긍정적 측면에도 불구하고 현실에서 드러나는 여러 가지 폐단들은 풀뿌리 민주주의의 성공적 안착에 가장 큰 걸림돌 중 하나라는 의견에 공감합니다. 지방정치와 중앙정치의 수직적 관계를 구조화시키는 정당공천제가 폐지되어야만 지방자치가 성공적으로 안착할 수 있습니다." 다만 그는 "지방자치의 책임성을 높이고 유권자에게 후보자 선택기준을 제공하여 유능한 정치인을 발굴·육성할 수 있는 방안을 함께 마련해야 한다"고 주문했다.

나아가 자치분권도 균형발전도 중앙정부가 먼저 권한을 내려놓고 지방정부와 협치를 도모할 때 비로소 가능해질 것이라고 했다. "중앙정부의 권한 이양 없이 중앙정부와 지방정부 간 협치는 힘을 받기 어려울 것입니다." 특히, 중앙정부의 보조금 지원과 관련해 이 시장은 "남원시의 2022년 재정자립도 8.8%라는 수치가 보여 주듯 지역발전 정책추진에서 가장 힘든 점은 빈약한 재정"이라며 "지방정부와 지역주민이 주도해 원하는 곳에 원하는 방식으로, 사업 계획과 방식을 결정하도록 자율성을 보장해야 지역 상황에 적합한 지역발전 정책이 추진될 수 있다"고 말했다.

인구정책은 곧 청년정책

이른바 지방소멸과 관련해선 남원시의 각종 통계자료를 인용해 '인구감소'가 그 핵심 원인이며, 다시 인구감소의 원인은 저출생·고령화로 인한 자연감소, 수도권이나 광주·전주 등 인근 대도시로 인구 유출, 열악한 교육환경, 양질의 일자리 부족 등 복합적이라고 이 시장은 진단했다. 이어 "인구감소 대책이 그동안 중앙정부의 저출산 극복과 복지정책 중심의 공모사업 형태로 진행돼 지역 자율의 지방소멸 대응 정책을 수립할 수 있는 기반이 부족했다"면서 "2021년 10월 행정안전부가 89개 인구감소지역을 지정하고, 광역과 기초자치단체 스스로 자체 실정에 부합한 대응계획을 자율적으로 수립해 2022년부터 5년간 사업을 추진하도록 정책을 제시한 점은 긍정적"이라고 평가했다.

행안부의 진일보한 정책지침에 따라 이 시장은 저출산 극복을 위한 공공

청년협의체와의 간담회

산후조리원 등 시·군 연계사업, 생활인구 증대 사업, 청년문화·창업공간 조성 등 청년 일자리 사업 중심의 대응책을 수립하고 있다. 특히 청년의 지속적인 감소가 가장 심각하므로 '인구정책은 청년정책'이라는 판단 아래 2020년 청년정책팀을 신설하고, 2021년 청년정책 수요 조사결과에 따라 취업·일자리와 주거환경에 초점을 맞춘 정책을 적극 추진하고 있다. 청년들의 정주환경 개선을 위해 청년 주거비를 지원하고 쉐어하우스를 조성했다. 또 청년들의 활동 공간인 청년마루와 청년정책에 대한 시민 의견 수렴 창구인 청년협의체를 구성하여 운영하고 있으며, 청년 취·창업 지원을 위한 청년메이커스 공간과 청년문화·창업공간을 조성하고 있다.

기관구성의 방식과 절차는 조례로 정해야

「지방자치법」 전부개정에 따라 제기된 자치단체 기관구성 다양화에 대해선 '지방자치의 자율성 원리'에 부합한다는 측면에서 바람직한 방향이지만,

기관구성 형태를 정하는 절차와 과정에 당사자인 지자체와 주민들의 참여가 반드시 필요하며, 구체적인 기관구성의 방식과 절차 등은 조례로 정하도록 법에 명시해야 한다고 강조했다. "법 개정사항이라 국회와 행안부 주도로 논의를 하겠지만, 이 과정에서 지자체와 주민 의견이 반영될 수 있는 공론화 과정이 반드시 있어야 합니다. 또 법령에서는 기관구성의 다양성에 대한 근거 기준만 제시하고, 기관구성의 방식 및 절차 등에 대해서는 운용의 당사자인 지자체에서 조례로 정할 수 있도록 해야 합니다."

자치경찰제와 교육자치를 기초자치단체로 확대해야 한다는 의견에 대해 '불가피'하다며 적극 찬성했다. "현재 시·도 단위로 시행 중인 자치경찰제는 조직, 인사, 예산 등에서 국가경찰과 완전히 분리하는 이원화 모델이 아니라, 기존의 경찰조직과 인력을 그대로 둔 채 경찰사무만 국가경찰사무와 자치경찰사무로 구분한 국가경찰 중심의 일원적 모델입니다. 이 모델은 지역사회에 유연하고 신속하게 대처하기 힘들다는 한계점이 있어서 다양한 지역 치안수요를 적극적으로 반영하고 지방행정과의 연계를 통한 주민체감형 자치경찰제 시행을 위해 기초 단위로 확대돼야 할 것입니다. 교육자치도 마찬가지로 지역별 여건을 고려하고 지역 교육의 고유성을 지닌 자치교육의 실현을 위해서는 기초 단위로의 확대가 불가피할 것으로 보입니다."

소통과 창의, 그리고 주민

이 시장은 후임 단체장들에게 '소통의 중요성'을 강조하고 싶다고 했다. 지자체에서 하는 모든 일은 주인인 시민들을 위해 하는 일인 만큼, 시민에게 적극적으로 알리고 설득하는 일은 시민을 섬기는 자치단체장의 기본의무라는 것이다. "지방자치 성공을 위해서도 소통은 중요합니다. 완전한 자치분권으로 나아가려면 재정분권, 자치조직권, 자치경찰제, 교육자치 확보 등 법적·제도적 개선이 절실하며, 특히 주민들의 자치역량 확보가 수반되어야 합니다. 성공한 지방자치는 법·제도의 개선뿐만 아니라 주민들의 의식·역량 함양이 뒷받침될 때 가능할 것입니다. 그러기 위해서도 주민과의 소통이 매우 중요합니다."

그는 조직 내 소통도 강조했다. 지방자치의 핵심이 지방의 자율성 확보에 있듯이 조직 내 자율성 보장도 매우 중요하다는 것이다. "자율성에서 창의성이 발현되고, 창의성이야말로 급변하는 시대에 부합하는 행정서비스 제공을 위해 필요한 역량이라고 생각합니다. 창의성 발양을 위해서는 소통과 토론을 통한 의사결정과 직원들이 자유롭게 의견을 개진할 수 있는 직장 분위기 조성이 중요하다고 생각합니다."

이 시장은 3선 임기를 마무리하는 심경을 이야기하면서 다시 '주민'을 강조했다. "3선 임기를 성공적으로 마무리할 수 있었던 것은 시정의 모든 중심을 주민에게 두었기 때문에 가능한 일이었다고 생각합니다. 시대가 변하고 주민들의 행정에 대한 요구 또한 다양하고 이해관계도 복잡합니다. 그럴수록 모든 문제해결의 기준은 주민들이었습니다. 모든 시정은 주민을 위한 일이라는 점을 항상 가슴에 새기고 시정에 임해온 결과라고 생각합니다."

황숙주 순창군수

연세대학교 대학원 행정학 석사
제22회 행정고시
감사원 국장
한국과학기술원(KIST) 감사
전북대학교 행정학과 초빙교수
전북도청 자문관

민선 5·6·7기 순창군수

일시 | 2022년 4월 12일(화) 17:00

장소 | 순창군청 집무실

"군수 선거에 나선 특별한 계기나 뜻은 솔직히 없었습니다. 마침 자리가 비자 주위에서 '순창군수에 적합한 사람은 황숙주 국장이다'라고 권유했고, 저도 어느 정도 관심이 있었으니까 나왔겠지요. 그래서 2011년 10월 26일 재검표까지 가서 96표 차이로 당선했습니다. 두 번째는 수월하게 되었고, 세 번째는 힘들게 2천여 표 차이로 당선해 '3선 군수'라는 영광을 안았습니다."

황숙주 순창군수는 1977년부터 2004년까지 27년간 감사원 주사보로 시작하여 행정고시 합격 후 과장·감찰관·국장까지, 감사 실무에서 기획까지 두루 섭렵한 '감사통'이다. 황 군수는 2004년 특별조사국장 당시 이라크 자이툰부대 추가 파병으로 발생한 '고 김선일 씨 사망사건'의 감사결과 채택보고서와 관련한 견해 차이로 자의반타의반 감사원을 나왔다. 그 뒤 2006년 한국과학기술연구원(KIST) 상임감사, 2008년 전라북도 감사자문관, 2009년 전북대 초빙교수를 지냈다. 2011년 당시 순창군수가 불미스러운 일로 당선무효에 해당하는 벌금형으로 받고 물러나자 보궐선거에 출마해 당선한 것이다.

"그동안 고향인 순창은 낙후지역으로 개발이 안 되었습니다. 그 당시 제가 돌아다니던 순창과 지금의 순창을 비교해보면 엄청나게 바뀌었습니다. 10년 동안 국비 등 예산을 확보하고 기반시설을 만든 것들을 다 따져보면 대략 1조 7천억 원 정도 될 겁니다. 많이 하긴 했죠." 그는 군수로 당선하면서 고향인 순창의 발전을 위해 다짐했던 것과 그간의 노력, 순창의 변화에 대해 이렇게 회고했다.

"순창이 낙후되어 있으니 인구가 많아졌으면 좋겠다. 그리고 관광자원이 많아서 사람들이 순창을 많이 찾고 돈을 많이 쓰고 가게 했으면 좋겠다고 생각했습니다. 인구는 5만 명, 예산확보는 5천억 원, 관광객 500만 명 등의 포부를 가지고 일을 시작했습니다. 대부분 목표를 달성했는데, 인구는 달성하지 못했습니다. 당시 3만 1천 명이었는데 지금은 2만 7천 명으로 줄었습니다."

순창의 숙원 과제, 밤재터널

황 군수가 첫 번째로 중점을 두었던 정책은 순창의 도로·터널 등 기간시설 확충과 읍·면 소재지 정비, 복지·문화시설 건립 등을 위한 국가예산 확보였다. 그중에서도 오래된 주민 숙원사업인 '밤재터널'을 뚫는 것과 '국지도 55호선'을 2차선에서 4차선 도로로 확장하는 것이 가장 시급했다.

"2011년 10월 취임하고 보니까 순창에 복흥면과 쌍치면이 있는데, 생활권과 문화권은 정읍이었습니다. 복흥면과 쌍치면에서 주민들이 순창읍으로 들어오려면 국도 21번을 타야 하는데, 그 중간에 큰 고개(밤재)가 있어서 순창읍으로 들어오질 못하는 겁니다. 쌍치면 주민은 예식장, 장례식장, 병원, 시장 등을 모두 정읍시로 갔습니다." 밤재는 해발 517m, 경사도 11.35%의 높고 가파른 고개로 평상시에도 매우 위험하고, 특히 겨울철에는 지역주민조차 차량 운행을 꺼리며 40여 분 걸려 전남 담양군으로 우회하는 실정이었다.

밤재터널의 기본설계는 2007년에 완료했고 종합 위험도는 70%에 달하는 것으로 평가됐다. 그러나 경제성이 떨어진다는 이유로 번번이 국회 예산 수립과정에서 밀려났고 주민들은 늘 사고위험과 불편을 감내해야 했다. "이래

국도 21호선 밤재구간   4차로로 확장된 국지도 55호선 순창-구림 구간

서는 안 되겠다 싶었습니다. 터널을 반드시 뚫어야겠다고 마음을 먹었죠. 밤재터널은 순창의 60년간 숙원사업이었지만, 역대 국회의원이나 군수 누구하나 해결하는 사람이 없었습니다." 황 군수는 다시 군민들·직원들과 함께 국회의원, 중앙부처 관계 공무원 등에게 계속해 사업의 필요성을 설득했고, 2019년 말 드디어 예비타당성조사 면제사업으로 극적으로 결정되어 신속한 사업 추진이 가능해졌다. 밤재터널은 구간 24㎞, 총사업비 1153억 원에 달하는 국지도 21호선 구간이다.

　다음은 순창~구림 간 '국지도 55호선 4차로 확장사업'이었다. "순창에 강천산 군립공원이 있습니다. 여기까지 가려면 2차선 길이라서 도로가 좁고 굴곡이 심해 늘 위험하고 항상 막혀 4차로 확장이 절실했습니다. 사실 이런 건 정부에서 해줘야 하는데 아무도 해주지 않아서 제가 국회, 국토교통부, 기획재정부 등을 뛰어다니면서 2021년에 총 900억 원의 국비예산을 확보했습니다. 정부예산으로 편성하지만 군수가 발로 뛰지 않으면 아무것도 되지 않습니다."

　국지도 55호선은 군립공원인 강천산 가는 길로 매년 150만 명 이상 관광객이 방문하는 도로인데도 왕복 2차선으로 좁고 선형이 불량해 관광객들이 큰 불편을 겪었다. 주민들도 영농기에 도로를 이용하지 못하면서 영농활동에 막대한 지장을 받고 있었다. 순창군은 2016년부터 지속적으로 도로 확장사업의 필요성을 중앙정부와 국회에 건의했으나 반영되지 않아 주민들 불만이 고조되고 있었다. 순창군과 군민들의 노력으로 2021년에 예비타당성조사를 통과하고, 실시설계 용역비 2억 원을 반영하면서 2022년도 사업추진의 기반을 마련할 수 있었다.

순창발효테마파크와 건강장수연구소

두 번째로 역점을 둔 정책사업은 투자선도지구 조성이었다. 황 군수는 가장 대표적인 사업으로 '순창발효테마파크'와 '순창건강장수연구소'를 들었다. "발효테마파크는 1500억 원이 들어가는 사업인데 2022년 완공됩니다. 아이들과 엄마·아빠가 순창에 함께 와서 놀고 즐길 만한 관광위락지구가 어디 없을까 고민하다가 국토교통부에서 주관하는 투자선도지구 사업에 공모하여 선정된 사업입니다. 순창군에서 부지를 매입하고 문화체육부, 농림부, 국토교통부 등에서 예산지원을 받아 완공됩니다." 발효테마파크는 '전통장류의 고장'인 순창군의 미래 먹거리인 발효산업 거점을 마련하기 위한 핵심사업이다. 순창읍 백산리 일대 13만㎡ 부지에 유용미생물은행, 유기농산업복합센터, 세대통합 놀이문화센터, 먹거리시설 등이 단계적으로 준공될 예정이며, 순창군의 미래 100년을 이끌어갈 핵심 거점지역으로 기능할 전망이다.

'순창건강장수연구소'는 고령자와 고령사회에 대한 종합적인 연구소로서 건강·장수과학특구로 지정된 인계면 쌍암리 일대 45만㎡ 부지에 4층 규모로 2013년 설립되었다. 서울대학교 노화고령사회연구소가 운영하며 노화·생명

발효테마파크 　　　　　　　　　쉴랜드 건강장수연구소

연구를 비롯해 식생활, 문화, 산업, 정책 등 노인과 관련한 종합적인 연구를 하고 있다. 건강에 관한 연구는 물론 강의, 국민연금과 연계한 교육, 세미나 등 다양한 프로그램을 운영하고 있다. 건강연구소와 함께 총 493㎡ 규모로 건강장수위락 단지 '순창쉴랜드'를 조성했다. 건강장수체험관, 명상관, 찜질방, 방갈로, 편백 치유숲 등 다양한 교육과 체험, 힐링시설을 갖추고 은퇴자 교육과 학교나 공공기관, 기업체 연수 등을 활발하게 운영한다.

'클린순창' 만들기

　세 번째는 '클린순창 만들기' 운동이다. 2012년부터 쓰레기 불법투기 근절, 일회용품 사용 안 하기 등 4개 사업 핵심과제와 10대 실천과제를 선정해 클린순창 만들기 캠페인을 벌이고 있다. "2012년부터 모임이나 행사 때 나무젓가락이나 스티로폼, 은박접시 등 후손들의 삶의 터전을 망칠 일회용품을 일절 쓰지 않습니다. 음식도 마을마다 직접 장만합니다. 상당한 성과를 거두고 소문이 나서 환경부장관, 농림부장관. 행안부장관 등이 행사를 방문하기도 했습니다."

클린순창 만들기

　이외에도 스포츠 불모지나 다름없던 순창군에 실·내외 다목적구장을 2008년 건립해 이형택, 임용규 등 테니스 국가대표의 전지훈련소로 각광받고 있다. 다목적구장은 실외·실내 테니스장, 축구장, 풋살장, 야구장, 실내 야구연습장 등을 갖추고 있어서 주니어 테니스대회, 유소년 야구대회, 전국남녀 배구대회 등을 유치했는데, 직·간접의 지역경제 기여 효과는 연간 약 50억 원에서 80억 원 규모라고 황 군수는 소개했다.

　황 군수는 재임 기간에 '종합문화예술회관'을 건립하지 못한 것을 가장 아쉬워했다. "시골 순창을 발전시키는 방안은 사람을 모이게 하는 것입니다. 사람이 모이려면 문화·예술·인문학 분야의 발전이 필요하다고 생각했고, 처음 당선하면서부터 여기에 많은 관심을 기울였습니다. 그래서 지금까지 순창에 극장 2곳, 문화마을, 도서관 등을 건립했습니다. 그러다 욕심이 더 나서 종합문화예술회관을 지으려고 노력했습니다."

　그런데 종합문화예술회관 건립과 관련해 군의회와 인식의 차이가 있었다. "군의회가 시골에 무슨 400억 원짜리 종합문화예술회관이 필요하냐며 예산을 깎고 시비하고 해서 땅도 다 매입하지 못했습니다. 그 외에는 전임자가 한 일도 훼손시키지 않았고, 의미 있는 순창의 자산을 만드는 데 최선을 다했다고 생각합니다."

농어촌지역에는 교부세를 더 늘려야

자치분권의 최대 걸림돌로 황 군수는 열악한 '지방재정'을 꼽았다. "지방재정이 제일 문제입니다. 순창군을 비롯해 소멸예상지역이 전국적으로 90여 개 정도 됩니다. 그런데 중앙에서 재원을 조금 줘놓고 정부에 예속시킵니다. 자율적으로 쓸 수 있는 재원이 많아야 하는데, 공모사업이라는 것으로 지방을 정부 의도대로 끌고 가려고 하는 게 문제입니다. 그리고 시·군·구 기초자치단체는 중앙정부에 접근하는 자체가 어렵습니다."

황 군수는 정부에서 인구가 몰려 있는 서울과 경기도 및 대도시에만 투자하지 말고, 전국적으로 인구분포가 거의 비슷할 정도로 일정 수준으로 골고루 발전할 때까지 지방에 과감하게 지속적으로 투자해야 지방소멸을 막을 수 있다고 했다. "현실적으로 도시든 농촌이든 지방이 골고루 발전해야 어디든 자리잡고 살겠다는 생각을 가집니다. 농사의 소득성이나 미래가치를 봤을 때 누가 시골에 살려고 하겠습니까? 균형발전을 자치분권이나 재정분권의 문제로만 따져서는 어렵습니다."

재정분권으로 나아가는 방법은 지역에 따라 다를 수 있지만, 세원이 없는 농어촌지역은 교부세를 늘려주는 게 더 적절하다고 했다. 예를 들어 법인세는 과세대상이 되는 본사가 서울이나 경기도·대도시에 있기 때문에 지방에는 거의 도움이 되지 않는다고 했다.

황 군수는 지방소멸을 막기 위해서는 근본적으로 국토의 균형발전과 함께 정치의 균형발전이 동시에 이루어져야 하고, 이를 위해 국회와 청와대의 지방 이전이 필요하다는 주장을 펼치기도 했다. 현실적으로는 지방의 특색과 각자가 처해 있는 사정이 천차만별이니 자치단체의 자율성을 강화하는 것이 지역발전을 이끌 수 있는 첩경이라고 하면서 중앙정부 등의 예비타당성조사의 문제점을 지적했다. "지방의 입장에서는 예비타당성 통과가 가장 어렵습니다. 500억 원 이상은 중앙정부의 예비타당성, 200억 원 이상은 도의 예비타당성조사를 받아야 합니다. 예비타당성의 교통량 기준을 충족하는 것은 서울과 경기밖에 없습니다. 중앙의 이런 천편일률적인 평가가 오히려 지역발전을 가로막고 있습니다."

교육자치와 관련해 지방자치에서 교육이 분리된 것은 잘못이라고 황 군수는 강조했다. "순창군만 하더라도 연간 관내 학교의 기숙사나 식당 건립, 학교 리모델링 등에 50억 원의 예산을 지원하고 있습니다. 그렇지만 순창군이 예산지원 이외의 지역 교육을 위해 할 수 있는 역할은 거의 없습니다. 교육환경이 열악한 시골에서는 사람들이 교육받으려 하지 않습니다. 인근 대도시나 수도권으로 청소년과 젊은이들이 떠납니다. 이것이 지역인구 유출의 가장 큰 원인입니다."

순창군은 2003년에 교육여건이 열악한 농촌지역의 미래 인재양성을 위해 관립기숙학원인 '옥천인재숙'을 설립·운영하고 있다. 옥천인재숙은 그동안 734명의 수료생을 배출했다. 2022년에는 수료생 가운데 63%가 수도권 대학교 또는 특수대학에 진학하는 등 그동안 계속 좋은 진학률을 기록하고 있어 지역인재 양성 요람으로 중요한 역할을 하고 있다. 특히 순창군에서는 인재숙에 가기 위해 초·중·고등학생 수가 줄지 않고 있으며, 순창지역으로 전입하는 인구도 늘고 있다고 한다.

도는 없애거나 기능 조정해야

"도(道)는 없애거나, 없앨 수 없다면 기능을 조정하는 것이 필요합니다. 도는 막대한 조직과 예산을 쓰면서 규제만 하고 아무것도 하는 것이 없습니다. 개인적으로 도의 기능을 조정하는 행정체제 개편에 찬성합니다." 황 군수는 현재 도의 역할과 기능에 대한 조정의 필요성을 강하게 제기했다. "문화체육부 용역에서 '익산미륵사지전시관'을 국립익산박물관으로 승격하는 게 타당성이 있는 것으로 나왔습니다. 그래서 유물전시관도 동관과 서관으로 대폭 확장해서 유물을 전시하도록 해야 합니다. 이런 부분도 도 차원에서 익산시장에게 관련 예산을 줘서 개발하게 해줘야 합니다. 그리고 '전주종합경기장' 재개발도 경기장이 전주시에 있는 만큼 전주시가 책임지고 개발하도록 해야 합니다. 지금까지도 개발하지 못하고 있습니다."

나아가 황 군수는 광역자치단체가 조정 기능을 하지 않으면 사실상 존재 이유가 없다고 말했다. "남원·순창·임실이 하나의 경제·생활공동체이고 구례·곡성·담양·순창이 하나의 장수공동체입니다. 이들은 같은 생활 및 경제권 단위로서 기초자치단체 간에는 협력하는 행정이 가능합니다. 광역자치단체는 지역 간 갈등이 있으면 적극적으로 갈등을 조정하고 해결해야 합니다. 완주군과 김제시의 헬기장 갈등, 완주·전주 통합 등의 문제도 도가 적극적으로 나서야 합니다." 이러한 문제를 해결하기 위해서도 '광역-기초자치단체 간 협의체'를 법제화할 필요가 있다는 의견에 대해선 사뭇 냉소적으로 답변했다. "전라북도의 경우 도지사와 시장·군수 정례회의에 지난 6년간 한 번도 도지사가 온 적이 없어요. 아무리 제도적으로 법제화해도 실질적인 관심과 애정이 없으면 별 실익이 없을 것입니다."

자치단체장 간선제 도입 등을 주민이 선택할 수 있도록 한다는 '기관구성 다양화' 논의에 대해서는 반대하며 지방의회의 역량을 키우는 게 우선해야 한다고 강조했다. "정책 및 행정의 책임성과 일관성 측면에서 맞지 않습니다. 특히 자치단체장은 책임정치를 구현해야 하는데 간선제로 뽑힌 자치단체장으로는 불가능합니다. 지방의원의 전문성이나 자질 등 역량을 더 키우는 것이 우선입니다. 오히려 지금 의원들의 수가 너무 많습니다. 인구 3만 명 미만의 자치단체는 의회 없이도 자치단체를 운영할 수 있게 하는 방법도 고려해볼 필요가 있습니다."

기초선거 정당공천 반드시 폐지해야

기초단체장의 정당공천제는 폐지해야 한다고 했다. "기초단체장에 대한 정당공천은 없애고 정당이 지방행정에 관여하지 못하게 해야 합니다. 오히려 같은 정당 국회의원들보다 다른 정당의 국회의원들이 사심 없이 도와줍니다. 그리고 국회의원은 연임 제한이 없으면서 자치단체장만 연임 제한(3선)을 합니다. 자치단체장만 연임 제한을 두는 것도 불합리합니다" 기초자치단체장은 정치보다 행정의 수장으로서 역할이 훨씬 크므로 주민의 삶을 직접 책임지고 지역발전을 선도하기 위해서는 정치보다는 행정 경험이 많고 유능한, 일 잘하는 사람을 뽑을 수 있도록 제도를 바꾸어야 한다는 것이다.

"대통령이나 국회의원은 당선하기 위해 지방권력, 즉 지방정부를 장악하고 싶어할 것입니다. 이런 정치 논리로 그동안 기초단체장 정당공천 폐지의 목소리를 애써 외면하고 있었습니다. 하지만 이제는 기초단체장이나 기초의원에 대한 공천폐지에 대해 진지한 논의를 진행해야 합니다. 지역발전의 열망이 특정 정치세력에 의해 좌지우지되고 지방정부가 특정 정당의 당리당략에 따라 움직이는 폐해는 이제 사라져야 합니다."

최형식 담양군수

전남대 대학원 정치학 박사
전라남도 의회 3선 의원
전국농어촌지역군수협의회 초대 회장, 고문
전남시장군수협의회장

민선 3·5·6·7기 담양군수

일시 | 2022년 4월 12일(화) 15:00

장소 | 담양군청 집무실

"담양군이 정치적으로 소외받는 지역이다 보니 '중앙정부 지원이 없어서 지역발전을 못 시킨다'라는 자조적 이야기가 많았습니다. 개인적으로는 이런 이야기가 싫었습니다. 광주와 전남이 가진 지리적 조건, 해양으로 둘러싸인 아름다운 다도해 등 이런 여건을 잘 살려내면 우리 스스로 '내재적 발전' 할 수 있지 않을까 하는 생각을 했지요."

최형식 담양군수는 1991년 지방의회가 부활한 때부터 11년간 전라남도 의회 4·5·6대 운영위원장을 역임했다. 그리고 1995년 자치단체장을 주민이 직접 뽑는 민선 지방자치가 시행되자 고향인 담양군의 군정을 맡아보자는 꿈을 세우고 지역발전에 대한 고민과 연구를 하기 시작했다.

"1995년 민선 자치가 실시되면서 전남과 광주가 분리되었습니다. 전남에서도 장성군·담양군·곡성군은 인구가 적다 보니 '전남의 하와이'라는 이야기가 있었습니다. 전남도의 정책도 목포시와 무안군 중심의 서부권과 순천시·광양시 중심의 동부권으로 무게중심이 쏠릴 수밖에 없었지요. 그래서 '내발적 발전'을 이룰 수 있는 담양군의 장점이 무엇인가를 고민했고, 결국 '지속가능한 슬로시티'라고 하는 목표를 가지고 담양군을 '생태도시'로 발전시켜야겠다는 포부를 갖게 되었습니다."

지속가능한 생태 슬로시티

2002년에 최 군수는 담양군이 가진 장점과 약점에 대한 고민, 지속가능한 생태도시로 담양을 발전시켜야겠다는 포부를 가지고 선거에 나섰다. "제가 뿌리는 민주당인데, 경선에서 실패하고 본선에서 무소속으로 당선했습니다. 그리고 지속가능한 생태도시 정책을 군정 전반의 정책이념과 철학으로 삼고 민선 7기까지 오게 되었습니다. 우리나라에 다선(多選)을 하신 자치단체장님이 많이 계시지만, 처음 군수로 당선된 민선 3기부터 5·6·7기 16년간을 하나의 정책을 포기하지 않고 일관되게 추진한 사례는 드물지 않나 생각합니다."

최 군수가 생태도시에 관심을 둔 계기는 담양군이 영산강의 발원지이고 역사와 문화가 있고 생태자원이 있는 지역이었기 때문으로, 전남대학교 행정대학원 석사학위 논문도 이 분야에 관한 주제로 썼다.* "2000년대만 하더라도 담양은 광주광역시 생활권임에도 불구하고 북부권의 먼 지역으로 인식되어 있었습니다. 그래서 역도시화 3단계 현상을 예측하고 생태도시 정책을 택한 것입니다. 모든 도시는 1단계로 도시 중심부에서 성장하다가 2단계에는 도시 주변부로 성장(광주 동구)하고, 3단계는 도시 주변부(광주 신도시)를 벗어나 환경이 좋은 지역으로 사람들이 이동한다는 이론입니다."

그는 3단계 현상이 일어나면 광주시민은 담양, 화순, 나주, 장성 중 어디로 갈 것인가를 생각했고, 결국은 환경이 좋은 지역으로 갈 것이라는 도시발전 과정 이론에 대한 믿음이 있었다고 한다. 그리고 이때 이미 인간과 자연이 공존하고 저녁에는 '쉼과 내 삶이 있는 공동체'가 되어야 한다는 개인적 철학도 있었다.

---

* 최형식, 「생태도시화를 위한 환경정책에 관한 연구: 전라남도 담양군을 중심으로」, 전남대학교 행정대학원, 석사학위논문, 1999.

쉼과 내 삶이 있는 공동체

최 군수는 당선하면서 본격적으로 생태도시를 군정의 기본방향으로 삼고 군정 전반에 생태도시 철학이 녹아들도록 했다. "생태도시는 환경 한 분야에만 해당하는 것이 아니고 군정 전 분야에 적용하는 것입니다. 생태도시는 주민의 협력이 필수적이지만, 공직자들도 개념을 정확하게 이해해야 합니다. 도시기본계획수립에는 물론 건축·토목·디자인에도 철학이 다 스며들어야 합니다. 생태도시를 하는 것이 비용이 적게 들고 재정 건전성을 확보할 수 있고 자연의 원형을 살려가는 사회경제적 시스템임을 이해해야 합니다."

그가 생태도시를 적용한 첫 번째 역점사업이 장묘문화 개선사업이었다. 군수로 처음 당선한 민선 3기 2002년만 해도 담양군은 꽤 보수적인 지역이었다. 당시 48세로 당선한 젊은 군수는 담양 지역사회에서는 비주류였다. "제가 당선 첫해 생태도시를 만든다고 하니 주민들은 새파란 젊은 군수가 생태인지 동태인지 뜬구름 잡고 있다고 하고, 공무원들도 용어 자체를 이해하지 못했습니다."

담양군은 그때에도 여전히 풍광 좋고 산세가 참 아름답고 주민들의 심성도 굉장히 소박했다고 한다. 그래서 광주 시민들은 담양에 조상묘나 가족묘

장묘문화 개선사업(오룡공원)

장묘문화 개선사업(갑향공원)

를 쓰는 것이 소원이었다. 당시 담양군은 군 단위로서 묘가 많은 지역에 속했고, 화장률은 11% 미만이었다. "대전면에 '갑향군립묘원'(납골당)을 설치한다고 하니 유교 전통이 강한 우리나라에서 당연히 엄청난 반대가 일어났죠. 지역사회에 파란이 일었습니다. 유림은 물론 주민들의 반대가 심각했습니다. 납골당에서 벌레가 나온다, 예산 낭비다 등 많은 비판이 있었습니다."

그러나 그는 당시 행정자치부 장관에게 직접 편지를 써서 특별교부세 14억 5천만 원 지원을 받아내고, 공청회와 설명회 16회, 군민교육 및 군정보고 51회, 군민 시설견학 85회 등 주민 설득을 위해 끊임없이 노력했다. 마침내 장묘문화에 대한 주민들의 인식이 조금씩 바뀌기 시작했고, 2005년에 군립묘원을 설치할 수 있었다.

죽녹원 조성

두 번째는 '죽녹원(竹綠苑)' 조성사업이었다. 죽녹원은 담양군이 약 16만 ㎡의 울창한 대나무 숲을 성인산 일대에 조성해 2003년 5월 개원한 대숲정원이다. "담양 하면 대나무가 가장 먼저 떠오를 정도로 '담양=대나무'라는 인

죽녹원

메타세쿼이아길(여름)

식이 널리 퍼져 있습니다. 그래서 당시 죽세공예가 담양 지역경제의 큰 자원이었는데, 공산품이 나오면서 30년 동안 죽세공예가 완전히 사양산업으로 전락해버렸습니다. 담양은 그때만 하더라도 관광이라는 개념이 없었습니다. 담양 하면 대나무인데 이 대나무로 담양의 랜드마크를 만들어보자고 생각했습니다."

그러나 죽녹원 조성을 비롯한 묘지개선 사업, 하천습지 지정, 친환경 농업 정책, 유기농 농사 등 생태도시 정책은 최 군수를 선거에 떨어뜨리기도 하고 당선시키기도 했다. "죽녹원 조성을 위해 대나무밭을 사들이고 하천변과 도로변에 대나무를 심으니 주민들이 '대나무에 미친 놈'이라고 하더군요. 2002년에 슬래브집을 못 짓게 했더니 비용도 더 들고 색깔도 마음대로 못 쓰고 난리가 났습니다. 그러다 보니 민선 4기 선거에는 떨어졌습니다."

특히 죽녹원은 최 군수에게 시련과 영광을 동시에 안겨준 가장 큰 사건이었다. "죽녹원 입장료를 받으려는데 6개월 동안 의회에서 조례가 통과되지 않는 겁니다. 심판을 받아도 내가 받는다고 의회를 설득해 6개월 만에 통과되었는데, 저는 낙선했습니다. 그런데 제가 낙선한 이후 2007년부터 연속 5년간 죽녹원에 관광객이 연간 100만 명 이상 쏟아져 들어오는 거예요. 그 덕에 민선 5기에 담양군수로 재선했습니다. '메타세쿼이아 랜드'도 입장료를 받아 욕을 엄청나게 먹었습니다. 자치단체장이라면 봉이 김선달 정신이 있어야 한다고 봅니다. 저는 봉이 김선달을 존경합니다."

담양 담빛문화지구 도시개발

세 번째는 '담양 담빛문화지구 도시개발사업'이다. 이 사업은 특히 어떤 정책을 추진하려면 무엇보다도 주민과의 대화와 설득을 통한 진정성을 보여줘야 한다는 걸 깨닫게 하는 사례라고 했다. 담빛문화지구는 담양읍과 수북면 일원에 127만㎡ 규모로 단독주택 772세대와 공동주택 680세대 등 총 1452세대와 상업시설·근린생활시설이 어우러진 자족형 주거단지다. 담양군과 민간 건설회사가 공동으로 추진한 사업으로, 2017년 11월 공사를 시작해 2020년 9월 완료했다.

그러나 사업 초기만 하더라도 과연 군 단위에서, 그것도 민간 자본을 유치해 추진할 수 있을지 우려하는 목소리가 컸다. 추진과정에서 한 민간 회사가 경제성을 이유로 사업을 포기한 적도 있었다. 설령 민간 자본을 유치한다 해도 이 사업이 원활히 추진되려면 무엇보다도 지역주민의 희생이 필요했다. 조상 대대로 일궈온 토지를 사업자에게 매각해야 하는데, 자신의 일터이자 삶의 터전인 토지를 내놓는 결정을 하는 게 쉽지 않았다.

하지만 최 군수는 확신이 있었다고 한다. "담양군은 친환경 생태, 문화관광 도시이며 교통도 편리하여 매년 수많은 관광객이 방문하고 있었습니다. 그래서 분명 많은 분이 살고 싶은 곳으로 주거단지를 조성하면 인구 유입, 지

담빛문화지구

역경제 활성화를 도모할 수 있을 거라 확신했습니다. 설명회를 수차례 거치며 원주민의 의견을 수렴하는 등 담양군 발전을 위해 민과 관이 뜻을 모은 결과, 사업을 성공적으로 완료할 수 있었습니다. 담빛문화지구를 성공적으로 완료할 수 있도록 협조해주신 주민 여러분께 감사드립니다."

16년 군정을 마치면서 아쉬운 대목으로는 두 가지를 이야기했다. 먼저 10여 년 넘게 많은 사업과 일들을 진행해왔는데, 그 사업들이 작품이 되기 위해서는 건축의 디자인 개념과 디테일한 면들을 챙겨야 하는데, 다 마무리하지 못하고 손을 놓을 수밖에 없는 시간의 한계점이 다가와 아쉽다고 했다. "직원들하고 타일 가게에 같이 가서 화장실 타일을 직접 고르는 자치단체장은 저밖에 없을 겁니다. 난개발을 막고 간판 등 도시 디자인과 관련한 여러 제도와 조례를 만들려고 했지만, 임기가 임박한 시점에서 마무리하지 못한 것이 매우 아쉽습니다."

그래서 그는 임기가 끝나고도 자연인으로서 6개월 정도 마무리하지 못한 현장을 자문할 수 있는 봉사의 기회가 있으면 좋겠다고 했다. "현장의 디테일한 면들을 잘 마무리할 수 있도록 하는 관례가 있으면 좋겠습니다. 민선 8기가 잘 되어야 담양이 잘 되는 거니까 이런 '자문봉사 문화'가 지방자치에 있으면 좋겠습니다. 자치단체장이 새로 당선되면 전임 단체장의 흔적을 지우기 바쁜데, 자문봉사는 아름다운 선례가 될 수 있지 않을까 합니다."

리더십의 핵심은 흔들리지 않는 중심 잡기

최 군수는 군정을 해나가면서 여러 이해관계자의 이해충돌은 있었지만 다른 지역에 비해 큰 어려움은 없었다고 한다. 그는 이런 과정들은 겪어야 할 과정이라며, 대통령·자치단체장·회사 등의 리더십에서 중요한 것이 '중심'이라고 강조했다. "소통도 중요하지만, 흔들리지 않는 중심을 잡는 것이 가장 중요합니다. 자치단체장이 이리 갔다 저리 갔다 하고, 이해관계자에 의해 이렇게 저렇게 흔들리면 공직자와 지역사회의 신뢰가 깨집니다. 고집 세다는 이야기도 들었지만 가장 중요한 것이 중심에서 흔들리지 않는 것입니다."

마찬가지로 그는 의회도 존중했다. 설득해야 할 사항이 있으면 삼고초려·'십고초려'를 해서라도 반드시 설득하고 시행했다. 직원들과도 열심히 일하고 일이 실현되는 과정을 통해 신뢰가 형성되었다고 했다. "축산업 거리 제한을 정할 때 주민들이 군청에 와서 매일 데모를 했습니다. 저는 군청을 다 개방해서 군수실에서 하시라고 했습니다. 일과 끝나면 마을에 가서 주민들을 이해시키고. 지금 생각하면 어떻게 했나 싶고 그런 열정이 어디서 나왔는지 모르겠습니다."

가장 아쉬운 부분은 교육자치라고 했다. 최 군수는 우리나라는 사교육 공화국 해체, 부동산 공화국 해체, 양극화 해소, 극단적 자본주의 극복 등에 대한 깊은 성찰이 필요하다고 했다. 특히 그는 현재 자치단체가 지역교육에 관여할 수 있는 시스템 자체가 없다면서 사교육, 부동산, 양극화, 극단적 자본주의를 극복하지 않고는 우리 아이들이 행복한 학교를 만들 수 없고 국가적으로는 인구소멸을 막지 못하고 출산율 증가도 기대할 수 없다고 했다.

"우리나라 아이들이 초·중·고등학교를 다니면서 행복하다고 생각하는 학생이 얼마나 될까요? 아이들은 학부모와 선생님을 얼마나 존경할까요? 우리도 이에 대해 고민하고 답할 때가 되었다고 생각합니다. 네덜란드에서는 학생들에게 행복한가 행복하지 않은가에 대한 설문을 합니다. 그리고 국가와 사회·학교는 학생들을 행복하지 못하게 하는 것, 불행하다고 생각하는 것을 없애줍니다. 우리에게 많은 것을 생각하게 해줍니다."

최 군수는 또 시·군·구 기초단위로 교육자치가 이루어지면 생태교육, 인문교육, 학생 중심의 교육 등 교육의 혁신 사례가 많이 나올 것이라고도 했다. "교육을 통해 사회변화를 하려면 교육자치가 지방자치로 들어와야 합니다. 교육을 정치영역에서 빼는 것은 대단히 잘못된 것입니다. 마찬가지로 자치경찰도 지방자치의 영역으로 들어와야 합니다."

최 군수는 앞으로 우리나라 교육에 대한 새로운 패러다임으로 '대안학교'에 많은 관심을 보였다. 2021년에 담양군 봉산면에 있는 옛 봉산초등학교 양지분교 부지에 '전남도 공립대안학교(송강고)'가 세워졌다. 앞선 2015년에는 담양군에 비인가 대안학교인 '잇다자유발도로프학교'가 세워졌다. 발도로프 대안학교는 암기와 주입식 위주의 기존 교육체계를 탈피하고 음악과 미술, 무용 등 예술적 감성적 인간 위주의 새로운 교육 시스템을 운영한다. 물론 수학 등 기존 과목의 연계수업도 가능하다.

기존 공교육도 대안교육으로 전환해야

최 군수는 "대안교육은 대안학교에만 적용되는 것이 아니고, 기존 공교육 시스템도 대안교육(프로그램)으로 전환해야 합니다. 지금과 같이 일방적 주입식 교육이 아니고 인간과 사회의 다양성을 배우는 더 자유로운 대안학교 이념이 공교육에도 적용되어야 합니다"라고 강조했다. 그는 초등학교 대안 학교를 비인가 학교로 남게 하는 것은 '국가폭력'이라고도 했다. 학교가 일정한 규모와 시설을 갖추면 프로그램은 학교 자율에 맡기고 대안학교의 학력을 인정해줘야 한다고 역설했다.

이어 최 군수는 대안학교가 활성화하면 지방소멸 위기를 맞고 있는 농촌 지역에 인구를 끌어들이고 공동체를 활성화할 수 있는 대안이 될 수 있다고 했다. "요즘은 기존 교육과정에 의존하지 않고 아이를 자유롭게 키우고자 하는 젊은 학부모들이 많아졌고, 기존 교육시스템에 적응하지 못하는 아이들도 해마다 늘어나고 있습니다. 지금 교육은 인터넷, 모바일 등 다양한 매체와 방식으로 이루어지기 때문에 기존 공교육 시스템이 해체되어도 교육은 이뤄집니다. 담양에 학생 미달 학교가 생기면, 여기에 대안교육 프로그램을 넣어 특성화하면 이를 찾아서 오는 학부모, 학생들이 많이 있을 겁니다. 이제는 지역별로 교육의 다양성이 주어져야 합니다."

최 군수는 시·군·구의 자치역량을 키우기 위해서는 무엇보다 단체장과 지방의원에 대한 정당공천제부터 없애야 한다고 말했다. 우리나라처럼 정당이 '지역정당화' 되어 있는 상황에서 정당공천제는 좋은 인재를 지방자치로 끌어들이기에는 한계가 있다는 것이다. "정당공천제는 없어져야 합니다. 현재 정당공천제는 지방정치의 중앙정치 예속화를 만듭니다. 자치단체장·지방의원 모두 정당의 중앙정치에 동원되고, 주민의 삶의 질을 높일 것인가에는 관심이 없고 표에만 관심을 두게 만듭니다."

100점 만점에 스스로 몇 점을 줄 수 있겠느냐의 물음에 최 군수는 '주민들의 평가'가 더 중요하다며 즉답을 피했다. 다만 2002년만 하더라도 생태도시라는 개념은 생소한 것이었고 스스로 만족하지는 않지만, 아파트 스카이라인을 억제하고 나름대로 난개발을 하지 않으려고 노력했던 것은 잘한 것이었다고 회고했다.

"난개발을 막는 것이 얼마나 힘든가를 우리나라 극단적 자본주의 체제에서 몸소 체험했습니다. 그러나 중심을 잡고 하려고 노력했던 것 같습니다. 군이 중심이 되어 난개발을 억제하면서 지역발전을 하려다 보니 개발과정에서 오랜 삶의 터전인 농토가 포함되고 부득이 일부 자연이 훼손될 수밖에 없었습니다. 주민과 자연에는 굉장히 미안한 생각이 듭니다. 그래서 한 60점쯤 되지 않을까요?" 사람과 자연의 공존, 생태, 일과 삶의 조화(워라밸) 등 지금이야 익숙한 개념들이지만, 모든 것이 생소했던 시대에 앞선 철학을 가지고 지역을 지키며 스카이라인을 지켜낸 것은 60점이든 100점이든 굉장한 선견지명이었다는 평가를 받지 않을까 싶다.

이동진 진도군수

서울대 법과대학 법학과
단국대 대학원 행정학 박사
한국토지공사 중국지사장, 서울지사장, 산업단지 본부장(상임이사)
한국토지신탁 사장
제2대 전남개발공사 사장

민선 5·6·7기 진도군수

"2005년에 아버님 산소 일로 처음으로 5일 넘게 진도에서 머물렀습니다. 모처럼 1주일을 고향에서 보내며 읍내도 돌아다니고 친구도 만나면서 진도가 너무 낙후되었다는 걸 깨달았습니다. 변화나 발전이 없었죠." 이동진 진도군수는 중학교까지는 진도에서, 고등학교는 광주에서 다녔고 대학교는 서울로 갔다. 대학 졸업 후 1975년 '한국토지공사'에 입사해 2001년까지 26년간 근무했다. 토지공사와 주택공사를 통합해 한국토지주택공사(LH)를 창립하는 데 참여해 산업단지본부장, 상임이사 등을 지냈다.

그는 토공과 LH에 있으면서 분당·일산·광주 등 전국적으로 굵직굵직한 신도시와 산업단지 개발사업을 직접 추진했고, 옛날 논밭이 신도시로 변신하는 과정을 지켜보았다. 그러다가 퇴임 후에 고향을 찾아 중학교 때 살던 집이 그대로 있고, 상권도 쇠락하고, 활기도 없는 고향의 모습을 본 것이다. 그래서 자신의 경험과 노하우를 살려 진도를 변화시켜 보자고 결심했다. "고향을 바꿔 보겠다는 순수한 마음으로 2006년 선거에 나갔는데 떨어졌습니다. 지역 정서를 모르고, 내가 나가면 반겨줄 거라는 순진한 생각이었는데 안 되더라고요." 그는 서울로 돌아가려다가 '전남개발공사' 사장 채용 공고를 보고 응모해 제2대 사장을 3년간 목포에서 하면서 터를 닦았다.

'투자마케팅과' 설치와 대명쏠비치 등 민간 투자 유치

2010년 민선 5기에 당선한 이동진 군수는 처음부터 경제를 부르짖었다. "고향을 떠난 사람들은 자기 고향이 옛날 그대로 있기를 원하는데, 고향에서 사시는 분들 생각은 그게 아닙니다. 2010년 당시 목포대불산업단지, 광주첨단산업단지 등을 개발했는데, '진도도 개발해야겠다. 경제에 눈을 떠야 한다. 옛날처럼 있어서는 안 된다'고 생각했습니다. 개발하려면 돈이 있어야 하는데, 정부에서 지원받는 것은 한계가 있습니다. 그래서 민간투자 유치를 생각했습니다. 진도에는 자본도 기술도 없지만, 땅이 있고 사람이 있습니다. 자본과 기술을 가진 민간기업을 끌어들이는 게 쉬운 일은 물론 아니었습니다."

이 군수는 먼저 군청에 '투자마케팅과'(현재는 일자리투자과, 경제마케팅과로 분리)를 설치했다. "제가 처음으로 마케팅이란 용어를 썼죠. 진도 농산물이 좋다고들 하는데 팔아야 장땡이지. 팔려면 마케팅을 해야 할 것 아닙니까? 그래서 한편으로 투자유치를 하고, 다른 한편으로는 진도의 농산물· 수산물을 판매했습니다. 실적도 많이 올렸습니다."

대명쏠비치 호텔 리조트

진도 산타모니카호

　이 군수가 유치한 민간기업 투자의 대표 사례는 '대명쏠비치 진도'다. "적
극적으로 투자유치 활동을 했습니다. 중국이 무엇이든 다 들어준다며 우리
나라 기업을 끌어들이는 것처럼, 어쨌든 기업 편에서 기업이 필요로 하는 것
을 지원했습니다. 서울에 직원 3명을 상주시키고, 땅 사는 걸 도와주기 위해
제가 땅 주인을 만나 설득했죠. 그래서 사업이 빨라졌습니다."

　진도(팽목항)에서 제주항까지 90분 만에 도착하는 초쾌속선 '산타모니카'
카페리도 유치했다. 2022년 5월 첫 출항했는데, 길이 75.7m, 너비 20.6m, 높
이 21m의 3500톤 규모로 승객 600명과 차량 80대를 싣고 최고속력 42노트
로 달린다. "진도항에서 제주항까지 카페리가 운항하면 해상 물류의 시간과
비용을 절감하고, 진도군이 제주도의 다양한 어류와 과일 등을 전국에 공급
하는 중심지로 도약할 것입니다."

　군수실에는 거꾸로 된 세계지도가 있다. 발상의 전환이다. 거꾸로 보니
대한민국이 진도를 중심으로 중국과 바다로 뻗어 나가는 기세가 느껴졌고,
중국 상하이가 지척으로 보였다. 이 군수는 팽목항을 '국제무역항'으로 만드

진도 국제항 개발사업 조감도

는 것이 진도군의 미래 비전이라고 했다. "국제무역항 만드는 데 4조 원 정도 듭니다. 노란색이 개발이 다 된 곳이고 붉은색이 앞으로 발전시켜야 할 부분입니다. 이게 다 되면 팽목항이 국제항으로 기능할 수 있습니다. 진도에서 상하이까지 567km, 대한민국에서 상하이까지 가장 가까운 항구입니다. 진도에서 저녁 먹고 배를 타면 아침에 상하이에 도착하는 시대가 곧 올 것입니다."

군민소득 1조 원 달성, 우수·오수 분리 하수관 정비

민선 6기에는 세월호 침몰 사건(2014년)의 수습과 지원에 일이 많아서 굉장히 힘들었다. 하지만 그 와중에도 진도군수로 취임하면서 세운 '군민소득 1조 원 달성과 관광객 500만 명 유치' 목표를 달성했다. "처음 취임했을 때 군민소득은 5천억이 되지 않았습니다. 진도는 김·전복 양식 등 수산업이 중요한데, 10년 전만 해도 빈 바닷가가 많았습니다. 지금은 비어 있는 바다 없이 김·전복 등 수산소득이 높은 대규모 양식으로 거의 꽉 들어찼습니다. 원

플라워프로젝트

래 진도는 농업군(郡)으로 수산업은 늦게 시작했는데, 지금은 수산소득이 훨씬 높습니다. 곳간에서 인심이 나죠. 저로서는 매우 큰 보람을 느낍니다."

민선 7기 때는 새로운 것보다 해 오던 일을 계속하면서 군민의 삶의 질 개선을 추구했다. 주변의 생활환경을 돌아보면서 민생에 좀 더 중점을 두었다. '마을가꾸기사업'으로 우리가 사는 마을을 깨끗하게 하고, '플라워 프로젝트'로 가로수와 동네 주변에 꽃을 심어 꽃길, 꽃동산, 소공원을 조성하여 환경을 아름답게 가꾸었다. 농촌은 밤에 나가면 캄캄하니까 동네 입구나 버스정류장에 불을 밝히는 '밝은거리조성' 사업도 진행했다. "밤이 밝아야 밤도 활용할 수 있습니다. 항·포구에는 야구장과 같은 조명타워를 설치했습니다. 밝고 환해야 마음도 좋아지지 않습니까? 거의 전 마을에 페인트칠하고 곳곳에 꽃밭, 꽃길, 소공원을 만들었습니다."

이 군수는 한 걸음 더 나아가 하수도, 전신주 지중화 사업 등 주민의 삶의 질을 높이기 위한 기반시설을 대대적으로 정비했다. "진도읍은 예전에 우수(빗물)와 오수(생활하수)를 하나의 관으로 내려보냈는데, 우수와 오수로 분리해 새 하수관을 다 깔았습니다. 냄새도 없어지고 모기가 끓는 웅덩이도 없어졌습니다. 하천 수질도 좋아졌지요. 하수처리 된 물은 바다로 바로 보내지 않고, 다시 시내로 끌어올려 하천의 수량을 항상 적당량으로 유지합니다. 하천은 냄새가 사라지고 물고기가 삽니다. 우수와 오수를 완전히 분리하면 이게 가능합니다. 전신주 지중화 사업도 해서 도시가 깨끗해졌습니다. 하수관로 사업과 지중화 사업은 지금 면 단위로 계속 확장하고 있습니다. 옛날에는 읍내 길도 인도와 차도 구별이 없었는데, 보도, 차도를 다 새로 정비했습니다."

잊을 수 없는 슬픔 '세월호 사건'

진도군 하면 떠오르는 것이 2014년 4월 16일 발생한 '세월호 사건'이다. 진도군은 세월호 사건의 한가운데 있었다. 이 군수는 "세월호는 참, 할 얘기가 많다"면서 "진도군민들이 지금은 세월호 관련한 평가를 제대로 못 받고 있지만, 언젠가는 평가받을 날이 꼭 올 것"이라고 했다. "우리가 아침에 이렇게 회의하고 있을 때였거든요. 간부들과 회의하고 있는데, 직원이 들어오더니 텔레비전을 한번 보라는 겁니다. '바다에서 사고가 났습니다.' 세월호 사고 소식이 뜬 겁니다. 회의를 중단하고, 어쨌든 제일 가까운 항이 팽목항이니까 모두 여기로 올 것이다. 우선, 조도면장에게 배를 동원하라고 지시하고. 여기 팽목항에서 잠시 멈춰 숨이라도 쉬고 갈 수 있게 하자고 했습니다."

이 군수는 중앙정부에서 '이거 해라, 저거 해라' 하기 전에 모든 것을 진도군 스스로 결정하고 조치했다. "그럼 어디로 하지? 체육관으로 하자. 빨리 바닥을 깔고 난방을 틀고, 간부들은 전부 자가용을 가지고 팽목항으로 가서 사람들 내리는 대로 차에 태워서 체육관으로 실어 날라라. 우리끼리 준비한 겁니다. 그때부터 '팽목항 시대', '체육관 시대'가 시작된 겁니다." 진도체육관 시대는 1년 넘게 계속되었다. "전남도에 연락해 텐트, 매트 전부 다 가져오라 했습니다. 박준영 전남지사는 매일 진도군으로 오고, 여기 군수실은 정홍원 총리가 근무하고 자고, 이주영 해양수산부 장관은 4층 상황실에서 매일 있었고. 이 장관은 이후에도 상당한 시간 머물렀지요. 강당은 프레스센터로 사용했습니다. 진도군청을 다 내주었습니다."

국토교통부의 불합리한 규제, 가사도를 오가는 카페리 논란

지방자치 발전의 가장 큰 걸림돌은 '중앙정부의 불합리한 간섭과 규제'라고 이 군수는 말했다. "진도에는 '가사도'라고 두 번째로 사람이 많이 사는 섬이 있습니다. 300명 정도 삽니다. 본도와 가사도를 운항하던 민간 여객선이 있었는데 수익성 악화로 2015년부터 운항을 중단했습니다." 당장 주민들은 생필품 사고 농수산물 내다 팔기 위해 진도를 오가던 일을 못 하는 등 큰 불편을 겪어야 했고, 무엇보다 주민의 안전이 큰 걱정이었다. 그러자 중앙정부는 목포에서 서른 개 섬을 거치는 '국가보조항로'로 배가 하루에 한 번 가사도를 지나가게 했다.

"배가 하루 한 번만 다니니까 이용률은 낮고, 주민들은 군청 앞에서 연일 데모하며 대책 마련을 촉구했습니다. 그래서 찾아보니 도서개발사업비(국가균형발전특별회계)에 급수선 예산이 있었습니다. 차도선(車渡船. 여객과 차량을 함께 수송하는 카페리) 예산은 당연히 없었지요. 다행이다 싶어 '급수선 예산을 차도선 예산으로 바꾸겠다'고 변경신청을 했는데, 국토교통부는 안 된다는 겁니다. '국가보조항로 배가 있는데 또 배를 만드는 것은 이중지원'이라는 겁니다."

국토부가 승인하지 않으면 남은 방법은 두 가지였다. 하나는 사고가 나든 말든 정부에서 하지 말라고 하니까 하지 않는 것이고, 다른 하나는 주민의 안전과 일상생활 영위를 위해 무슨 수를 써서라도 배를 만드는 것이었다. "우리는 후자를 택했지요. 급수선 예산으로 차도선을 만들어 2018년부터 가사도에 하루 세 차례 투입했습니다. 그런데 이걸 가지고 난리가 났습니다. '왜 하지 말라는 것을 하냐? 뭔가 속인 것 아니냐?'는 거죠. 급수선 만드는 척하면서 사람 타는 배를 만들었다는 겁니다."

이 과정에서 진도군 직원들이 밥 한 끼도 사리사욕을 취한 건 없다고 감사원은 인정했다. 몇 년이 지나 이미 배는 만들어졌고 환경부의 지원을 받아 다시 급수선도 만들었지만, 민선 7기 들어서도 보조금법 위반, 허위공문서 작성 등의 문제를 제기하고, 지금까지 해결이 안 되고 있다. "지금도 정부는 우리 얘기에 귀를 기울이지 않습니다. 최근에 행정안전부가 변경 가능하다는 회신을 했지만, 국토교통부는 왜 하지 말라는 걸 했느냐, 이것만 따집니다. 저와 직원들은 국토교통부로부터 주의 조치를 받았습니다. 그런데 27억 원짜리 배를 만들었는데, 원금 27억과 보조금법 위반에 따른 300% 제재 부과금 81억, 총 108억 원을 반납하라는 겁니다. 도서지역 교통문제 해결은 국토교통부 책임인데, 그걸 자치단체가 맡아서 한 겁니다. 더 중요한 것은 반대 이유가 국가보조항로 이중지원인데, 우리가 지금 운항하는 배는 일반항로입니다."

해양수산부가 일반항로로 고시까지 했지만, 국토교통부는 잘못을 인정하지 않고 있다. 국가항로는 국가가, 일반항로는 자치단체가 보조하는 항로다. 가사도의 경우 국가항로 운항에 따른 결손은 국가가 매년 14억씩 보조하고, 별도로 진도군은 끊어진 노선을 일반항로로 해서 매년 4억씩 지원하고 있다. 단지, 노선이 중복됐다는 것뿐이다. 일반항로라는 게 분명한데도 중앙부처는 이것을 인정하지 않는다.

"이 문제는 꼭 공론화됐으면 좋겠습니다. 세월호 사건을 겪은 진도에서 섬사람들이 배가 없어서 생명이 위험해지고 고통을 겪고 있어서 예산 변경 신청을 했는데도 안 해주고…, 이 문제부터 해결하는 게 급선무 아닙니까? 지방자치를 하는데 이 정도 재량권도 없는 게 말이 됩니까?"

'국민해양안전관' 운영비도 군으로 떠넘겨

'국민해양안전관' 운영비 문제도 불합리한 규제의 대표적 사례다. "세월호 사고가 나고 중앙정부에서 필요하다고 해서 270억 원 예산으로 해양안전관을 짓는데 철근값, 인건비 등이 많이 오르는 바람에 군에서 10억을 보태 공사를 했습니다. 그런데 이 비용은 한 푼도 못 준다는 겁니다. 지금도 조경, 이런 것은 안 되어 있습니다. 시설 운영비도 25억 원 중 60%만 지원하고 나머지는 진도군에서 부담하라는 겁니다. 우리가 필요하다고 한 것도 아니고, 수익을 창출하는 사업도 아닙니다. 국립시설이니까 당연히 국가부담이 원칙인데도 자꾸 우리한테 부담하라고 합니다. 게다가 2021년 말까지 공사를 마무리하지 않으면 페널티 준다고 해서 직원들이 얼마나 애를 먹었겠습니까?"

문제는 270억 원에 맞추려다 보면 공사과정에 무리가 있을 수 있고, 또 감사 대상이 된다는 게 이 군수의 설명이다. 군의회도 관련 조례제정에 반대하며 운영비를 부담하지 말자는 분위기라고 한다. "지방분권이다 재정분권이다 하는데, 책임을 주었으면 여건을 마련해주고 잘못된 것이 있으면 나중에 책임을 물을 수 있습니다. 그런데 너무 하나하나를 중간에 간섭합니다. 270억 사업이 금방 되겠습니까? '이렇게 고치자, 저렇게 고치자' 해놓고 돈이 조금 더 들어가니까 모른다 하고, 기획재정부에서 한 푼도 안 준다는데 어쩔 것이냐면서 두 손 들어버리네요."

진도항 배후지 개발사업 '석탄재 매립 반대'

여러 사업을 추진하면서 가장 아쉬웠던 점은 주민 소통이었다. 모든 일에 군민들이 100% 지지하는 것은 불가능하다. 항상 일부 반대가 있다. '대명 쏠비치'도 기업이 땅장사하는 데 놀아난다, 그런 큰 회사가 진도에 왜 들어오겠냐며 반대하는 사람들이 꽤 있었다. "사람들이 손에 딱 집어주기 전에는 부정적으로 여론을 모는 것이 안타까웠습니다. 소수의 반대자가 다수의 여론을 호도하는 거죠. 나중에 결과가 나온 뒤에는 '내가 잘못했다'는 사람, 한 사람도 없습니다. 건설적인 비판은 꼭 필요하고, 의견 불일치는 존재할 수밖에 없지만, 무조건 반대는 지역갈등을 조장하고 사회적 비용을 증가시킬 뿐입니다."

이 군수는 진도항 배후지 개발사업을 추진할 때 벌어진 '석탄재 매립 반대'를 대표적인 사례로 들었다. 정부는 석탄재를, 흙을 쌓을 때 사용하는 성토재로 활용할 것을 권장하고 있다. 진도는 섬이다 보니 흙이 없어서 진도항 개발 때 석탄재로 매립하는 것으로 검토했고 감리도 추천했다. "그런데 시커먼 쓰레기를 묻는다고 시작해 집요하게 반대하는 겁니다. 당진 화력발전소에서 석탄재를 가져오기로 했는데 반대를 하니, 당진발전소에서는 '다른 데 줄 데도 많은데 왜 진도에 줘야 하나?' 이렇게 돼 버린 겁니다."

주민들이 반대해서 흙으로 성토하려고 하자, 이번에는 시공업자가 '석탄재로 다 하기로 했는데 흙으로 한다'면서 진도군에 소송을 제기했다. 법원은 "그런 것 마음대로 바꾸면 안 된다. 석탄재가 무엇이 나쁘다고, 반대만 한다고 바꿔주냐"며 시공자 편을 들어줬다. "그래서 제가 '당신들이 이겼으니 책임지고 석탄재로 해라. 반대하는 주민들을 설득하고, 발전소에서 석탄재를 가져다가 해라' 그랬죠. 군은 아무것도 할 수 없으니 이 수밖에 없잖아요?"

결국 시공사도 주민을 설득하지 못해 흙으로 공사했지만, 시간만 다 가고 돈만 더 들었다고 한다. 나중에 여기저기 흙이 나오는 데가 있었지만, 거리가 멀어 비용이 더 들었다. 석탄재는 공짜로 매립까지 다 해주는 거였지만.

"정부에서 권장하고 지원해주는 겁니다. 바닷물과 접촉이 안 되게 하고, 석탄재로 성토하고 흙으로 덮는 거죠. 석탄재는 땅속의 고향 찾아가는 겁니다. 시커먼 재는 안 나옵니다. 발전소에서도 처리할 책임이 있으면 주민이 반대해도 설득하고 줘야 하는데, 발전소는 한 사람만 반대해도 안 준다 해 버리니 저 사람들이 이긴 거죠."

해상풍력발전으로 인구 '5만 시대' 연다

지방소멸 대응과 관련해 이 군수는 "출산수당이니 출산지원금이니 현금으로 인구를 유인하는 것은 큰 효과는 없다"면서 "진도군도 500만 원부터 시작해 셋째를 낳으면 2천만 원까지 주는데, 이것 때문에 진도로 오는 사람은 별로 없다"라고 했다. "진도군도 인구가 계속 줄어드는데 앞으로 해상풍력단지를 만들면 상당한 수의 젊은 고급인력이 올 것으로 예상합니다. 2개 회사 합해서 4기가 정도의 해상풍력 배후지원단지를 만들려고 합니다. 산업단지로 일자리가 생기고, 사람들이 진도에 살 수 있도록 주거단지도 만들 계획입니다. 현재 인구 3만 명인데 2만 명 더 늘려 5만 명으로 하는 미래비전입니다." 이 군수는 외부 수혈 없이 자체적으로 인구를 늘리는 것은 불가능하며, 진도군 역시 귀농·귀향인이 적지 않지만 돌아가시는 분이 더 많으니 인구가 줄어들 수밖에 없다고 했다.

"우리 군의 미래 주역으로 성장할 우수 인재를 발굴하고 육성하기 위해 '인재육성장학회'를 설립하고 장학기금을 조성해 진도군 청소년들이 마음껏 공부하고 꿈을 펼칠 수 있도록 명문고 육성, 장학금 지원 등 다양한 사업을 했습니다. 주민참여의 기회도 확대하려고 노력했지요. 하지만 여전히 주민

진도군 동거차도의 풍력발전단지

의 관심과 참여는 부족한 실정입니다. 읍·면별 주민자치회 구성 등으로 주민
들의 주인의식 강화와 함께 주민참여 제도의 내실화 등을 통해 진도가 더욱
살기 좋은 고장으로 발전하고 인구도 늘어나길 바랍니다."

권영세 안동시장

경북고등학교
경북대 대학원 행정학과
미국 캘리포니아주 코헨대 명예 경영학 박사
행정고시 21회
대통령 비서실
안동시부시장
대구광역시 행정부시장

민선 5·6·7기 안동시장

　"2010년 7월 안동시장으로 처음 취임하면서 '경청과 소통을 시정의 최우선에 두는 시장'이 되겠다고 약속했습니다. '시민과 대화의 날'을 통해 시민의 의견을 경청하고, 어렵고 힘든 업종의 현장과 출근길을 함께 땀 흘리고 걸으며 소통하는 시간을 가졌습니다. 이러한 경청과 소통의 시간이 시민의 신뢰를 얻어 시정의 성과로 이어졌습니다."

　권영세 안동시장은 1977년 행정고시에 합격해 영양군수, 안동부시장, 대구시 행정부시장 등을 두루 거친 '정통 행정가' 출신이다. 그럼에도 시민과의 소통이 성공하는 시정을 위해 가장 중요하다고 판단해, 매월 14일 신문고 역할을 하는 '시민과의 대화의 날', 시민의 삶의 현장에서 희로애락을 공유하는 '3D 삶의 현장소통', 새벽 등산로에서 격의 없이 대화하는 '새벽 산책길', 주민의 현안을 주로 해결하는 '읍·면·동 주민과의 대화', 기관·단체를 직접 방문하는 '찾아가는 CEO 공감 반상회' 등 다양한 시책을 추진해왔다.

　권 시장은 시민과의 소통을 바탕으로 "2016년 성공적인 도청 이전으로 안동이 경북의 중심도시로 우뚝 섰으며, 도시재생과 물순환 선도, 안동역사 부지 활용사업 등을 통해 원도심 부활의 계기를 마련했고, 2010년 SK케미칼 유치, 바이오·백신사업, 2020년 헴프(대마)규제자유특구 지정 등으로 안동의 신성장 동력을 구축했다"고 지난 12년의 성과를 자평했다.

경북도청 이전과 도청 신도시 조성, 바이오·백신사업 추진

경북도청 이전은 2008년 확정됐다. 1981년 경북과 대구가 분리되고 1995년 민선 지방자치가 출범하면서 시작된 논의가 여러 곡절을 겪다가 2006년 본격적인 궤도에 올랐다. 당시 12개 시·군에서 11개 이전 후보지를 접수했는데, 안동시가 예천군과 공동으로 후보지(안동시 풍천면과 예천군 호명면)를 신청해 선정됐다.

권 시장은 우선 경북도청의 성공적 이전에 모든 역량을 집중했다. "우여곡절을 겪은 끝에 숙원을 이룬 만큼 경북도민의 염원이 담긴 도청 이전이 차질 없이 순항할 수 있도록 모든 행정력을 집중했습니다." 지금은 경북도청 신도시 2단계 조성사업을 순조롭게 추진하고 있으며, KTX 중앙선 개통과 상주~영덕 고속도로 등 교통망 확충으로 안동과 경북이 수도권 1일 관광권으로 거듭나고 있다고 권 시장은 말했다.

도청 신도시는 안동시 풍천면과 예천군 호명면 일원에 면적 10.96㎢, 인

경북도청

SK케미칼 안동백신공장

구 10만 명, 총사업비 2조 6000억 원 규모에 2027년 완공 목표로 조성하고 있다. 1단계 개발사업(4.258㎢)은 2015년 준공했고, 2단계 개발사업은 2017년 착공했다. "경북도청 이전 후 도청 신도시가 정주 여건을 빠르게 갖추는 게 가장 큰 과제였습니다. 그래서 재선 기간에는 명품 신도시가 조성될 수 있도록 기관 유치, 정주 여건 마련 등에 모든 역량을 집중했어요. 2단계 개발사업은 면적 5.546㎢(안동 3.397㎢)에 사업비 총 9226억 원을 투입해 2027년 준공 목표로 현재 공사를 진행 중입니다. 특히 2단계 수용인구 7만여 명 중 안동 지역이 4만여 명을 계획하고 있어서, 완공되면 안동시 인구도 증가해 지역 경제 활성화에 크게 이바지할 것으로 기대합니다."

권 시장은 안동의 미래 먹거리로 바이오·백신사업을 선정하고, 그 기반을 다지기 위해 2010년부터 SK케미칼 유치를 위해 노력했다. "SK바이오사이언스, SK플라즈마와 국제백신연구소 안동분원을 유치했고, 2021년 국내 최초로 코로나19 백신을 생산하는 성과를 거두었습니다. 그리고 2021년 헴프규제자유특구 지정으로 대마(헴프) 주산지 안동에 국내 최초로 의료용 헴프 산업화를 위한 문을 열었습니다."

한국정신문화의 수도, '역사문화도시' 건설

안동은 전국에서 가장 많은 40개의 서원을 보유한 유교문화의 도시이자 국내 유일의 유네스코 세계문화유산도시이며, 세계문화유산에 등재된 '안동하회마을'을 품고 있다. 또 우리나라 독립운동의 발상지(1894년 안동의병)로서 가장 많은 363명의 독립유공자가 있고, 무속과 불교, 유교, 기독교, 근대 신흥종교, 민속 등 한국의 정신문화가 시대별로 보전되어 있으며, '하회별신굿탈놀이'(무형문화재 제69호)가 오늘까지 전승되고 있는 곳이다. 권 시장은 "안동은 '한국정신문화의 수도'로서 한국의 정신과 문화의 뿌리가 있고 지금도 면면히 이어지고 있는 곳"이라며 "재임하는 동안 안동을 전통과 현대가 어우러진 세계적인 '역사문화도시'로 만들기 위해 지속적인 노력을 기울였다"고 말했다.

'한국의 미소' 하회탈이 최초로 만들어진 하회마을은 지난 2010년 경주 양동마을과 함께 세계유산에 이름을 올렸다. 그리고 한국국학진흥원이 문중으로부터 위탁받아 소장 중인 '유교책판'*이 2015년 세계기록유산으로 등재됐다. 아울러 봉정사가 2008년 세계유산 '산사, 한국의 산지승원' 7곳에 포함되면서 한국의 13번째 세계유산이 됐다. 권 시장은 "안동의 도산서원과 병산서원도 2019년 유네스코 세계유산으로 등재됐다"면서 "이것은 우리나라의 서원이 전통적인 선비정신을 생명과 평화, 소통과 화합, 나눔과 배려 등

---

* 유교책판은 지난 2001년 말부터 목판 수집운동을 벌여 모은 것 중 영남지방 유학자들의 저술을 펴낸 책판 6만4226장이다.

유네스코 세계유산에 등재된 도산서원(왼쪽)과 병산서원(오른쪽)

현대의 보편적 가치와 정신으로 계승시킨 귀중한 문화유산으로 평가받았음을 의미한다"고 했다.

권 시장은 안동을 대표하는 무형유산 '하회별신굿탈놀이'도 유네스코 인류무형유산 등재를 추진하고 있다면서 "하회별신굿탈놀이를 위시한 한국의 탈춤이 인류무형유산에 등재된다면, 안동은 봉정사, 유교책판과 함께 유네스코 3대 카테고리를 보유한 대한민국 최초의 도시 될 것"이라고 말했다. ·

물순환 선도도시 사업과 옛 안동역사 활용사업

권영세 시장은 도청 신도시 조성사업과 별개로 도시재생사업, 물순환도시 선도사업, 옛 안동역사 부지 활용사업 등 침체한 원도심을 활성화해 상생 발전할 수 있는 사업들도 추진하고 있다고 했다. '물순환 선도도시 조성사업'은 도시화로 형성된 시가지의 불투수면 곳곳에 '저영향개발기법'(LID: Low Impact Development)*을 적용해 빗물의 침투, 저류 능력을 회복시켜 강우 유

---

* 도시화와 산업화로 인해 토지의 불투수층이 증가하여 홍수피해, 도시 비점오염 피해, 지

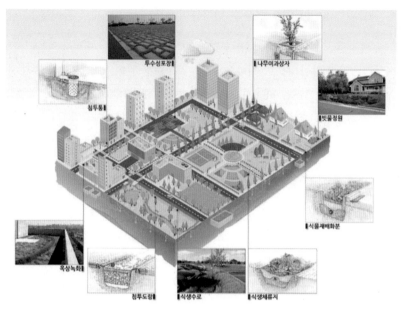

물순환 선도도시 안동

출량 및 비점오염원을 저감시키는 사업이다. 2016년 환경부 공모사업에 선정돼 2022년부터 410억 원의 예산으로 본격 추진한다. "시민이 많이 이용하는 탈춤공원, 음식의 거리, 안동시청 일원에 침투수로관, 식생체류지, 투수포장, 빗물정원 등의 물순환 기능을 저영향개발기법을 적용해 회복하고, 주요 도로에는 식물재배 화분을 배치해 도로에서 발생하는 비점오염원을 관리하고 도시경관 개선, 습도조절 등에 도움을 줄 계획입니다." 2023년 사업

하수 고갈 등의 문제가 심각해진 상황을 개발 이전 상태로 돌려놓는 것을 말한다. 단계별로 원래의 토양에 가능한 식생물을 보존하거나 복원하고(보존), 유출수가 발생하는 단계에서 저류와 침투가 이루어지도록 하고(영향최소화), 빗물이 하천으로 빠르게 흘러가지 않고 유역 내에서 오래 머물도록 하고(유출이동시간 유지), 추가로 빗물이 떨어지는 곳에 설비들을 분산 배치하고(추가 유출량 감소), 유출수 발생원에 오염방지시설을 설치하고 유지·관리한다(오염방지). 기법에는 우수저류공원이나 생태저류지, 지붕층 저류공원(옥상 공원 등), 가로수 저류, 식생수로나 완충지대, 빗물저장탱크, 투수성 포장 등이 있다.

이 완료되면 시범지역은 불투수 면적률이 80%에서 10%대로 줄어들고, 강우 유출량은 연간 150만 톤 감소할 예정이라고 한다. "저감량만큼 물이 땅속으로 침투, 증·발산되므로 지하수 함양, 열섬현상 완화와 도시 물환경 개선에 크게 기여할 것으로 기대합니다."

안동역은 1930년 처음 세워지고 이듬해 증기 기관차가 첫 운행을 시작했다. 일제 강점기를 지나 1950년 6.25 한국전쟁이 발발하면서 주요 철도 건물은 대부분 소실됐고, 안동역도 급수탑만 살아남아 2003년 등록문화재로 지정되었다. "안동역사는 1960년에 다시 세워졌고, 1970~1990년대에는 호황기를 누리며 역세권 인근의 안동시내는 문화와 교통, 경제의 1번지로 발전했습니다. KTX 신역사가 송현동에 들어서면서 지난 90년간 안동 사람들과 더부살이하며 시민과 애환을 함께한 옛 안동역은 이제 역사문화의 현장으로 남게 됐습니다."

2021년 1월 서울 청량리에서 양평~서원주~제천~단양~풍기~영주를 거쳐 안동 신역사까지 2시간에 도착하는 신형 KTX '이음(EUM)'이 도입됐다. "안동시와 경북도가 비로소 수도권 1일 관광권으로 부상한 만큼, 안동 신역사를 교통거점화하고 대중교통체계를 정비해 시민과 관광객 모두 편리한 '경북관광의 교통 중심지'로 육성할 계획입니다. 아울러 옛 안동역사 부지를 포함한 폐선부지는 시민들과 관광객의 문화·관광시설로 조성할 방침입니다. 특히 안동 원도심의 중심지인 옛 역사부지는 테마공원과 지하주차장, 문화시설 등으로 조성해 시민들의 품으로 돌려줄 계획인데, 현재 관련 기관과의 협의가 상당한 진전을 이루고 있습니다." 경북도청 이전, 기차역과 버스터미널 이전 등으로 성장의 축이 서쪽으로 편향된 것을 만회하고, 옛 안동역사 부지를 원도심 발전의 중심지로 새롭게 개발해 나간다는 계획이다.

유교선비문화 공원 등 3대 문화권사업

권 시장은 이어 안동시를 관광의 거점도시, 변화와 발전의 중심으로 이끌어갈 굵직한 공모사업도 추진하고 있다고 했다. '3대 문화권사업'의 준공과 더불어 안동관광을 세계적 수준으로 끌어올릴 '관광거점도시 육성사업', 시민이 주도하는 '예비문화도시사업', 전통시장 활성화를 위한 '상권르네상스 사업' 등이 그것이다.

안동시가 2008년 광역경제권 선도프로젝트 사업에 선정되면서 추진해 온 '3대 문화권사업'은 '세계유교문화박물관', '안동국제컨벤션센터', '한국문화테마파크' 등 세 가지 사업으로, 국비 2382억 원을 포함해 총 3930억 원의 예산이 투입됐다.

'세계유교선비문화공원'은 33만㎡ 부지에 사업비 1966억 원을 투입해 세계유교문화박물관과 컨벤션센터를 건립하며 조성한다. '세계유교문화박물관'은 유교문화권 정신·문명의 지식정보를 총결집한 라키비움* 형태로 우리나라와 중국, 일본 등 동아시아 유교문화를 한눈에 볼 수 있다. 도산면 일대의 '안동컨벤션센터'는 지하 2층, 지상 2층으로 구성하며, 최대 2천 명을 수용할 수 있는 국제 규모의 다양한 행사를 개최할 수 있다. '한국문화테마파크'는 43만㎡ 부지에 1302억 원으로 산성마을, 전통극체험장, 저잣거리, 의병체험장, 연무마당, 전망대 등을 조성하며, 관광객들이 전통문화를 직접 체험할 수 있다.

"지난 10년간 제도적, 실무적으로 많은 난관에 봉착했지만, 마지막까지 철저히 점검하고 보완해 성공적으로 개관할 수 있도록 모든 노력을 다하고 있습니다. 안동 3대 문화권사업에는 국비와 지방비 3290억 원이 투입됐지

---

* 라키비움(larchiveum)은 도서관(library), 기록관(archives), 박물관(museum)의 합성어로 다양한 정보자원을 서비스하는 복합문화공간을 뜻한다.

만, 연간 유지·운영비가 40억 원이나 들어가고 300실 규모의 호텔 유치와 콘텐츠 개발이 요구되는 등 해결해야 할 과제도 아직 많습니다."

예비문화도시 지정과 상권르네상스

2021년 안동시는 문화체육관광부가 추진하는 제4차 문화도시 지정 공모사업에서 '예비문화도시'로 지정됐다. 지난 2019년부터 도전해 3번째 만에 이룬 성과인데, 안동문화도시 시민공회(公會)의 거점공간인 '모디684'*를 옛 안동역사에 개관하면서 탄력이 붙었다고 한다. 안동시는 1년간 문화도시 예비사업을 진행하고 2022년 말 '문화도시심의위원회' 심의를 통과하면 '법정 문화도시'로 지정된다. 법정 문화도시로 지정되면 2023년부터 2027년까지 5년간 최대 100억 원의 국비 포함 총 200억 원의 예산을 확보하며, 명실상부한 문화도시로서의 면모를 갖추기 위한 사업을 전개할 전망이다. 권 시장은 "'시민역(力)사문화도시'라는 비전 아래 시민의 힘이 이루어낸 성과"라며 "시민이 도시문화의 주체가 되는 다양한 경험을 통해 '나'의 이야기가 '도시'의 이야기가 되는 문화도시 안동을 기대해달라"고 했다.

'상권르네상스사업'은 안동시 원도심 활성화와 지역상권 부활을 위한 사업이다. 2022년부터 2026년까지 5년간 총 90억 원을 투입해 중앙신시장, 구시장, 남서상점가, 문화의 거리, 음식의 거리 등 상권활성화구역의 상권 전반을 종합개발한다. 안동시는 2021년 10월 중소벤처기업부 공모사업인 '제5차 상권르네상스사업'에 선정된 뒤 상권활성화추진단을 꾸려 '언택트 스마

---

* '모디684'는 '모두 함께'를 뜻하는 경상도 사투리와 옛 안동역 주소 684의 합성어이다. 모디684는 도시의 활력과 소통의 공간으로 시민 누구나 자유롭게 도시 이야기를 하며, 도시문제와 이슈, 의제를 풀어가는 시민공회를 진행하는 거점공간이다. 또한, 공연과 전시, 회의, 퍼포먼스 연습, 팝업스토어, 미디어 스튜디오 등 다양한 문화행사와 활동을 할 수 있는 복합문화공간(문화플랫폼)이다.

모디684

트 상권' 구축, 상권 특성화 기반 조성, 상권 자생력 강화 등 상권을 특화하고 경쟁력을 높이기 위한 5개년 로드맵을 마련했다. 1년차 사업이 시작되는 2022년에는 18억 원의 예산으로 '장보기 통합배송센터'를 비롯한 14개 세부 사업을 진행하고, 코로나19로 침체한 안동 원도심에 다양한 먹거리, 볼거리, 즐길거리 요소를 강화하고 탈을 이용한 '마스크데이 페스티벌'을 개최한다는 계획이다.

안동댐 주변이 낙후지역으로 된 것이 너무 아쉬워

"시민들 덕분에 내리 3선에 성공하면서 그간 힘겨운 사업은 검토하고 보완하면서 완성도 높게 추진했습니다. 다만, 기초자치단체 권한 밖의 사무는 중앙정부를 찾아가 설득하고 이해시키려 부단히 노력했음에도 관철되지 않아 몹시 아쉬웠습니다. 특히 안동댐으로 인한 피해가 큽니다. 직접적으로는 안개 등의 피해로 시민 건강은 물론 농업에도 악영향을 끼치고, 간접적으로는 개발이 제한되어 있다는 점입니다." 안동댐 일원이 개발제한으로 난개발은 피할 수 있었지만, 한편으로는 시민의 경제생활과 수자원 활용사업 등 지역발전에 큰 장애가 된 것도 사실이라는 지적이다.

안동댐 주변 자연환경보전지역은 안동댐 건설로 인한 수자원 보호를 목적으로 1976년 국가가 지정했다. 그러나 많은 이주민 발생에 따른 인구감소와 각종 중복 규제로 인해 댐 주변이 낙후지역으로 전락하는 등 도시발전의 걸림돌이 되었다. 권 시장은 "수도권과 강원도의 최대 식수원인 소양강댐 주변은 구체적인 개발계획 없이 2010년 자연환경보전지역을 대폭 해제했는데, 안동댐 주변은 1976년 '호수 중심선에서부터 가시구역'이라는 모호한 기준으로 환경보전지역을 필요 이상 과다 지정했다"면서 "피해에 따른 최소한의 권리를 행사할 수 있도록 안동댐 주변 자연환경보존지역의 제한이 완화되길 기대한다"고 했다.

권 시장은 또 "점촌~안동 구간 철도 신설을 위해 국토부와 정치권에 수차례 제안하고 협의했지만 결실을 보지 못하고 있다"면서 "경북도청 신도시는 철도 연계계획 없는 유일한 도청소재지라는 오명을 벗고, 관광객 접근성 및 산업 물류 경쟁력을 확보하기 위해서도 철도 신설은 꼭 필요하다"고 말했다.

권 시장은 마무리 인사에서도 시민 소통을 강조했다. "안동시장 12년은 제 일생에서 가장 밀도 있는 삶이었습니다. 지금까지 오게 해준 16만 안동 시민께 감사드리고 저도 이제 곧 평범한 시민의 삶으로 돌아가서 수구초심의 마음으로 시민 모두의 행복을 바라며 응원하겠습니다. 후임 시장님도 부디 시민과 소통하면서 시민 중심의 행정을 펼쳐 주시기를 당부드립니다."

고윤환 문경시장

서울대 행정대학원 행정학 석사
인하대 대학원 행정학 박사
제24회 행정고시
청와대 행정관
인천시 남동구 부구청장
행정안전부 지역발전정책국장·지방행정국장
부산광역시 행정부시장

민선 5·6·7기 문경시장

고윤환 문경시장은 퇴임을 앞두고 나름 준비를 한다고 했다. "공무원 오래한 사람들은 입으로 시키기만 해서 퇴직하면 전화도 할 줄 모릅니다. 그래서 저는 요즘 공부합니다. 파워포인트·엑셀도 하고 퇴임하면 혹시 대학에 강의할 기회가 올 것에 대비해 통계처리도 공부하고 있습니다. 문경시 연평균 소득증가율도 단순평균을 쓰지 않고 지수함수로 해서 제가 직접 계산했습니다. 틀려도 제가 틀리는 겁니다."(웃음)

고 시장은 지금은 경산시에 있는 영남대학교를 나왔다. 대학 4년 동안 '새마을 장학금'을 받았고 4학년 때 행정고시에 합격했다. "장학금을 문경시에서 줬으니 문경에 신세를 진 겁니다. 내무부(지금의 행정안전부) 계장·과장을 거쳐 국장을 두 번 하고, 청와대와 총리실에도 근무하고, 인천 남동구 부구청장과 부산시 행정부시장까지 했습니다. 선출직이 아니면 국가공무원으로서는 더 갈 데도 없고, 출마할 마음도 좀 있었고 주위의 권유도 있었습니다."

고 시장은 행정안전부, 청와대, 총리실 등 중앙 부처는 물론 자치단체에서도 공직생활을 두루 거친 '정통관료' 출신이다. 2012년 당시 문경시장이 국회의원에 출마한다고 중간에 사퇴하는 바람에 시장 후보로 출마해 당선했다. "막판에는 나가기 싫었는데 동네방네 소문은 다 돌았고 후배들은 '형님! 출마 안 합니까, 언제 출마해요' 전화는 계속 오고 해서 어쩔 수 없이 출마했습니다."

문경새재 노점상 정비

고 시장은 지난 10년간 재임하면서 가장 역점을 두었던 사업으로 '문경새
재 노점상 정비'(초선), '문경세계군인체육대회'(재선), '주민밀착형 현장 행정
추진'(3선)을 들었다.

"노점상 정비는 정말 상상을 초월할 만큼 힘들었습니다. 이제 문경시에
는 노점상이 한 개도 없습니다. 노점상은 철거하고 문경새재와 중앙시장에
장소를 별도로 마련해 장사할 수 있게 조처했습니다. 대신 상속은 안 됩니
다." 문경시는 2012년 하반기에 문경새재 입구에서 오랫동안 관행적으로 영
업하던 불법 노점상 20여개를 완전히 철거했다. 그리고 경북 8경의 으뜸이
라고 불리는 '진남교반'에 무질서하게 난립해 있던 불법 포장마차 15여 개도
완전히 철거해 아름다운 옛 모습을 되찾고 준법질서 행정의 기반을 확립했
다. 2015년 상반기에는, 1988년부터 30여년간 불법으로 도로를 무단으로 점
유하며 영업하던 시내 중앙시장 노점들을 정비했다. 그동안 화재가 발생해

문경새재 노점상 정비(전후)

도 소방차 진입이 불가능해 안전사고 등과 관련한 잠재 민원이 빈발하여 여러 차례 노점 정비를 시도했으나 상인들의 반발로 추진하지 못했던 문경시의 고질적인 민원을 해소한 것이다.

초저예산으로 치른 문경세계군인체육대회

두 번째는 2015년 10월 '문경세계군인체육대회'를 성공적으로 개최하는 것이었다. "117개 국가에서 선수 등 7045명이 왔는데, 아시아경기대회에 버금가는 대회였습니다. 국방부에서 주최하는 건데 문경시 다음으로는 중국 우한에서 크게 개최했습니다. 우리나라 국제대회의 모델로 제시되어 정부도 문경방식으로 하고 있습니다." 2015년 문경대회에서는 전세계 117개국에서 7045명의 군인이 참가해 일반 종목 19개와 군사종목 5개 등 24개 종목에서 실력을 겨뤘다. 한국은 금메달 19개, 은메달 15개, 동메달 25개를 획득해 4위에 올랐다. 국회에서 승인된 문경대회의 총예산은 1653억 원으로 국비 50%, 지방비 30%, 마케팅 수익 20%로 구성됐다. 전 대회인 브라질의 리우데자네이루 대회는 총 74억 8250만 헤알(한화 약 2조 1400억 원)이 들어갔는데, 문경시는 그 비용의 8%에 해당하는 초저예산으로 대회를 치름으로써 '저비용·고효율 국제대회'의 본보기가 되었다고 한다.

인구 7만여 명의 작은 도시 문경에서 전 대회의 10분의 1도 채 안 되는 예산으로 성공을 이룬 비결은 민·군·관이 협력해 시설과 인력의 비용을 최소화할 수 있는 지혜와 전략을 모았기 때문이라고 고 시장은 설명했다. "먼저 선수촌을 막사와 아파트 중간인 카라반으로 짓고 100% 분양을 다 했습니다. 그리고 기존 시설을 고쳐서 사용했습니다. 또 문경만 한 것이 아니고 인근 8개 시·군과 협업했습니다. 공동으로 시설도 같이 쓸 수 있고 교통 마비도 없었고 비용도 절감할 수 있었습니다." 경기 장소와 일정 등 행사 안내와 진행은 정보통신기술을 완벽하게 구현하여 기자들의 취재·보도나 행사 진행에 불편한 점이 하나도 없게 했고 통역과 안내는 학생들이 자원봉사를 했다.

점촌역 주변 차 없는 문화거리

세 번째는 민선 7기에 3선으로 당선하면서 집중적으로 추진한 '주민밀착형 현장 행정'이다. "제 행정이 전부 현장 중심의 행정입니다. 2019년 한국일보가 엄정하게 입체적으로 평가한 인구 50만 미만 도시를 대상으로 한 조사·평가에서 문경이 1위를 했습니다." 고 시장은 현장 행정의 성공 사례로 점촌역 주변 차 없는 문화거리 조성, 중앙로 전선 지중화, 오미자 등 지역특산물 가공산업 육성과 일자리 창출 등을 들었다. '점촌역 주변 차 없는 거리'는 폭 8m에 길이는 1㎞ 정도다. 일주일 내내 차 없는 거리로 문화의 거리로 만들고, 이를 위해서 주변에 주차장을 만들어 불편함이 없도록 했는데 지금도 계속 만들고 있다고 한다.

오미자 생산과 가공은 문경이 하기 전에 무주·장수 지역에서 먼저 시작했고 생산도 많이 했다. 그런데 판매 부진으로 무주와 장수가 무너졌고, 당시 문경은 막 오미자를 시작하는 단계였다. 오미자 가공을 해보자 하는 의지를 갖고 시작했는데, 다행히 살아남았다. "지금은 문경이 대성공을 거두고 전국의 44%까지 생산하고 있습니다. 그러니까 인근에서 문경 오미자를 가지고 생산과 가공을 하고 있습니다.

점촌역 주변 차 없는 문화거리

핑크넘버원 오미갈수

최근에는 '오미갈수'라는 음료를 개발해 대대적인 홍보에 들어갔습니다. 문경이 상품을 개발하고 판매는 민간이 합니다. 임상시험 결과 당뇨에 특효가 있다고 나왔는데, 큰 성공을 할 겁니다."

새 문경 뉴딜사업 '모듈 주택' 중단 아픔

의욕적으로 추진한 사업이 중단된 아쉬운 사례도 있다. 바로, 귀농·귀촌 활성화와 인구증가를 위해 추진했던 '새 문경 뉴딜사업'이다. 고 시장은 "문경시는 지방소멸 위험지수가 전국 시부(部)에선 상주, 김제에 이어 3위로, 이 추세라면 문경은 획기적인 인구정책을 시행하지 않으면 사라질 수밖에 없다"라며 절박한 심정을 털어놓았다. "이 사업은 1억 원짜리 '모듈 주택'을 지어 월세 5만 원에 3년간 살 수 있게 하고, 3년 열심히 살면 그 입주민에게 매각하는 겁니다. 현재 사는 분들에게는 가점을 주는데 인구증가 효과가 큽니다. 대지면적이 100평, 전용면적은 13평이니까 아파트로 따지면 분양 18평이고, 나머지가 80평이니 차를 세 대까지 댈 수 있습니다. '문경을 살립시다'

새 문경 뉴딜사업(공평동 모듈주택)

라는 밴드를 만들어 제가 직접 정책을 소개하고 했는데 의회가 반대해서 시위도 했습니다."

2021년 13동을 짓고 분양 공고를 했는데 입주 경쟁률이 10대1일 정도로 사람들이 몰려서 광고는 따로 하지 않았을 정도라고 한다. 2022년에도 370억 원을 편성해 예산을 의회에 제출했으나, 의회는 모듈 주택 건립비용의 역외유출, 사실상 주택임대사업이라는 이유로 반대하고 예산을 삭감하는 바람에 사업이 중단되어버렸다. 고 시장은 "일단 이 예산을 '부동의' 처리해 예비비로 남겨놨기 때문에 후임 시장이 추진하면 됩니다"라며 후임 시장에 의해 사업이 중단 없이 계속 추진되길 바랐다.

고 시장은 '생활쓰레기 처리업무 민간 위탁'이 본인의 공직생활 30년 중 가장 힘들었다고 고백했다. 2013년 경상남도가 진주의료원을 폐쇄하던 때와 겹치면서 민주노총에서 연대해 반대했다. "시장실을 점거하고, 이루 말로 표현할 수 없을 정도로 힘들었습니다. 민주노총에서 재선 기간에 낙선운동까지 했습니다. 압도적으로 이기긴 했지만요. 그래서 타협한 것이 환경미화원이 퇴직하면 그 인원만큼 민간 위탁으로 전환하는 것이었습니다. 지금도 한 서른 명 정도 남아 있습니다." 고 시장은 "민간 위탁을 한 회사하고만 할 경우 그 회사가 파업이라도 하면 시장이 끌려가기 때문에 한 개 업체로 하지 않고 네 개 업체로 쪼개 위탁하고, 담합을 못 하도록 계약 기간을 각각 다르게 했다"고 부연 설명했다.

10년간 민선 시장으로 일하면서 느낀 우리나라 지방자치의 가장 큰 걸림돌로 고 시장은 불합리하고 불필요한 '행정규제'를 꼽았다. 「농지법」, 「산지관리법」, 「건축법」 등과 관련하여 지역에 맞지 않는 행정규제가 너무 많다는 것이다. "예를 들면, 문경 인구가 약 7만 명인데 서울 인구의 135분의 1이고, 면적은 911.17㎢로 서울 면적의 1.5배입니다. 그런데 규제는 서울시와 문경시가 똑같습니다. 경기도는 과잉이 문제이고 우리는 과소가 문제인데도 규제는 똑같습니다. 농림지에는 아무것도 못합니다. 농림지를 다발로 묶다 보니까 농사도 못 짓는 자갈밭도 농림지역이어서 펜션 하나 못 짓습니다."

또 다른 하나는 시골에 집을 지으려면 도로가 있어야 하는데, 관습상 자연도로나 농로를 도로로 인정해주지 않으니 시골에 집을 지을 수 없다고 했다. 현행법상 면 소재지는 관습상 도로를 인정해주는데, 읍이나 동은 인정이 안 된다. 감사도 너무 많다. 기초자치단체는 시·도 감사, 행정안전부 감사, 감사원 감사 등 해마다 감사를 준비하는 데 많은 시간과 노력을 사실상 허비해야 한다는 것이다.

퇴임 후 '지방규제혁신센터'를 만들고 싶어

자치단체의 재정집행 자율성을 너무 제약하는 것도 큰 문제라고 지적했다. "중앙부처마다 각종 공모사업이 있습니다. 문경과 같이 농지와 산이 많은 지역은 농림수산부 사업이 제일 많고, 도서 지역과 접경지역은 행정안전부 사업, 공장이 많은 데는 산업통상자원부 사업 등 다양하게 있습니다. 문제는 자치단체가 지역 실정에 맞지 않아도 중앙 부처 지침에 맞춰서 공모사업을 따오지만, 실제 현장에서 그대로 집행하면 망합니다. 그런데 지침을 변경하려고 하면 못 바꿉니다. 중앙 부처의 고집 센 과장이 바뀔 때까지 무작정 기다려야 합니다. 이것으로 징계받는 것도 아닌데 변경을 쉽게 해주지 않습니다. 사업의 큰 취지에 맞으면 현장에서 잘 집행할 수 있도록 중앙정부 지침에 대해 50%까지는 탄력적으로 변경해줘야 합니다."

이와 관련해 고 시장은 퇴직하고 나면 은퇴한 시장·군수·구청장 중에 전문가 중심으로 '규제혁신센터'를 만들고 싶다고 했다. 특히 기초자치단체를 옥죄고 있는 각종 규제를 모아서 중앙 부처에 혁신 건의하고, 필요하면 입법 지원활동도 하고 싶다는 것이다. "도시규제는 도시지역의 시장이나 구청장이, 농촌규제는 농촌지역의 시장이나 군수가 맡으면 된다고 봅니다. 이제는 매크로(macro) 시대가 아닙니다. 디테일(detail)의 시대입니다. 세부적인 것을 알아야 합니다. 총론으로 대한민국의 문제를 풀 수 없습니다. 지방을 옥죄고 있는 규제만 풀어도 할 수 있는 게 많습니다."

중앙정부와 광역시·도, 기초자치단체 간 역할이나 관계와 관련해선 중앙정부보다 광역시·도와 기초 시·군·구 관계가 더 힘들다고 했다. "시에 다리 토목공사를 발주하려면 도에 타당성 용역부터 해서 받을 게 많습니다. 특히 도시계획권 관련해서 경북 인구증가대책회의를 하는데, 문경에 아파트를 지으려는 것을 1년째 허가해주지 않습니다. 도지사도 업무 시스템을 모르면 우리 시·군이 건의해도 규제를 못 풉니다. 그리고 '예산 조기 집행'을 하라고 하지만 막상 도로·하천 등 공사가 일정 금액 이상 넘으면 도청 감사관 심사까지 받아야 합니다. 기초자치단체는 중앙은 중앙대로, 시·도는 시·도대로 규제와 감사를 받아야 하므로 일하는 것이 너무 힘듭니다. 이것이 지방의 규제 현실입니다."

자치단체 기관 구성 다양화는 시범실시 후 논의

자치단체장을 외부 전문가로 임명하거나 지방의원 중에서 자치단체장을 겸임하는, 즉 간선제 형태의 '자치단체 기관구성 다양화' 논의에 대해 고 시장은 "미국 필라델피아는 우리처럼 시장 따로 의원 따로 뽑는 경우가 있고, 샌프란시스코의 산타클라라 같은 곳은 의원 7명만 뽑고 돌아가면서 시장을 하는 곳도 있고, 시장을 외부 전문가로 두는 방법도 있습니다. 영·미와 같이 전통적으로 의회 중심의 풀뿌리 민주주의 역사가 깊은 나라의 사례를 우리 나라에 그대로 적용하기에는 한계가 있을 수 있습니다. 우선 시범 시행부터 해보고 성과를 분석한 후 전국적으로 확대할 수 있을지 판단하는 게 필요하다고 봅니다."

기초자치단체장 정당공천제와 관련해선, 우선 정당공천을 하지 않으면 후보자가 난립할 수 있다는 점을 우려했다. 민선 8기 선거에서 문경시엔 시장후보가 5명 나왔다고 한다. 어쨌든 당에서 걸러주는 기능이 필요하다는 것이다. 반면 기초의원은 정당공천제가 의미가 없으므로 무조건 폐지하는 것이 바람직하다고 했다. "2004년 노무현 정부 시절 제가 행정안전부 주민과장을 할 때 정당공천제 폐지를 추진한 적이 있었는데, 당시 여당의 반대로 무산되었습니다. 정당공천제 폐지는 찬반 이론이 팽팽하고, 무엇보다 공천권과 입법권을 쥐고 있는 국회의원이 반대하기 때문에 폐지하기가 매우 어렵습니다. 정당공천제를 폐지하려면 국민 입법청원을 위한 서명운동을 대대적으로 하거나, 폐지에 반대하는 국회의원 후보자에 대한 범국민적 낙선운동을 전개하는 것도 한 방법입니다."

고 시장은 지난 10년간 의회와의 관계가 대체로 원만했으나, 2021년 9월

추경예산안 처리 때 지방소멸 극복과 인구증가를 위한 '새 문경 뉴딜정책'에 의회가 반대한 뒤부터 시민들과 직접 소통하면서 극복하고 있다고 한다. "의회가 4년마다 선출되는 순간에 갑(시민)과 을(의원)이 바뀝니다. 많은 예산이 의회승인을 받습니다. 자기들끼리 계수 조정해서 휴회시간에 예산을 다 깎아버립니다. 깎은 예산은 자기 공약사업으로 돌리고 간부에게 이권 청탁을 하고. 시민은 누가 깎았는지 모릅니다. 휴회 때 한 것이라서 속기록을 공개해도 내용이 없습니다. 시민들이 현 시의원들 낙선운동에 들어갔습니다."

고 시장은 후임 단체장들에게 "지방소멸 이슈에 더 혁신적인 대책으로 더 적극적으로 대응할 것, 포퓰리즘에 유혹당하지 말 것, 그리고 행정의 중심을 주민·효율성·경제성에 둘 것" 등 세 가지를 꼭 염두하라고 당부했다.

곽용환 고령군수

영남대 대학원 행정학석사
고령군청 33년 근무
가야문화권 지역발전협의회 3~7기 의장 역임

민선 5·6·7기 고령군수

"소통과 현장입니다." 곽용환 고령군수는 3선 연임 12년을 가능하게 한 키워드로 소통과 현장 행정, 두 가지를 들었다. "저는 고령군청에서 33년간 근무하면서, 특히 면장 등을 역임하면서 직접 민원대장을 만들어 해결하고 주민에게 손편지로 연하장을 작성하는 등 소통하려고 노력했습니다. 군수로 취임하고 제일 먼저 한 일도 집무실 문을 닫지 않는 일이었습니다. 어느 누가 무슨 일로 방문하든 함께 앉아 듣고 이야기를 나누었습니다. 민원 면담을 결코 가려서 받지 않았습니다."

곽 군수는 군청 홈페이지의 '군수와의 대화방'도 직접 운영했다. "다른 지자체는 비슷한 성격의 게시판을 국민신문고 하나로 통합하는 추세라던데, 저는 직접 게시판에 올라온 글을 읽어보고, 필요하면 민원인한테 직접 연락해 설명했습니다." 군청 직원들과의 소통에도 신경을 썼다고 했다. "실질적으로 사업을 진행하는 것은 직원들이기 때문에 직원들의 사기와 이익을 위해 목소리를 낼 수 있도록 직장협의회와 노조 출범도 지원하고 적극적으로 대화에 임했습니다."

곽 군수는 또 '현장 행정'을 중시했다. "간부회의 때 제일 많이 이야기한 단어가 '현장' 아닐까 합니다. 어쩌면 현장 중심 행정은 소통과도 맞닿아 있다고 생각합니다. 저는 특별한 공식 일정이 없으면 각 읍·면을 직접 돌아다니며 주요 사업현장을 비롯해 마을 곳곳을 살펴보았습니다. 혹시 미비한 점이 보이면 바로 사진을 찍어 담당과장에게 보내 해결하도록 했지요. 현장에서 군민을 직접 만나 이야기를 들었습니다." 곽 군수는 현장을 더 디테일하게 보고자 '드론'을 이용해 촬영하고 집무실의 스마트TV로 연결해 현장을 조감하는 체계도 마련했다.

"사람의 눈으로 볼 수 없는 부분을 확인할 수 있어서 업무 효율이 더욱 높아집니다. 요즘 팀장들의 보고는 모두 현장 사진을 스마트TV로 보며 합니다. 마치 현장에 나가 있는 것처럼 검토할 수 있지요. 이렇게 소통과 현장을 강조하고 직접 실천했기 때문에 군민의 선택을 받아 민선 5·6·7기 고령군 발전을 이룩할 수 있었다고 생각합니다."

보금자리 정책과 대가야 특화지역 브랜드정책

곽용환 군수는 지난 12년간 역점을 두어 추진한 정책도 크게 두 가지라고 설명했다. 첫째는 군민의 삶을 행복으로 채우는 적극적인 '보금자리 정책'이고, 둘째는 대가야의 왕도(王都)인 고령의 역사적 정체성을 확립해나가는 '대가야 특화지역 브랜드정책'이었다.

"먼저, 보금자리 정책은 '군민의 삶이 곧 군정'이라는 철학을 바탕으로 군민의 삶의 질을 높이고, 일상생활에 필요한 필수 생활인프라를 구축하기 위한 정책으로, 행복도시 고령을 만들어온 우리 모두의 노력이라고 보면 됩니다." 곽 군수는 보금자리 정책의 주요 성과로서 문화·체육·예술·복지복합시설인 대가야문화누리 조성, 면사무소·도서관·보건지소·장난감 도서관 등을 갖춘 다산면 행정복합타운, 출산통합지원센터, 정신건강복지센터, 경북도내 1호인 치매안심센터, 아이나라 키즈교육센터, 쌍림면 행복이음터 준공 등을 열거했다.

"대가야문화누리는 문화·체육·교육·복지 등 다방면의 수요를 한 곳에서 해결하게 만든 종합공간으로, 민선 5기에 첫 삽을 떠 2015년 9월 개관했어

대가야문화누리

요. 고령군민의 일상적인 삶의 질을 한 차원 성장시키며 정주 여건 개선에
도 크게 이바지했습니다. 코로나19 팬데믹으로 다소 주춤했지만, 다양한 대
규모 행사와 공연을 개최하는 고령군의 '랜드마크'라고 생각합니다. 경북도
건축문화상 최우수상을 받은 다산면 행정복합타운은 주민 소통·교류의 장
이자 도시와 자연이 어우러진 장소로 자리매김했고, '고령기와'로 지붕을 올
린 개진면 행정복지센터 건립, 접근성과 시스템 개선으로 원스톱 서비스를
제공하는 고령군보건소 신축, 민선 7기에 생활SOC복합화 사업으로 선정된
쌍림면 행복이음터 준공 등도 주민생활 속에서 실질적 편의를 향상시킨 사
업들입니다."

둘째로, 대가야 특화지역 브랜드정책은 520여 년간 대가야의 왕도였던 고
령군의 역사적 정체성을 활용해 지역 브랜드로 육성하는 정책이었다. "먼저,

대가야읍 명칭 변경

대가야가 건국한 AD 42년을 기념해 2015년 4월 2일 고령군의 중심지인 고령읍을 '대가야읍'으로 행정구역 명칭을 변경했습니다. 또 대가야의 생(生)·국(國)·혼(魂)을 상징하는 가야산신 정견모주, 시조 이진아시왕, 가야금을 창제한 악성 우륵 선생의 표준영정을 제작 완료했습니다." 곽 군수는 이어 대가야 종묘 개관과 종묘대제 봉행, 대한민국 대표축제에 빛나는 대가야 체험축제의 성공적인 개최 등 그동안 신비의 역사로 남아 있던 대가야의 역사와 문화를 현재에 되살려 지역의 신성장 동력으로 추진해나갔다.

"특히 고령 지산동 고분군은 대가야시대의 대표적인 유산으로 인류의 탁월한 보편적 가치가 내재된 중요한 유적으로 평가받고 있어 2022년 6월경 유네스코 세계유산으로 최종 등재될 것으로 기대하고 있습니다. 세계유산 등재를 통해 그동안 우리 고령이 추진해온 대가야 특화지역 브랜드정책이 세계와 함께하는 자랑스러운 성과로 남을 것이며, 관광도시로 도약하고 있는

대가야 종묘 개관 및 대제 봉행

고령의 든든한 뿌리가 될 것입니다."

인구감소 막아낼 맞춤형 대책 마련, 관계인구 유입 노력

곽 군수는 국가 차원의 문제이기도 한 '인구감소' '지방소멸' 문제에 대응하기 위해 다양한 정책을 추진했다. "인구감소의 가장 큰 원인은 인구유출, 특히 생산인구인 청년들이 수도권과 대도시로 떠나가는 것입니다. 고령의 경우, 청년들이 지역을 빠져나가는 이유가 직업, 가족, 주택, 교육 순으로 나타나는데, 이는 생산인구 유출 원인 중 일자리가 가장 큰 부분을 차지한다는 것을 보여줍니다. 고령에도 4개 산업단지와 2개 농공단지가 있지만, 대부분 중소기업체로 청년층이 원하는 양질의 일자리는 부족한 편이지요. 그래서 대구시 인근이라는 장점이자 단점으로 인해 대구에 거주하는 청년들이 많습니다."

곽 군수는 과거 인구감소 및 지방소멸 대응정책들이 대부분 중앙정부의 정책 방향에 맞춘 보조사업 위주였고 출생률 인구증가에 초점을 맞추다 보니 인구유출을 막는 데 한계가 있었다고 진단했다. 그래서 정주인구 유입 정책과 함께 '관계인구' 유입에도 힘을 쏟았다. "고령군의 인구감소는 분명 안타까운 일입니다. 그래서 적극적인 귀농귀촌 정책, 청년창업 정책, 전입인구에 대한 인센티브 확대 정책 등 인구 유입을 위한 직접적인 노력을 계속했지요. 그리고 하나 더, 관광객 등 우리 지역을 자주 방문하며 고령군과 지속적인 관계를 맺는 '관계인구' 유입에 힘을 쏟았습니다. 고령군을 방문하는 사람이 많아질수록 어떤 형태로든 정주할 가능성도 비례해 높아진다고 본 것입니다."

곽 군수는 실제로 자신의 정책을 통해 고령군을 방문하는 사람이 꾸준히 늘고 있다고 했다. KT의 이동통신 데이터에 따르면, 고령군을 방문한 외지인이 2018년 555만 5130명에서 2021년 594만 8459명으로 최근 4년간 매년 5% 이상 늘어났다는 것이다. 곽 군수는 또 관계인구 유입에 크게 공헌한 주상봉 경기도 재향경우회장(용인시 거주), 김영옥 제주서부경찰서장 등 전직 고령경찰서장 2명을 '명예군민'으로 모셨다고 소개했다.

2021년 지정한 지방소멸지역 89곳에 포함된 고령군은 장기적인 지방소멸기금 투자 계획을 수립하고 있다. 민간전문가와 공무원으로 '인구활력추진단'을 구성해 지역 여건을 분석하고 그를 토대로 고령의 장점을 살린 대응책을 마련한다는 계획이다. "지역에 맞는 상향식 맞춤형 방식을 도입한 게 이번 '지방소멸대응기금' 사업이라고 생각합니다. 그래서 중앙정부 중심의 정책들과 달리 수요자 중심의 맞춤형 전략을 토대로 정주인구, 생활인구를 늘리는 데 중점을 두고 있습니다. 또 소모성 사업이 아닌 지속적인 성과 창출을 위한 차별화된 사업 발굴에 집중하고 있습니다."

축산분뇨 폐수의 완벽 처리

자신의 임기 중 가장 힘들었지만 지역주민들의 반대를 리더십으로 돌파한 정책사업으로는 '축산분뇨 폐수처리 사업'을 들었다. "고령군은 영남권 최대 도축장이 있는 곳으로, 영남권 축산물의 최대 유통지역입니다. 축산업 규모 도내 2위로서 지역경제의 큰 부분을 차지하고 있는데, 악취 등 정주 여건 차원의 걱정거리가 큰 것도 사실이지요." 곽 군수는 특히 2012년 가축분뇨 해양투기가 금지되면서 가축분뇨 처리가 주요 현안으로 대두했고, 그 해결책으로 자신이 면장을 역임한 다산면에 가축분뇨 공공처리 시설을 건립할 수밖에 없는 상황에 놓였다고 했다. 하지만 주민들의 걱정과 반대가 만만치 않았다.

"문제를 해결할 방법은 하나밖에 없다고 생각해 실천에 옮겼습니다. 주민 누구한테도 불편함이 없는 가축분뇨 폐수의 완벽한 처리였습니다. 지역주민 한 분 한 분을 직접 만나 뵙고 의견을 나누며 가축분뇨 폐수의 완벽한 처리를 약속했고, 그 약속을 지키기 위해 각계 전문가의 수없이 많은 자문을 거

고령군 다산면 가축분뇨 공공처리 시설(조감도)

쳐 축산농가의 모든 돈사에 원심분리기 시설을 설치했습니다. 또 가축분뇨 처리 파이프 지하 매설 등 상생축산 환경을 갖추기 위해 최선의 노력을 다했습니다. 그 결과 현재는 민원이 전혀 없을 뿐 아니라, 주위에서 가축분뇨 공공처리시설이 존재하는지조차 모를 정도로 깨끗한 환경을 조성했습니다."

주민들의 무관심이 지방자치 정착의 가장 큰 걸림돌

곽용환 군수는 주민과의 소통을 강조하는 만큼 주민의 무관심을 가장 우려했다. "지방자치는 주민이 직접 또는 지방자치단체를 통해 주민의 뜻에 따라 정책을 추진하는 것으로 주민의 정책 참여권 보장이 가장 중요합니다. 주민의식 개선과 정책 참여 기회의 확대 등으로 실질적인 주민참여를 끌어내는 것이 매우 중요합니다. 따라서 지역주민이 정책과정에 무관심하고 참여하지 않는 것이 지방자치 정착에 가장 큰 걸림돌이 되지 않을까 생각합니다."

곽 군수는 기초선거 정당공천제에 대해서는 '투명한 공천제도'를 만드는 게 우선 과제라고 밝혔다. "정당공천제는 정당 중심의 책임정치 구현과 후보자들에 대한 면밀한 사전 검증, 정치적 성향 파악이 가능하다는 장점이 있으나, 중앙정치의 정당공천 독점과 공정성 결여 등 우려도 만만치 않습니다. 정당공천제가 무자격 후보의 난립을 막고 혈연·학연·지연이 좌우하는 지방정치의 현실을 정화하는 순기능을 한다는 점에서, 정당공천제 폐지를 논하기에 앞서 공천권을 가진 정당들이 투명한 공천제도를 만드는 게 중요하다고 생각합니다. 증명이 가능하며, 판단할 수 있는 명확한 기준을 공천심사기준으로 해서 혈연·학연·지연 등을 배제하고 지역발전을 위해 헌신할 수 있는 적임자를 공천한다면 유권자들의 신뢰를 얻을 것입니다."

자치분권과 균형발전은 상호 연계 추진해야

자치분권과 균형발전에 대해 곽 군수는 "자치분권 개혁은 기존의 중앙정부와 지방정부 간 수직적 상·하관계를 협력적 동반자 관계로 바꾸기 위해 지역 자치권을 확대하고 지역 주도 성장을 촉진해 국가발전을 선도하고자 하는 것이고, 균형발전 정책은 수도권과 비수도권 등 지역 간 성장 격차를 해소하고 지역 주도의 자립적 성장기반을 마련하기 위해 지역별로 다양한 사업을 추진하는 정책"이라며 "자치분권과 균형발전은 어느 게 우선인가보다는 상호 연계하여 추진해야만 비로소 성과를 거두고 정착할 수 있는 상호보완적 가치"라고 강조했다.

"자치분권과 균형발전을 위해서는 중앙정부 권한을 지방에 이양해 지방정부에 실질적인 권한을 부여하는 게 핵심입니다. 지역의 자율성과 책임성을 높이고 지역 주도적 성장을 기반으로 국가발전을 도모하는 것이 중앙정부와 지방정부의 바람직한 협치라고 생각합니다. 광역단체와 기초단체도 상호 상생적인 관계로 바뀌어, 주민생활과 밀접한 사무는 기초에서, 기초단체가 수행하기 어려운 사무는 광역에서 처리하는 협력적 관계 수립이 필요합니다." 곽 군수는 재임 중 경북도와 협력해 성과를 낸 사업으로, 고령군과 세계적인 바이올린 제작도시인 이탈리아 크레모나시가 상호협력 양해각서(MOU)를 체결하고 지금까지 활발한 문화·경제 교류사업을 이어온 사례를 소개했다.

곽 군수는 거꾸로 중앙정부나 광역단체가 정책목표 달성을 위해 일방적으로 지방비를 기초단체에 부담시킨 사례도 소개하며 개선을 촉구했다. "최근 농민수당의 재정분담 비율(도 40%, 시·군 60%)을 놓고 광역과 기초단체 간 갈등을 빚었는데, 상대적으로 농민수당 지급 대상자가 많은 농촌지역은 재정자립도가 낮아 분담률 60%가 상당한 재정 부담으로 작용할 우려가 있습니다. 중앙정부와 광역·기초지자체의 원만한 소통과 협의를 통해 정책목표도 달성하고 자치단체의 자율성도 보장해 상호 지속가능한 방식으로 대안을 마련해야 합니다."

지방교부세율, 기초연금 등 국가보조율 상향 조정해야

곽 군수는 특히 '재정분권'을 통한 자치재정권 확보와 자치조직권 확대로 자치단체의 역량을 강화해나가야 한다고 강조했다. "지방소비세율 향상 등 문재인 정부가 시행한 1·2단계 재정분권을 통해 지방재정의 규모는 다소 커졌지만, 주민의 요구와 현장에 맞는 시책을 실현해 나갈 수 있는 의사결정 권한의 자율성은 여전히 부족하다고 느낍니다. 결정은 중앙이 하고 부담은 지방이 지는 형국이 되지 않도록 지방재정의 지속적 확충과 지역 간 재정 격차 완화를 위하여 지방교부세율은 지방소비세와는 별개로 단계적인 상향 조정을 해야 합니다. 또 기초연금과 아동수당, 의료급여 등 주민들의 기초생활 보장과 관련된 복지사업의 국고보조율도 반드시 상향 조정해야 합니다."

기초단위 교육자치 실현해야

곽 군수는 재임 중 지역 인재 양성과 교육여건 개선을 위해 '고령군교육발전기금' 조성, 대가야교육원 운영, 청소년 국제교류, 우수학생 장학금 지급 등 다양한 사업을 추진했다며 기초단위 교육자치 도입을 촉구했다. "교육정책사업은 지역의 교육지원청과 협력하며 지역주민의 다양한 욕구를 반영해 나가고자 했습니다. 이 과정에서 지역의 교육지원청에 독자적인 의사결정권과 책임이 따른다면 주민의 교육복지가 조금 더 향상되지 않았을까 하는 아쉬움이 있습니다. 기초단위 교육자치 실행을 위한 제도적·법적 뒷받침이 된다면, 지역 실정에 맞는 교육제도를 자율적으로 운영할 수 있는 기초단

치매안심센터

위 교육자치는 얼마든지 가능하다 봅니다. 국가 정책의 청사진을 그리는 국가교육위원회가 오는 7월 출범한다는데, 이 기구를 통해 기초단위 교육자치가 실현되기를 바랍니다."

곽용환 군수는 후임 단체장에게도 '소통과 현장'을 강조하며 당부했다. "군민과 적극적으로 소통하고 남다른 애향심으로 고령군 발전을 위해 노력해주길 바랍니다. 지역의 땅과 강, 사람을 모르고 어떻게 지역의 발전을 도모하고 미래를 이야기할 수 있겠습니까? 지역 곳곳을 누비며 현장을 돌아보면서 '현장에서 답을 찾으라' 말해주고 싶습니다. 아울러 군 단위 인구감소 문제 해결을 위한 인구 유입방안 등 정책 능력과 강력한 추진력을 겸비하시길 당부합니다."

백선기 칠곡군수

경북대학교 행정학 석사
경상북도 자치행정과장
청도군 부군수

민선 5·6·7기 칠곡군수

일시 | 2022년 4월 25일(금) 14:30

장소 | 칠곡군청 집무실

"저는 사실 자치단체장 하려고 준비한 것은 아니었습니다. 근데 초등과 고등학교를 여기서 나왔고, 공무원 시작도 여기서 하고, 비교적 일찍 운 좋게 경북도청으로 갔습니다. 당시엔 대구에 도청이 있어서 칠곡과 가까우니까 부모님·가족들과 자주 내왕이 있었습니다."

백선기 칠곡군수는 경북도에서 사회복지과장과 자치행정과장을 거쳐 2011년 청도 부군수로 근무하고 있었다. 그런데 그해에 칠곡군수가 「공직선거법」 관련한 일로 낙마했다. "갑자기 보궐선거가 있게 되자 제가 거론되고 주위에서 권유도 많았죠. 사실 처음에 안 한다고 했습니다. 정년이 4년 남았는데 선거를 하면 아무래도 돈도 좀 들어갈 거고 된다는 보장이 있는 것도 아니어서 망설였습니다. 그런데 주위에서 그래도 고향에서 마무리하는 것도 좋지 않겠느냐 권유해서 출마했습니다."

지역사회의 화합과 통합이 최우선

백 군수는 경북도청에 있으면서 누구보다도 고향인 칠곡에 관심이 많았다. 당시 칠곡은 매우 시끄러운 지역이었다고 한다. 이슈가 하나 뜨면 지역사회가 사분오열되는 그런 상황이었다. "저는 선거 전부터 그리고 선거에 출마하면서부터 한 이야기가 '첫째는 칠곡이 화합과 통합을 해야 한다. 그렇게 하지 않고 이렇게 시끄러운데 경북도나 중앙정부에서 누가 뭐를 도와주려

군민대통합추진위원회

하겠느냐? 우리가 살림살이가 없어도 스스로 화목하게 지내야 도나 중앙에서 도와주지, 계속 싸우면 누가 도와주겠냐'고 했습니다." 백 군수가 오랫동안 공직생활을 하다가 칠곡에 군수로 출마하게 된 동기는 지방선거 등으로 분열된 지역사회의 통합과 화합이었다.

그리고 군수로 당선해 취임하자마자 만든 게 '군민대통합추진위원회'였다. "군이 하도 시끄러우니까 군수 혼자서 잠재울 수가 없었습니다. 각 사회단체 대표를 위원으로 해서 군정을 설명하고 저의 뜻을 알리고 협조를 구했습니다. 저는 당의 공천은 받았지만 공무원을 했기 때문에 색깔이 없는 사람입니다. 저는 처음부터 그랬습니다. '군수를 정치인으로 만들지 마라. 군수가 정치하는 사람이면 살림살이를 제대로 못한다'라고 공언했습니다. 군수나 시장은 행정을 하는 사람이지 정치하는 사람은 아닙니다. 여기서 저의 생각과 뜻이 군민에게 많이 퍼져나가고 협조를 받을 수 있었습니다."

군민과의 소통: 잘 먹고 잘 놀자! '칠곡 인문학'

백 군수는 재임 기간에 가장 역점을 둔 사업으로 '칠곡 인문학'과 '군비 부담 채무 제로 달성' 그리고 '칠곡U자형 관광벨트 조성' 등 세 가지를 들었다.

우선 군민들과의 화합과 소통을 위해 구심점 역할을 할 수 있는 게 있어야겠다고 생각해서 만든 것이 '칠곡 인문학'이었다. "칠곡만의 인문학을 만들자. 문학이니 철학이니 하는 어려운 인문학 말고 소위 말해서 우리끼리 잘 먹고 잘 놀고 하는 칠곡의 인문학을 만들어보자고 했지요. 마을별로 인문학 마을을 만들고 협의체를 구성해서 가을에 인문학 축제도 엽니다. 이런 건 돈도 안 듭니다. 주민들이 밥해와서 낙동강 변에서 비빔밥 만들어 먹고. 이런 걸 통해서 군민들이 많이 순화됐죠."

백 군수는 문해학교 선생님들한테 할머니들이 한글만 터득하게 하지 말고 재미를 느낄 수 있는 다른 프로그램도 기획해달라고 부탁했다. "그래서 할머니들이 시를 쓰게 했지요. 하루는 선생님들이 '시집을 한번 내보면 어떻

칠곡할매글꼴 굿즈 전시회 오픈식 (2021년 10월)

겠냐' 해서 작품들을 한번 봤습니다. 할머니들이 삐뚤삐뚤한 글씨로 나름대로 생각대로 쓴 겁니다. 어떻게 보면 시는 아닌데 어떻게 보면 최고의 시인거죠." 백 군수는 고민했다. '관(군청)에서 내는 건데, … 그렇다고 맞춤법 맞추고 오·탈자 정리하면 의미가 없고…. 독자들은 군에서 다 만들고 할머니들 이름만 올린 것으로 생각할 수 있다.' 그래서 할머니들 글씨 그대로 복사해서 시집을 만들기로 했다. 그대로 만들어놓으니 경상도 사투리도 많이 들어갔다. "자매도시인 전북도의 박성일 완주군수한테 시집을 드렸더니 '이해가 안 된다'고 해서 제가 표준말로 뭐다고 통역을 하면 박 군수는 전라도 말로는 뭐다고 응답해 한바탕 웃은 적이 있습니다."

박성일 군수가 민선 6기에 당선하고 '칠곡 인문학마을'을 방문했을 때의 일이라고 했다. "점심을 마을회관에서 먹는데, 전날 제가 할머니들한테 '귀한 손님이 오시니까 점심을 준비해달라'고 하니 '뭐 해줄까' 해서 '할머니 해주고 싶은 대로 해라'고 했죠. 그때가 봄이었는데 쑥국을 옛날 방식으로 콩가

보람할매연극단

루 넣고 끓였는데, 박 군수가 '이거 우리 어머니가 해주는 것과 똑같다'라면서 두 그릇을 드시는 거예요. 반찬들도 촌에서 먹는 반찬 그대로 했죠." 할머니들이 쓴 시집도 주고, 그때 막 시작한 '마을 연극'도 관람했다.

마을 연극과 관련해선 정호승 시인의 에피소드를 꺼냈다. 정 시인이 팬들과 함께 인문학 마을을 방문했을 때 이야기란다. "그분들은 한번 오면 50명에서 100명씩 전국에서 모여 오는데 '마을 연극'을 보여줬습니다. 그때 연극 1편은 완벽하게 연습한 거고, 2편은 한 번도 공연하지 않고 연습하는 중이었습니다. 그런데 1편보다 2편이 훨씬 재미있었다는 겁니다. 1편은 다듬어진 것인데, 2편은 아직 연습하는 것이다 보니 '요번에는 왜관댁 니 차례 아이가. 퍼뜩 나온나' 뭐 이런 게 다 그대로 대사처럼 나오니까, 서울과 다른 지역에서 온 관객들이 모두 웃고 그랬습니다. 멋진 공연이 아니라도 순수한 맛이 그대로 나오는 게 좋은 거지요."

할머니들 시집 출판 기념회도 여는데 군 차원에서 합동시집으로는 세 권까지 냈다고 한다. "동네잔치가 열리는 거죠. 사위·며느리들 다 부르면 군수는 꽃다발 하나 주면 됩니다. 객지에 나가 있는 자녀들이 더 좋아하더라고요. 자기 엄마가 이만큼 행복해하시는 걸 처음 봤다는 겁니다." 백 군수가 하루는 할머니들께 '왜 힘든 문해교육을 받으려 하냐'고 여쭈었더니 "시장에 가면 내 마음대로 간판 글씨를 읽을 수 있어서 좋다"고 답했다고 한다. 한글을 배우기 전 할머니들은 시장 주변의 간판 상호를 '모양과 위치를 외워서' 여기는 뭐다, 저기는 뭐다고 알았고, 그래서 간판이 바뀌면 다시 읽지 못했다. 또 손주들이 와서 책을 읽어달라고 하면 예전 같으면 '할머니 바쁘다'고 피했는데, 이제는 '공부한 거 한번 보자' 하며 책도 읽어주고 손주들하고 편지를 주고받는 것이 너무 행복하다고 말씀하신단다.

군수 관사도 없애고: '군비 부담 일반채무 제로 달성'

두 번째 역점사업은 '군비 부담 일반채무 제로(zero) 달성'이었다. "2011년 10월 제가 칠곡군수로 당선되고 살펴보니, 당시 군세가 500억 원으로 꽤 괜찮은 편이었는데, 채무비율이 전국 군(郡)부 중 1위였습니다. 금액으로는 715억 원이었습니다. 군세의 1년반 치가 빚이었던 거죠. 빚부터 갚아야 한다. '이자를 1년에 30~40억 갚고 뭐가 남느냐? 뭐 가지고 살림살이를 하겠는가?' 채무상환 로드맵을 짜서 매년 100억씩 갚자. 그래서 첫해에 140억 원을 갚았습니다."

문제는 사업을 무슨 돈으로 할 것인가였다. 백 군수는 경북도에서 마지막으로 모셨던 김관용 지사를 찾아갔다. "제가 지사님께 '빚이 많다. 갚아야 한다. 7~8년 걸리더라도 빚은 다 갚을 테니 그동안 나를 도와주십시오'라고 하니, 지사님이 '야! 네 용기가 대단하다. 네가 낸 빚도 아닌데 왜 갚으려 하냐'고 하시길래 '제가 낸 빚은 아니지만 놔두면 어떻게 합니까? 갚아야 합니다'라고 했죠." 백 군수는 '지역발전특별회계'(지금 균형발전특별회계) 사업을 확보하기 위해 타 시·군·구보다 발 빠르게 대응하고, 중앙 부처에도 빚 갚는 계획서를 가지고 가서 '이 빚을 갚으려고 한다. 그래도 주민들을 위한 사업은 해야 하니 좀 달라'고 설득했다.

그렇게 노력한 덕에 칠곡군은 다른 시·군에 비해 도나 중앙 부처로부터 많은 사업을 받았다. 다른 시·군은 1년에 1~2건 받는데 칠곡은 4건씩 받아서 '낙동강 벨트사업'도 했다. "빚을 갚는데 말이 쉬워서 그렇지, 주민들이 공감을 안 하는 겁니다. 그래서 내가 제일 처음 시작한 게 관사(30평 아파트)를 없앴습니다. '나도 여기 세 들어 살겠다. 관리비 내고 내 살림으로 산다'라고 하고 관사 예산은 일절 안 받았죠. 아파트를 처분해봐야 그 당시 2억 원밖에 안 했지만, 주민들이 받아들이기에는 '군수가 빚 갚으려고 관사까지 처분했다가 되는 겁니다. 여기서 주민들의 반발이 많이 수그러들었습니다." 지금은 군에서 무슨 얘기를 해도 군민들이 다 믿어 준다고 한다. "제가 매년 읍·면에 돌아가면서 순회간담회를 하는데, 그 자리에서도 제일 먼저 빚 갚는 이야기부터 합니다. 지금까지 얼마 갚았다. 앞으로 얼마 남았다고 말입니다."

백 군수는 고질 체납세 징수, 낭비성 예산 감축, 행사경비 절감, 선심성 보조금 관리강화 등 채무제로 달성을 꾸준히 추진해 2017년 말까지 710억 원 빚을 다 갚고, 2018년에 3선에 도전했다. 사실 그는 빚만 다 갚고 그만두려고 했지만, 주변에서 '빚 다 갚았으니 이제 뭔가 제대로 해서 잘 마무리해야 하는 거 아니냐' 해서 출마했다고 한다.

"빚 갚는다고 머리도 터지는 것 같고, 재선까지 한 것만 해도 일반직 공무원보다 4년 더 일한 셈입니다. 진짜, 시작하는 것도 마음대로 못하고, 마치는 것도 마음대로 못하는 게 선거입니다. 지금 돌이켜보면 내가 10년 동안 어떻게 헤쳐나왔는지 신기하기도 하고. 저는 지금도 솔직한 이야기로 색깔을 드러낸다든지, 조직을 만든다든지, 소위 군수가 3선을 했으면 선거조직이 있는데, 저는 아직도 선거조직이 없습니다. 그냥 제 얼굴만 내놓고 하는 겁니다. 조직을 운영하려면 돈이 있어야 하는데 군수 봉급으로는 안 됩니다. 조직이 있으면 조직을 가동하기 위해서 편법으로 돈을 만들고 하다 보면 군수가 책 잡힐 일밖에 없습니다. 지금 생각해도 잘했다고 생각합니다."

칠곡 제2의 도약: '칠곡U자형 관광벨트 조성'

세 번째 역점사업은 '칠곡U자형 관광벨트 조성'이다. 백 군수는 "칠곡군은 6·25전쟁 당시 절체절명의 위기에서 다부동 전투와 낙동강 방어선 전투에서 대한민국을 지켜낸 '호국·평화'의 도시로 유명하지만, 막상 도시의 정체성을 상징할 만한 뚜렷한 인프라가 없었다"면서 "그래서 2013년부터 2022년

U자형 관광벨트

까지 1400억 원을 투입해 '호국·평화' 이야기를 기반으로 역사와 안보, 자연
과 생태, 문화·예술을 한곳에서 체험할 수 있는 3㎢에 달하는 대규모 체험형
관광단지를 조성했다"고 말했다. 채무도시 1위의 오명을 벗고 제2의 도약을
준비 중이라는 것이다.

　이미 '칠곡호국평화기념관', '칠곡보 생태공원', '칠곡보 오토캠핑장', '칠
곡보 야외물놀이장', '관호산성'(관평루), '꿀벌나라테마공원', '향사아트센터',*
'평화분수', '칠곡사계절썰매장', '애국동산', '칠곡평화전망대' 등이 준공돼 운

---

* 낙동강이 내려다보이는 자고산 자락에 자리 잡은 '칠곡향사아트센터'는 칠곡 출신 가야금
병창 국가무형문화재였던 향사(香史) 박귀희 명창(1921~1993)의 호(號)를 따서 만든 지
역 최초 국악 공연장이다. 박귀희 명창은 우리나라 국악교육사업의 선구자이자 국악의 어
머니로서 전통문화와 예술을 수호하고 다양한 교육사업을 통해 수많은 제자를 길러낸 진
정한 국악인이자 교육가였다.

평화분수   자고산 칠곡평화전망대

영에 들어간 상태이며, 마지막 하나 남은 '공예테마공원'은 6월쯤 준공 예정이다. 지금까지 추진해온 굵직한 사업들이 완성되기 위해서는 후임 군수의 역할이 무엇보다 중요할 것이다.

정당 색깔만 다르면 얼굴도 안 본다

칠곡군이 예전에 갈등이 심하고 화합이 잘 안 된 특별한 이유라도 있었느냐는 질문에 백 군수는 2010년도 지방선거가 잘못됐다고 답변했다. "당시 현직군수가 3선에 도전하겠다고 했는데, 지역 국회의원이 현직 군수를 공천하지 않고 다른 사람을 공천했습니다. 그러니까 현직 군수는 무소속으로 나오고, 지역 국회의원이 미는 후보, 칠곡에서 몇 번 무소속으로 출마한 장세호 후보, 이렇게 3파전이 형성되었습니다. 세 사람의 '갈라먹기식 선거'가 된 거죠. 결국은 몇 퍼센트 차이로 장 후보가 군수로 당선했지만, 나머지 세력들과 통합이 안 되고 지역 민심이 흉흉해진 겁니다. 결국 장 군수는 선거법 관련으로 1년 군수를 하고 안타깝게 중도에 그만두었지요."

정당공천제에 대해선 부정적으로 평가했다. "정당공천제를 하는 이유는 책임정치 구현에 있다고 생각합니다. 지방정치에서도 각 정당이 자신들의 정책과 비전을 제시하고, 당선된 단체장과 의원들이 제대로 일을 하지 못할 땐 유권자들이 책임을 물을 수 있도록 한다는 취지죠. 그러나 칠곡군 사례에서도 보듯이 그동안 정당공천제는 긍정적인 역할보다는 오히려 기초자치단체가 중앙정치에 예속되고, 지역구 당협위원장들의 기득권 행사로 지역갈등의 원인을 제공하는 등 폐단이 더 컸습니다."

백 군수는 이어 군 단위 선거에서 정당의 색깔은 무의미하다고 했다. 직전 장 군수와 백 군수는 개인적으로 친구이고 집안으로는 처남·매부 사이라고 했다. "제가 2011년 첫 선거와 2014년 선거는 그 친구 부인하고, 세 번째는 그 친구 본인하고 했습니다. 그래서 저는 선거하면서 상대 후보에 대한 비방 같은 거 못했습니다. 처남댁이고 친구고. 그래서 세 번째 선거 때는 둘이 서서 옷만 빨간색·파란색 입었지 아침에 버스정류장에서 같이 손 흔들고 붙어다니고, 같이 이야기하고 했습니다. 왜관에서 노동절 행사한다고 장세호 후보와 제가 앉아 있는데, 민주당 구미시장 후보였던 장세용 후보가 온 겁니다. 그래서 장세호 후보에게 '야, 너거(너희) 집안사람 온다'라고 했더니 본인은 모른대요. 그래서 제가 소개해주었습니다. '국민의힘' 후보가 '민주당' 후보 2명을 소개한 거죠. 장세용 후보가 저한테 고맙다고 하면서 '군수님 여기는 선거할 맛 나네요. 우리는 색깔 다르면 얼굴도 안 봅니다'고 하더군요."

남은 인생 '노(No)짱(長)'으로 삽니다

퇴임 후의 계획에 대해 백 군수는 "제가 칠곡군수로 3선은 처음이니까 설날에 읍·면 순방을 하면 '퇴직하면 어디에 살 거냐', '뭐 할 거냐'라고 군민들이 궁금해한다"면서 "제가 늘 '저는 대구 집도 팔고 왜관에 집을 샀다. 여기서 살 거다'라는 이야기해주고, 특히 끝에 '장'(長) 자 붙는 건 절대 안 한다고 공언했다"고 말했다.

백 군수는 2022년 6월 9일이면 공직에 입문한 지 만 47년이 된다고 했다. "반세기 동안 공무원 했는데 무엇을 더 하고 싶겠습니까? 2020년 총선 때 국회의원에 출마하라는 요청이 많았습니다. 기자들이 노골적으로 '군민들이 원하는데 안 하느냐? 지금은 안 한다고 하지만, 마음이 변할 수 있다'는 식으로 기사를 썼습니다. 행정을 한 사람이 행정으로 끝나야지, 면서기로 시작해서 군수까지 했는데 뭘 더 바랍니까? 저도 50년 동안 충성 아닌 충성을 했으니 이제 제 생활도 좀 하다가 가야 안 되겠습니까?"

민선 8기에 바란다:
지방자치 발전과제와 전망

일시   2022년 5월 18일(수) 16:00~17:30(90분)

장소   대한민국시장·군수·구청장협의회(서울 여의도)

좌장   이재은(경기대학교 명예교수, 전 경기대 부총장)

토론자   곽상욱(대한민국시장·군수·구청장협의회 대표회장, 오산시장)

        김영종(서울 종로구청장)

        염태영(수원시장)

        최형식(담양군수)

        고윤환(문경시장)

전체진행   윤석인(대한민국시장·군수·구청장협의회 사무총장)

자치분권

좌장 이재은 3선 시장·군수·구청장님들 대단히 반갑습니다. 10여 년 동안 지방자치 발전을 위해 고생하신 데 대해 지방자치와 지방분권을 연구해온 한 사람으로서 감사드립니다. 오늘 좌담회는 자치분권, 균형발전, 주민참여와 거버넌스, 지속가능한 발전, 광역-기초단체 관계 재정립, 정당공천제 등 6개 주제를 놓고 진행할 예정입니다. 의제별로 두 분이 먼저 말씀하신 뒤 자유롭게 의견을 교환하는 형식으로 진행하면 좋을 듯합니다.

먼저 자치분권에 대해 말씀을 나누겠습니다. 자치분권은 문재인 정부에서 「지방자치법」 전부개정을 했고, 「자치경찰제법」, 「지방일괄이양법」 등 소위 자치분권 3법이 통과되었습니다. 기획재정부가 격렬하게 저항했음에도 지방소비세를 확충하는 2단계 재정분권도 이뤄졌습니다. 아쉬운 부분도 있지만, 우리나라 지방자치에서 큰 성과라는 점은 부인할 수 없을 것입니다. 이런 맥락에서 문재인 정부에서 이룬 자치분권의 성과와 의미, 앞으로 윤석열 정부에서 진행할 민선 8기의 자치분권 전망과 과제 등에 대해 말씀해 주시지요.

염태영 수원시장 저는 자치분권 운동을 시민운동 할 때부터 시작했습니다. 중앙정치를 지향하지 않고 자치단체장(수원시장)만 했습니다. 자치분권이 근본적으로 한국의 정치구조를 바꿀 수 있다는 생각 때문이었습니다. 그런데 우리가 과거 중앙집권적 사고와 중앙집권적 체계로 고도성장과 산업화를 이루었습니다. 또 국토가 작고 효율적 행정을 성장의 중심에 놓다 보니 중앙집중적 국정운영 시스템을 운영했습니다. 그러다가 1990년 김대중 전 대통령의 야당 시절 13일간 단식투쟁을 통해 지방자치제가 부활했고, 벌써 30년

염태영 수원시장

"
이젠 지방분권적 방식으로
지방소멸과 인구감소 위기에
더 효과적인 방식을
자율적으로 찾아야 할 때입니다.
"

이 지나 우리 지방자치는 성년이 되었습니다.

그런데 역대 정부들이 제시한 자치분권 국정과제는 늘 구두선으로 끝났습니다. '대통령 소속 자치(지방)분권위원회'가 운영되었지만, 박근혜 정부 시절에는 역할을 제대로 못했고, 그나마 이명박 정부 때 지방교부세가 개선된 것이 성과라고 할 수 있습니다. 촛불혁명으로 문재인 정부가 탄생하고 나서 자치분권의 성과에 대한 굉장한 기대치가 있었습니다. 「지방자치법」 전부개정안이 정부법안으로 마련되어 20대 국회에 발의되었지만 무산되고, 21대 국회에서 32년 만에 통과되어 최소한의 1단계 성과는 있었습니다. 그리고 두 차례에 걸친 재정분권이 이루어졌고, 목표한 수준까지 가지 못했지만 거버넌스 형태로 재정분권을 이루려고 노력했다는 것, 「지방일괄이양법」 제정과 기타 균형발전 측면에서는 분명한 성과라고 생각합니다.

하지만 여전히 미흡합니다. 역대 정부가 모두 균형발전을 추진했으나 지방소멸 위기는 점점 심각해졌습니다. 문재인 정부에서 이것과 관련한 의제를 주요 국정과제로 삼았음에도 성과를 못 낸 것에 대해서는 철저히 평가하고, 이것이 중앙집권적 시각 또는 방식으로 과연 가능한 일인지 근본부터 다시 한번 돌아봐야 한다고 생각합니다. 이젠 지방분권적 방식으로 지방소멸과 인구감소 위기에 더 효과적인 대응방식을 자율적으로 찾아야 할 때입니다. 아마 이것이 윤석열 정부에서도 핵심과제가 되겠지만, 새 정부의 국정과제 중에서 자치분권과 균형발전 측면에서는 기대할 만한 내용이 발표되지 않아서 아쉬움이 많습니다.

또 중앙집권적 체제에서 자치분권적 시각으로 지방정부의 권한을 강화할 수 있는 근본적 토대를 어떻게 만들 것인가에 대한 고민도 필요합니다. 중앙지방협력회의 등 「지방자치법」 전부개정에 담긴 내용을 실질적으로 만들어 가면서 자치분권 강화의 길을 새롭게 모색해야 합니다. 그래서 '대한민국시장·군수·구청장협의회'의 역할도 비중을 가지고 철저히 준비하고, 역량을 강화해야 할 것입니다.

곽상욱 오산시장 염태영 시장님 말씀에 동의하면서 추가로 중요한 몇 가지를 말씀드리겠습니다. '지방자치단체'라는 용어는 이미 수직적인 의미를 내포하고 있다고 생각합니다. 이제는 '중앙정부-지방정부'라는 이름의 수평적인 관계를 형성하는 것이 중요합니다. 지방정부 수준의 분권을 실현하기 위해서는 지방정부로의 실질적 권한 이전이 필요합니다. 이는 지방정부의 자치권 강화와 독립적 운영을 통해 이루어지는 것인데, 이를 위해서는 단순한 사무의 이전뿐만 아니라 재정분권이 필수적입니다. 또 지방정치나 지방교육도 자연스럽게 지방정부로 권한을 이전해야 진정한 지방정부의 형태를 갖출 수 있을 것으로 생각합니다.

지방정부가 자율과 책임의 원리로 작동할 수 없는 지방재정 구조에서 자치단체장들의 정치적 역량이 중앙정부에 대한 로비 능력으로 평가받는 바

곽상욱 오산시장

"
'지방자치단체'라는 용어는 이미
수직적인 의미를 내포하고 있다고
생각합니다. 이제는 '중앙정부-지
방정부'라는 이름의 수평적인 관계
를 형성하는 것이 중요합니다.
"

람직하지 않은 관행이 되풀이되고 있습니다. 이러한 문제들을 해소하기 위
해서는 우리나라 조세제도의 매우 근본적인 개혁이 불가피합니다. 지방재
정의 독립성과 건전성을 확보하기 위해 국세로부터 지방세로의 세원 이양
이 필요합니다. 특히 지방정부가 책임을 지는 독립적인 행정 운용을 위해서
는 지방세의 충실성이 절실히 필요합니다.

또 기초지방정부와 연계한 자치경찰제 시행이 필요합니다. 현재 광역시·
도 수준의 자치경찰제가 시행되고 있으나, 주민의 생활을 현장에서 마주하
는 시·군·구와 연계가 없는 상황입니다. 생활형 치안은 행정과 매우 밀접한
관계가 있어서 주민의 안전을 위해 기초단위 자치경찰제의 시범사업 시행
이 민선 8기에선 꼭 필요합니다. '교육자치'도 마찬가지입니다. 그동안 지방
정부들이 모여 '혁신교육지방정부협의회'와 '전국평생학습도시협의회'를 설
립하고, 다양한 교육정책과 실천적 고민을 함께 나누고 소통하면서 지역교
육 현장의 목소리를 교육부와 중앙정부에 전달해 왔습니다. 이런 차원에서
저는 대통령 소속의 합의제 행정위원회로서 독립성이 보장되는 '국가교육위

원회'의 설치가 필요하다고 봅니다.

김영종 서울 종로구청장 뭔가 미래 희망을 품어야 하는데, 지금은 지방세력들이 휘둘려서 아무런 힘이 없는 것 같습니다. 앞으로 행동할 수 있는 더 많은 지방세력의 역할이 정말 중요한데, 특히 정당공천제가 지방세력이 자립할 수 있는, 자주적으로 행동할 수 있는 역할을 못하게 만들고 있습니다. 정당공천제 폐지가 옛날 주제가 된 것 같은 느낌입니다. 주장해도 듣는 사람이 없고 관심도 없는 것 같습니다. 주장하다가 불이익을 당하는 것 아니냐는 그런 생각이 팽배해 있는 것 같습니다. 이런 문제들에 대해 우리가 더 함께 고민하고 노력해야 할 부분입니다.

최형식 담양군수 지방자치의 본질에 대해 생각해 볼 필요가 있다는 생각이 듭니다. 지방자치는 지역의 특성과 다양성을 제도적으로 존중해야 합니다. 현실적으로 자치분권을 위해 많이 노력했음에도 미미한 수준에 머물러 있습니다. 중앙정부는 거의 변화가 없죠. 근본적으로 지방분권 국가로서 「헌법」 개정이 이뤄져야 합니다. 첫째는 「지방자치법」 전부개정을 통해 많은 부분 해소했다고는 하나, 실제 자치입법권은 전혀 변화가 없습니다. 사실, 자치입법권만 보장하면 지방정부가 지방의회와 함께 많은 부분을 쟁취할 수 있습니다. 자치입법권이나 조례제정권이 30년 전이나 지금이나 똑같이 머물러 있습니다. 「헌법」 개정이 근본적으로 이루어져야만, 지방자치가 보충성의 원리로 작동하고, 자치단체가 아니라 지방정부로서 역할을 할 수 있지 않나 생각합니다.

두 번째는 입법체계가 1991년 지방자치 부활 이후 전혀 변화가 없습니다. 예를 들면 대부분의 구체적 사항을 시행령에 위임하고 있습니다. 시행령에 위임할 것이 아니라 '각 자치단체의 조례로 정한다'라고 법에 규정해야 합니다. 각 자치단체와 관련된 구체적 사항들이 중앙 부처의 '시행령'에 지배받는 상황에서 지방자치의 독립성을 확보하기는 굉장히 어렵습니다. 근본적으로 입법체계의 변화가 필요합니다. 모법에는 포괄적 취지를 담고, 구체적 시행은 자치단체의 조례로 정한다 이렇게 가야 합니다.

저는 직원들에게 스스로 지방자치의 주체로서 역량을 기르고 당당하게 대응하라고 말합니다. 제일 기분 나쁜 것이 각 부처에서, 특히 행정안전부가 조례의 토씨까지 통일해서 이른바 '표준조례안'을 만들어 내려줍니다. 이건 지방자치권을 굉장히 침해하는 것입니다. 지방마다 용어나 개념이 다를 수 있는데, 이러한 다양성이 자치입법권에서 보장되어야 하는데, 이것을 통제하고 통일시키려고 하는 것은 위험합니다. 이런 점에서 문재인 정부도 혁신을 못했다는 아쉬움이 있습니다.

고윤환 문경시장 문재인 정부에서 자치분권의 성과는 있었습니다. 주민투표를 활성화하고 기관구성 다양화를 도입한 것은 큰 변화입니다. 앞으로 긍정적 역할을 기대합니다. 이제 시스템이 갖추어졌는데 지방에서 제대로 작동을 해야 합니다. 8기 민선시장이 해야 할 일입니다. 먼저, 자치분권과 재정분권이 제대로 작동하려면 행정 내부규제를 혁신해야 합니다. 법률에는 없는 내부규제를 없애야 합니다. 우리 협의회가 중심적 역할을 해 줘야 합니다. 제가 제안을 한 가지 드리겠습니다. 민선 8기가 새롭게 구성되면 새로 취임하는 자치단체장들은 협의회나 행정안전부 그리고 전반적인 자치분권의 작동체계를 잘 모릅니다. 처음이기 때문에 협의회 사무총국에서 인수인계를 잘해야 합니다. 지방선거 뒤 3선 하신 분들로 자문단을 구성하고, 3선 하면서 얻은 경험과 노하우를 새로 당선한 자치단체장들에게 전달하는

고윤환 문경시장

> **"**
> 기업도시와 혁신도시로 이전할
> 경우 정부가 이전할 지역을 정하
> 지 말고, 충청권 이하로는 이전할
> 공공기관이 원하는 곳으로 자율적
> 으로 갈 수 있게 해야 합니다.
> **"**

것입니다.

협의회가 자치단체를 평가하는 자문단을 구성하는 것도 좋습니다. 벌주기 위한 평가가 아니고 우수한 사례를 발굴해 대대적으로 홍보하자는 것입니다. 지금 행정안전부가 평가하고 있지만, 이것과 연계해서 협의회가 중심이 되어 자문교수와 3선 자치단체장이 지역의 좋은 사례를 발굴·평가하고 이것을 널리 홍보할 것을 제안합니다.

지방의회가 문제입니다. 여의도 정치의 나쁜 것만 배우며 권력기관화해서 폐해가 심합니다. 한 예로 지방의회가 예산 심의를 하면 토론도 없이 정회 때 증액해서 통과시킵니다. 저는 작년부터 지방의회를 개혁하겠다고 선언했습니다. '예산 삭감은 마음대로 해라. 그러나 증액은 동의하지 못한다'라고 선언하고, 세 번이나 예산증액에 동의해 주지 않았습니다. 후임 시장한테도 얘기하려고 합니다. 「지방자치법」에 의회의 예산증액 권한은 없습니다. 자치단체장의 동의를 얻어야 합니다. 정회 때 자기들끼리 방망이 두들겨 예산을 증액하는 지방의회의 행태는 반드시 고쳐야 합니다. 방법은 의정활동 공개밖에 없습니다. 시민위원회를 구성해서 시민이 의정활동을 감시하게 해야 합니다.

염태영 문경시장님께서 말씀하신 사항에 추가하면, 지금 자치단체장의 역량은 천차만별입니다. 지방행정에 대한 이해는 물론이고, 지방회계에 대한 최소한의 이해도 없는 분이 있습니다. 행정안전부에서 민선 8기에는 적어도 초기 6개월간 서너 차례 여러 분야별 교육을 시행해서 자치단체장이 기본 소양을 갖추도록 할 필요가 있습니다. 그리고 자문단 구성과 관련해서도 새로 구성되는 대한민국협의회 회장단이 결정할 수 있도록 역할해 주길 제안합니다.

균형발전

좌장 다음은 균형발전 의제로 넘어가겠습니다. 현재 226개 자치단체 중 절반이 지도에서 사라질 위기에 있다고 합니다. 2020년에 사망자보다 출생자가 적은 '인구 데드크로스'가 나타났습니다. 지난 10여 년 동안 역대 정부에서 균형발전, 저출생 정책 등에 쏟아부은 돈이 200조 원이 넘는다고 합니다. 그런데 오히려 인구는 더 줄고 수도권 집중은 가속화되고 있습니다. 2차 공공기관 이전 등 주요 균형발전 과제는 다음 정부로 넘어갔습니다. 균형발전은 총론에서 모두 동의하지만, 각론에서는 수도권과 비수도권, 대도시와 농촌 등으로 의견이 다릅니다. 왜 지금까지 그 많은 균형발전, 소멸대응, 저출생 등의 정책이 효과가 없었는지, 무엇이 문제인지, 앞으로의 과제는 무엇인지 등에 대해 현장에서 느낀 점을 말씀해 주시지요.

최형식 국가정책의 근본적인 변화가 필요합니다. 지금과 같은 수도권 중심, 대도시 중심의 정책은 오류가 있다는 근본적인 문제 제기부터 하고, 국민의 삶의 질을 높이기 위해 '다핵도시 중심'으로 가야 한다고 생각합니다. 저는 과거부터 인구 30만 명 중심의 다핵도시를 주장해 왔습니다. 최근 광역단체장들이 '메가시티'를 많이 얘기하는데 굉장히 위험한 정책이라고 생각합니다. 유럽에선 사실 메가시티 정책은 없습니다. 적정인구 개념으로 삶의 질을 높이는 것이 중요합니다.

인구소멸 문제도 뒤집어보면, 우리나라 인구가 5200만 명인데 2500만 명이면 어떠냐는 겁니다. 2500만 명의 삶의 질이 높아지는 게 더 중요한 거죠. 이런 국가들이 많이 있지 않습니까? 인구가 줄어들면 마치 국가가 소멸한다는 가정 자체가 잘못된 것입니다. 삶의 질이 높은 국가 시스템을 만들지 않고는 출산율은 증가하지 않는다고 봅니다. 대도시 중심의 정책으로는 해결하지 못합니다. 새 정부가 대도시 정책을 강화하는 것이 아니라 전국을 다핵도시로 한 적정인구 규모의 정책으로 전환했으면 좋겠다는 생각입니다. 서울에다 규제를 풀어서 50층 규모의 고층빌딩을 한강 변에 짓는다고 하는데, 이게 앞으로를 위해 옳은 정책인가? 국토 균형발전의 근본적인 패러다임의 변화가 필요하다고 봅니다.

좌장 메가시티는 유럽에서 도입된 개념으로 원래 네트워크를 통한 것인데, 우리는 물리적인 대형화를 통한 메가시티를 하려고 해서 문제입니다.

고윤환 균형발전에 있어서 지금 수도권 집중이 문제입니다. 그 해결 방법이 수도권으로 억지로 못 들어오게 하는데, 이것은 시장 논리에 맞지 않습니다. 현행 규제는 그대로 두더라도 기업이 지방으로 갈 때 지금보다 파격적으로 더 많은 인센티브를 주는 방식으로 바꾸는 것이 필요합니다. 그리고 수도권 공공기관 2차 이전을 할 때 국가균형발전위원회에서 이전대상 공공기관에 올해 이전계획을 제출하지 않으면 올해 예산을 주지 않는다는 지침만 내려주면 됩니다. 그러면 이전계획도 내고 다 이전합니다. 다만, 기존 건물과 부동산을 매각할 시간만 주면 됩니다. 그리고 기업도시와 혁신도시로 이전할 경우 정부가 이전할 지역을 정하지 말고, 충청권 이하로는 이전할 공공기관이 원하는 곳으로 자율적으로 갈 수 있게 해야 합니다. 그렇게 해야 이전 공공기관의 저항도 줄이고 자치단체들의 적극적인 유치 노력도 끌어낼 수 있습니다.

2021년 기준으로 문경시의 출산율은 1.291입니다. 우리나라 전체 평균 출산율이 0.873이고 경북도 1.003인 것에 비하면 문경이 높습니다. 그 이유는 문경에 전국에서 가장 강력한 '출산 조례'가 있습니다. 첫째 아이를 낳으면 360만 원을 줍니다. 둘째는 1400만 원, 셋째는 1600만 원, 넷째는 3000만 원을 줍니다. 아이를 낳기 위해 결혼하는 사람은 없지만, 그래도 결혼하면 한 명은 낳으니 360만 원을 주고, 세 명을 낳으면 대학등록금을 다 해 줍니다. 그런데 의회가 대학등록금 주는 건 절대로 안 된다고 반대해서 '그럼 좋다. 내가 시장할 때까지만 해 달라'고 했습니다. 한시적 조례입니다. 올해 6월까지입니다. 1년에 13억 원씩, 지금까지 52억 원을 적립했습니다. 의회가 연장하지 않으면 문경시 인구는 줄니다.

지금까지 우리는 물리적 공간으로만 생각했습니다, 이제는 네트워크 개념이 필요합니다. 작년에 대지 80평에서 100평에 전용면적 13평과 텃밭까지 있는 모듈 주택을 1억 원으로 해서 시유지에다 16동을 지었습니다. 시청 홈페이지 게시판에 올리니 평균 경쟁률이 8대1입니다. 월세가 5만 원이고 3년까지 살 수 있습니다. 농촌의 쾌적한 공간에 전용면적 13평과 텃밭까지 있으니 사람들이 오려고 하는 겁니다. 조건은, 젊은 사람에게 가점을 주고 초등학생이 있으면 가점을 줍니다. 문경에 취직이 안 되면 못 오는 겁니다. 그래서 지역의 기업이나 업체들은 젊은 양질의 노동력도 쉽게 구할 수 있는 거죠. 3년이 지나서 계속 살겠다면 분양을 하므로 관리비도 거의 들어가지 않습니다. 이것이 '새 문경 뉴딜정책'입니다.

제가 유튜브에 직접 정책도 소개도 했는데, 후임 시장도 사업을 계속 이어갈 것으로 생각합니다. 3년 뒤에는 다 분양하려고 합니다. 안 그러면 관리비가 너무 많이 나갑니다. 20평에다 13평은 집을 올리고 나머지는 갑판을 깝니다. 텃밭도 있고 주차도 되고 농사지으면 트랙터 등 농기구도 보관할 수 있습니다. 문경의 경우 1년에 500채만 지으면 인구감소에 대해 걱정할 것 없습니다. 문경시가 2010년에 인구추계를 했을 때 2022년에 6만 7천 명이었는데, 실제 현재 인구는 7만 2천 명 정도 됩니다. 약 5천 명이 더 많은 겁니다. 제가 작년에 인구 7만이 무너질까 걱정했는데, 이 모듈 주택 때문에 걱정 안 합니다. 농촌소멸도시 문제에 대해 공단을 조성하는 것이 아니라 주거에 초점을 맞춰서 양질의 집을 제공함으로써 학교 무너지는 것, 인구 줄어드는 것, 근로자 구하기 힘든 것, 이런 것을 해결하는 방법을 제안합니다.

김영종 서울 인구 1천만 명이 무너졌습니다. 언론이나 전문가들은 주거문제 때문에 할 수 없이 경기도로 간다고 합니다. 그래서 경기도는 점점 커지고 있고 … 물론 그럴 수도 있습니다. 문제는 종로구 같은 도심은 출산율이 0.68, 노인 비중은 매월 늘어나 15%에서 18%, 10년 사이에 7~8% 늘었습니다. 1인 가구가 40%입니다. 전부 직장 청년들이 도시에 와서 삽니다. 문제는 전부 쪽방 같은 집만 있어서 살림할 수 없다는 겁니다. 결혼도 못합니다. 그래서 저는 이런 데는 허가해 주지 말자고 합니다. '최소한 투룸이라도 해

김영종 종로구청장

> 기관과 기관 간 거버넌스, 기관과
> 단체 간 거버넌스, 주민과 기관 간
> 거버넌스 등이 있습니다. 특히
> 기관과 기관 간 거버넌스를 하면
> 다른 기관에서 가지고 있는 자산
> 을 활용할 수 있습니다.

줘라. 원룸은 하지 말자'라고 합니다. 인구문제는 공간의 문제와 함께 검토 되어야 합니다.

인구감소 문제를 어떻게 받아들일 것인가? '죽는 것'(소멸)으로밖에 받아 들일 다른 방법이 없는가? 이 문제는 농촌의 구조를 바꿔 줄 수밖에 없습니 다. 지금 농촌에는 노인들도 몇 분 안 계십니다. 외부에서 온 사람들이 살지 만, 서로 누군지도 모르고 따로 놀고 협력도 잘 안 됩니다. 농촌은 농촌대로 산업구조와 교육문제를 해결해주고 새로운 방법으로 네트워크 할 수 있도록 만들어야 합니다. 그리고 도시는 도시대로의 방식이 필요합니다. 제가 종로 구청장을 시작하고 이후 10년 사이에 인구가 4만 명이 줄었습니다. 제 역량 도 부족했지만, 도시의 구조적 문제도 큰 원인입니다. 지금 종로에 집이 많 이 있지만, 사람들이 살지 않습니다. 아파트가 아니기 때문입니다. 단칸방 에 살지 않습니다. 집주인인 노인들만 살고 주차하기도 어려워 오지도 않고 다 떠납니다. 인구감소 문제는 도시의 구조적 문제와 함께 고려해야 합니다. 도시는 도시대로 농촌은 농촌대로 각각의 방안을 찾아야 합니다. 기업도시도 필요하고 공공기관 이전도 해야 하지만, 그 지역의 특색에 맞는 새로운 패러다임으로 그 지역에 사는 사람들이 풍요롭게 사는 방법을 찾아야 합니다.

염태영 문경시장님 말씀대로 공공기관이나 기업 등이 지방으로 이전할 때 과감한 인센티브 주는 것, 이전지역을 자율로 결정하도록 하는 것은 바람직하고 중요하다고 생각합니다. 저는 기업들이 지방으로 갈 때 기업에 '도시개발권'을 줘야 한다고 생각합니다. 예를 들어 삼성이 담양으로 간다고 하면 땅만 제공할 것이 아니라 직원들이 필요로 하는 신도시, 서울대학교 못지않은 교육기관과 최고의 의료기관 등을 넣을 수 있는 권한을 가지게 해야 합니다. 그래야 직원들도 지역에 머물고 지역이 활성화합니다. 공공기관 이전만으로는 한계가 있습니다. 민간이 활성화하도록 하려면 미국과 같이 주지사가 땅은 물론 모든 인센티브를 줄 수 있는 논스톱 서비스가 가능해야 합니다. 이런 정도의 파격적인 정책을 하지 않으면 지방소멸을 막기 어렵습니다.

주민참여와 거버넌스

좌장 세 번째 의제입니다. 주민참여와 거버넌스 문제입니다. 이번에 우리가 3선 시장·군수·구청장님 28명을 인터뷰했습니다. 모두 주민소통과 거버넌스가 제일 중요하다고 말씀합니다. "행정이 과거와는 완전히 달라졌다. 주민참여와 거버넌스 없이는 어렵다"는 의견이었습니다. 이처럼 행정의 패러다임이 완전히 바뀌었는데, 여러 여건이나 제도는 지방자치 현장을 따라가지 못하는 것 같습니다.

「지방자치법」 전부개정에서 주민발안제 등 직접민주주의 요소는 강화되었지만, 핵심인 '주민자치회'는 빠지고, 지방의회라는 대의민주주의와 충돌 문제도 있는 것 같습니다. 그렇다면 향후 주민참여를 어디까지 허용해야 할 것인지, 어떤 방식으로 해야 하는지 등 민선 8기 주민자치의 바람직한 방향과 과제에 대해 곽상욱 오산시장님부터 말씀해 주시지요.

곽상욱 2013년 행정안전부는 전국 31개 읍·면·동을 대상으로 주민자치회 시범사업을 추진했고, 2022년 현재 950여 개 이상 읍·면·동 주민자치회가 다양하고 특색 있게 운영되면서 무궁무진한 발전 가능성을 보여 주고 있습니다. 그러나 2020년 「지방자치법」 전부개정에서 주민자치회 관련 조항이 삭제되는 안타까운 일이 발생했습니다.

이제 관 주도의 시범사업만으로는 주민들의 다양한 요구와 높은 기대를 담을 수 없습니다. 주민자치의 당사자인 주민과 지방정부가 주도하여 주민자치를 만들어가야 합니다. 그동안 주민자치를 운영하면서 주민의 역할은 행정에 동원되거나 참여하는 정도였다면, 앞으로 주민자치는 민·관이 함께 협치하는 패러다임으로 바뀌어야 합니다. 그 첫 번째 발걸음이 '주민자치회 설립과 운영 지원'에 관한 법적 근거의 마련이라고 생각합니다.

염태영 협치는 피할 수 없는 시대적 소통의 방식일 수밖에 없고, 행정이 이제는 그 모습을 갖추지 않을 수 없게 되었습니다. 제가 민선 5기 처음 시작할 때도 거버넌스를 하는 데 참 힘들었습니다. 이를테면 인수위원회를 구성해 민간인 전문가들과 주민대표, 시민사회 대표들이 참여해서 새로운 단체장의 정책들을 만들었는데, 이들 정책을 추진하기 위해 구별로 2개씩 8개 동에서 '동장직선제'를 시행했습니다. 사무관이 출마해서 주민에게 제안하고 주민들이 동장을 뽑습니다. 동장으로 선발되면 예산권과 인사권도 줍니다.

임명된 동장보다 열의가 다릅니다. 이런 형태로 다양하게 근린자치를 실험해 봤으면 좋겠습니다. 또 '도시정책시민기획단', '주민참여예산제', '좋은시정위원회', '단계별 특별TF팀' 등 다양한 형태의 거버넌스를 각 지역에 맞게 지역의 특성을 살려 주민의 성숙도에 따라 진전시키고 시도해 보면 좋겠다는 생각입니다.

김영종 구청장을 하면서 주민들이 행정에 참여하는 거버넌스도 있지만, 다른 여러 가지 방법이 있습니다. 기관과 기관 간 거버넌스, 기관과 단체 간 거버넌스, 주민과 기관 간 거버넌스 등이 있습니다. 특히 기관과 기관 간 거버넌스를 하면 다른 기관에서 가지고 있는 자산을 활용할 수 있습니다. 효과도 있고 대단히 성공적이었습니다. 예를 들면 북촌에 '정독도서관'이 있는데, 안에 '학교박물관'이 있습니다만 축대벽이 절벽같이 높아서 사람이 잘 들어갈 수 없습니다. 그런데 종로구는 관광객이 많으니까 북촌에 화장실이 필요해서 서울시교육청의 협조를 받아서 절대로 안 된다는 정독도서관에 화장실을 하나 지었습니다. 공모 설계를 하고 10억을 들여서 조그맣고 예쁘게 지었는데, 그 화장실이 국토디자인대상을 받았습니다. 학교박물관은 입장객이 한 달에 500명도 안 되다가 지금은 3천 명, 5천 명으로 늘었습니다. 앞을 개방하고 화장실을 만들어 놓으니까 사람들이 지나가다가 바로 들어갑니다. 반대하던 도서관에서 지금은 감사하다고 인사합니다. 우리는 공사비만 10억 들어가고, 땅은 교육청 거니까 땅값은 안 들어가고 화장실 문제를 해결한 겁니다. 이렇게 공공기관 간에 협력해서 엄청난 효과를 얻을 수 있습니다.

민간과의 협력사례도 한 가지 말씀드리겠습니다. 지하철 1호선 시청역과 5호선 광화문역의 지하 보행로를 연결하기 위해서 5개 빌딩 주인들에게 협조를 구했습니다. '공동으로 합시다. 대신 이건 공공성이 있으니 지하 도로점

최형식 담양군수

> "
> 군수는 아무래도 현안사업에
> 집중할 수밖에 없어서 절실히
> 필요하다고 생각한 것이 '읍·면
> 장 직선제'를 하고, 읍·면 주민자
> 치가 '준의회' 역할을 할 수 있으면
> 좋겠다고 생각했습니다.
> "

용료를 안 받겠습니다'라고 제안했죠. 시청, 옛 국세청 별관, 프레스센터 등
주요 대형 건물이 지하로 연결되었습니다. 586억이 들었는데 구청에서는 한
푼도 안 들이고 빌딩주들이 비용을 모두 부담했습니다. 이것이 관과 민간의
협력사례입니다. '서울시도시계획위원회'도 잘했다고 인정한 사업입니다.

최형식 주민자치의 기본단위를 310개 '마을자치'로 활성화하는 데 역점을 두
었습니다. 마을이 주민자치를 통해 풀뿌리 민주주의의 현장을 만드는 겁니
다. 결국은 깨어난 시민이 있어야 그 지역발전의 동력이 되기 때문에 마을자
치를 구성했습니다. 담양군 인구가 4만 7500명인데, 군수가 읍·면을 직접 챙
기는 것은 거의 불가능합니다. 군수는 아무래도 현안사업에 집중할 수밖에
없어서 절실히 필요하다고 생각한 것이 '읍·면장 직선제'를 하고, 읍·면 주민
자치가 '준의회' 역할을 할 수 있으면 좋겠다고 생각했습니다.

스위스는 작은 나라지만 기초자치단체의 혁신사례가 국가 전체로 확산하
는 사례가 많습니다. 제가 입법권을 중요하게 생각하는 이유가 담양군이 자

치입법을 통해 읍·면장 직선제를 채택·실행할 수 있도록 하는 것이 진정한 지방자치가 아닐까 생각합니다. 저는 아쉬움을 갖는 게 풀뿌리 민주주의와 마을의 공동체입니다. 마을에 희망이 있어야 합니다. 마을에 희망이 없으면 소멸당할 수밖에 없는 것이기 때문에 두 가지 가치를 가지고 마을자치와 주민자치를 하고 있습니다. 다만, 이장도 군 단위 연합체가 있는데, 연합체가 구성되면서 본질이 훼손되고 압력단체나 관료단체로 변질하는 것은 경계해야 하지 않을까 합니다.

지속가능한 발전

좌장 다음은 지속가능한 발전입니다. 많은 자치단체에서 중요한 키워드로 삼고 있었는데, 친환경도시, 생태도시, 휴먼도시 등 많은 의견이 있었습니다. 앞으로도 중요한 가치인데, 한편으로는 여전히 개발이라는 가치와 충돌하고 있습니다. 지속가능한 발전에 대한 가치와 철학, 전략에 대해 담양군수님부터 말씀해 주시지요.

최형식 2002년도 민선 3기에 '지속가능한 생태도시'를 군정의 최고 정책이념으로 삼았습니다. 당시 생태도시에 대해 공직자들도 이해 못하고, 주민들은 젊은 군수가 와서 지역경제 좀 활성화하라고 했더니 생태인지 동태인지 뜬구름 잡는다는 얘기도 했습니다. 하지만 제가 생태도시를 16년간 일관되게 밀고 나갔습니다. 비교적 철저하게 난개발을 막았고 공장이나 '환경위해시설'도 철저히 막았습니다. 그래서 과거에는 광주시민들이 풍광 좋은 담양에 묘지를 쓰는 것이 꿈이었지만, 지금은 담양에 전원주택을 짓고 사는 것이

꿈입니다. 현재 한 9천 세대가 진행되고 있고, 이 중 45%가 전원주택입니다.

생태도시를 하니까 문화, 관광, 레저, 쇼핑 등에 투자가 많이 이뤄지는데, 담양이 인구·교육·농업·관광이 전반적으로 살아나는 사례가 된 것 아닌가 생각합니다. 다만, 지속가능한 정책이라는 것이 하루 이틀에 되는 것이 아니고, 정책의 기조가 계속 이어져야 하므로 정책의 연속성이 매우 중요합니다. 후임들이 정책의 연속성을 지켜주냐 안 지켜주냐 하는 것에 대해 지역사회에서 우려와 염려들을 많이 하고 있습니다.

고윤환 우리나라 도시와 농촌의 삶의 사이클(주기)에 관해 얘기하겠습니다. 우리나라 '베이비붐 세대'라 하면 55년생부터 63년생인데, 이때는 보통 한 집안에 자녀를 5명 이상 낳았습니다. 젊어서는 도시로 나갔고, 나이가 들었으니 이제는 시골로 돌아가야 합니다. 서울에 사는 친구들이 다 은퇴했는데, 서울의 집 한 채를 자식한테 물려주면 갈 곳이 없습니다. 시골에서는 65세가 청년이고 80세까지 농사도 짓습니다. 그래서 이런 노후를 안락하게 생활할 수 있는 그런 중소도시 농촌을 만들어 보자고 생각했습니다.

2년 전부터 '건강전원주택'이라 해서 표준설계도 해봤습니다. 정신은 멀쩡한데 몸이 불편한 어르신들은 요양원에 가질 않습니다. 이런 분들의 제일 애로사항이 목욕입니다. 건강전원주택은 문턱을 다 없애서 휠체어에 누워만 있으면 그대로 샤워가 가능한 기능성 주택입니다. 그리고 문경은 은퇴자를 위해 도시에서 은퇴해 문경으로 와서 시골집에 다시 집을 지으면 3천만 원을 지원해 줍니다. 그리고 7천만 원까지 5년 거치 10년 분할상환으로 대출해주고 이자는 2%입니다. 나머지는 시에서 부담합니다. 현재 조례안이 보건복지부 승인 중입니다. 삶의 사이클과 주택문제와 노후문제를 연결하는 지속가능한 문경으로 가고 있습니다.

김영종 지속가능한 발전은 농촌이든 도시든 사람이 누구라도 함께 잘 순환해 살 수 있어야 합니다. 여기에는 도시도 마찬가지입니다. 도시가 지속가능하지 않으면 도시는 슬럼화하고, 나중에 이걸 해결하려면 엄청난 비용이 들고, 결국 국가의 부담으로 작용합니다. 그래서 도시도 쾌적한 환경으로 바꿔 주어야 합니다. 저는 종로에서 지속가능한 도시는 '새가 살 수 있는 도시'로 만들어야 한다고 했습니다. 새가 살 수 있다는 것은 미생물이 있다는 것이고, 나무가 자연이 있어야 사람이 사는 거다. 제발 나무 좀 심고 콘크리트 그만 깔아라. 주차장 걷어내고 꽃도 심고 나무도 심어라. 이것이 생태가 살아 있는 도시라는 신념을 가졌고, 종로에서는 민간 주차장을 생태공간으로 조성하는 조례도 만들었습니다.

요즘 공약들을 보면 전부 아파트 개발한다는 것뿐이지 정말 서민들이 살 수 있는 공간을 만들겠다는 약속은 없습니다. 걱정스러운 것이, 제발 도시를 함부로 손대지 말라는 것입니다. 서민들이 살 수 있는 조금 낡고 싼 곳도 있어야 합니다. 뉴욕에는 이런 공간들이 있습니다. 도시에 이런 공간들이 없으면 '라스베이거스 현상'이 생깁니다. 라스베이거스에는 전부 좋은 집만 있습니다. 강남에도 전부 좋은 집입니다. 그럼 노숙인은 어디로 갑니까? 라스베이거스의 지하 하수구 밑에서 몇 만 명의 노숙자가 삽니다. 갈 곳이 없습니다. 요즘 공약처럼 하면 서울의 노숙자는 갈 데가 없습니다. 새로 당선한 분들도 이 문제를 깊이 고민했으면 합니다.

곽상욱 도시의 성장과 발전의 이면에는 지역 간 생활격차, 소외, 공동화, 노후화로 인한 불균형이 뒤따릅니다. 이런 불균형을 해소하는 주된 방법이 활동성과 기능성을 잃어버린 지역을 없애고 새롭게 시작하는 재개발과 재건축입니다. 재개발과 재건축은 기능이나 효율성 면에서 높은 효과를 보여 주지만 막대한 비용과 시간이 들고, 원주민의 이탈, 원주민과 이주민의 갈등, 지역공동체의 붕괴 등 부작용이 있습니다. 그 부작용을 막고, 성장하는 도시를 유지하고 관리해 나갈 수 있는 대안이 '도시재생'이라고 생각합니다. 오산에서도 도시재생 사업을 하고 있는데요, '궐동 새장터 화목(花木)마을'입니다. 화목마을은 뉴타운과 재개발 지정·해제로 인한 주민 갈등이 심해서 주민공동체가 붕괴할 위기에 처한 구도심을 '주민공청회', '도시재생대학' 운영 등 끈질긴 노력을 기울인 끝에 국토교통부 공모 '도시재생 뉴딜사업'에 응모해 선정된 곳입니다. 도시재생 사업은 향후 지역발전정책의 핵심요소가 될 거라고 확신합니다.

광역단체와 기초단체 간의 관계

좌장 중앙과 지방은 '중앙지방협력회의' 설치로 미흡하지만 제도적 장치는 마련했는데요, 광역과 기초단체 간에는 협력을 위한 법적·제도적 장치가 없습니다. 3선 단체장 인터뷰에서도 '광역의 갑질' 문제로 심지어 '광역 무용론'까지 제기하는 등 불만이 많았습니다. 이러한 관점에서 광역과 기초 간 협력을 어떻게 제도화하고, 역할 배분과 관계를 어떻게 재정립해야 할지 등에 대해 말씀해 주시기 바랍니다.

최형식 대통령선거 하면서 공약하죠, 시·도지사 공약하죠, 교육감 공약하죠, 그런데 공약하고 기초지방정부에다 상당한 재정부담을 던져 버립니다. 이것이 재정운영에 심각한 문제입니다. 적어도 재정분담에 관해서는 중앙정부-광역-기초 간에 협의와 동의가 이뤄져야 하고, 이 부분은 법제화가 절실히 필요합니다.

김영종 경기도와 수원시 관계는 어떤지 잘 모르겠지만, 불편하다고 크게 소리칠 정도면 그래도 괜찮은 겁니다. 서울시와 구청들은 심지어 당이 같아도 '종로가 말을 잘 안 들어. 교부금 주지 마'라는 말을 들을 정도입니다. 서울시 정책에 대해 이렇게 하면 안 된다, 큰일 난다, 이렇게 해야 한다고 얘기하면 교부금을 주지 않습니다. 주더라도 제일 늦게 주죠. 과연 광역이 필요한가 의구심이 듭니다. 중앙정부가 주는 예산을 받아 큰소리치면서 기초에 나눠 주는 것 이상의 역할이 무엇인가? 광역의 역할도 있겠지만, 기초와 협력해서 할 생각은 안 하고 기초를 하부기관 정도로 생각합니다. 특히 도시계획권은 계획을 입안할 때부터 서울시가 간섭합니다. 시가 용역업체를 선정해 들어오는데, 용역업체는 구청의 말은 들은 체도 안 합니다. 왜? 선정을 서울시에서 하니까. 광역과 기초 간 권한 조정을 강력하게 요구해야 합니다.

염태영 지금 중앙정부는 광역지방정부(시·도)는 '반(半)지방정부' 정도로, 기초지방정부(시·군·구)는 지방정부라고 이름을 붙일 수조차 없을 정도로 옥죄고 있습니다. 광역단체도 기초단체를 똑같이 옥죄고 있습니다. 이제 기초단체가 할 수 있는 일은 다 넘겨줘야 합니다. 외국만 해도 50만 이상이면 대도시입니다. 대도시는 자체적으로 다 할 수 있습니다. 그런데 우리는 지난번에 광역단체장이 「지방자치법」 전부개정 때 '인구 50만 이상 특례시'와 인구소멸에 대응할 수 있는 지역의 '특례'를 막느라 시·도별로 부단체장(부시장·부군수)을 1명씩 더 둘 수 있는 조항이 없어지는 걸 못 막았습니다. 자기들 권한을 찾을 생각은 하지 않고 기초단체에 나눠 주는 것을 막는 데 정신이 빠진 겁니다. 이런 정도로 옹색한 것이 현재 기초와 광역의 관계입니다.

획기적으로 광역과 기초단체 간 관계를 바꾸기 위해서는 의지가 있는 광역 한 군데라도 파격적으로 해봐야 합니다. 광역 단위에 있는 관리권을 기초에 다 넘겨도 아무 문제가 없습니다. 비용은 절반밖에 안 들고 효율은 두 배 이상 가능합니다. 이걸 다 광역이 쥐고, 사람을 파견해서 합니다. 재단 같은 것을 만들어 인사를 이동하고, 정말 쓸데없는 짓입니다. 특히 재정문제는 광역과 기초 간에 협의하지 않으면 안 되도록 법제화하는 게 필요합니다.

정당공천제

좌장 마지막 의제입니다. 우리 지방자치의 영원한 숙제이자 논란의 중심에 있는 '정당공천제'입니다. 이번 인터뷰에서도 정당공천제가 그 자체로는 장점도 있지만, 우리나라 정치 현실에선 폐해가 훨씬 심각하다는 의견이 많았습니다. 정당공천제, 아울러 지방선거나 지방정치 전반에 대해 의견을 말씀해 주시기 바랍니다.

곽상욱 우리나라는 현재 중앙집권제와 정치집권제로 지방은 쇠퇴하고 있습니다. 지방정치는 국회와 중앙정부의 종속으로 제대로 기능하지 못하고 있습니다. 정당공천제는 반드시 폐지되어야 합니다. 공정한 정당 시스템을 통한 유능한 지역인재 발굴과 책임정치 실현이 제도 도입의 이유였지만, 취지와 달리 지방이 중앙정치권에 예속돼 지방자치를 저해하고, '편 가르기' 선거로 지역사회를 분열시키는 등 많은 문제점이 나타났습니다.
특히 기초의원 공천권을 사실상 지역 국회의원이 좌지우지하면서 기초의원은 국회의원의 심부름꾼에 불과하다는 말까지 나오는 실정입니다. 이

제 민생문제는 지방의회에 맡기고, 지방의회의 권한을 대폭 강화하는 방안부터 시작해야 합니다. 지방의회의 권한과 책임을 늘리면 능력 있는 사람들이 지방선거에 참여하여 지방의회를 이끌어가고 지방정치를 바꾸고 개혁할 수 있을 것입니다.

최형식 초등학교 반장선거를 해도 정견을 발표하고 토론하고 민주적 절차에 의해 기준을 정해서 선출합니다. 정당은 어떤 면에서 가장 중요한 것이 기초단체장과 기초의원을 선출하는 일인데, 저는 이번에 당내 경선 절차가 무시된 것이 매우 안타까웠습니다. 지방의 정치세력이 중앙정치 세력의 예속에서 벗어나려는 노력 없이는 현실적으로 지방분권이나 정치분권은 어렵습니다. 지방의 정치세력이 힘을 길러야 합니다. 이번에 대선과 지방선거가 겹치다 보니 불가피한 점이 있었겠지만, 여야 불문하고 지방의 자치단체장과 의원 하겠다는 분을 모두 선거운동원으로 동원했습니다. 지방자치를 중앙정치에 더욱 예속시킨 겁니다. 그러다 보니 자치단체장과 의원 공천에 기준도 원칙도 없이 휘둘림당하는 그런 상황들이 벌어졌습니다. 여기에 대해서 3선을 하고 나온 우리라도 여야 불문하고 자유롭게 목소리를 내면 좋겠다고 생각합니다.

염태영 이번 지방선거의 경선과 공천과정에서 지방자치의 퇴행적 모습과 행태가 너무 많이 나타나 근본적으로 지방자치와 지방선거의 의미를 퇴색시켰습니다. 지방선거 이후 여기에 대한 철저한 평가와 새로운 대안 모색이 꼭 필요하다는 생각을 합니다. 공천이 중앙당과 국회의원들의 전횡과 사천 형태로 횡행했던 것을 어떻게 바로잡을 수 있을까 하는 것이 큰 과제입니다. 이번에 민주당도 오만의 극치였습니다. 이 선거가 끝나면 민주당의 뼈저린 반

성을 위해 이번 공천과정에 있었던 모든 부조리와 사천에 해당하는 사례를 모아 백서를 만들어야 합니다. 첫째 문제는 대선이 끝나기 전까지는 지방선거 입후보도 받지 않은 것입니다. 이것은 있을 수도 없고 헌법에도 없는 일입니다. 둘째는 기여도를 평가하겠다고 매일 같이 지방의원들에게 어디에 가서 뭐를 하라고 시키고, 그것을 사진 찍어 보내게 한 것입니다. 셋째는 그렇게 한 것마저 아무것도 공천 때 반영하지 않았습니다. 결국은 대선 때 지방의원들을 하수인으로 쓴 것이고 국회의원이 마음대로 사천한 것입니다.

이래서는 우리가 지방자치를 기대할 수 없으므로, 선거가 끝나면 뼈저린 반성과 평가를 거쳐서 지방자치 정신을 최소한 다시 살려내지 않으면 안 된다는 겁니다.

마무리 제언

좌장 이상으로 주제별 토론은 마칩니다. 모두 수고하셨습니다. 오늘 좌담회를 마무리하는 차원에서 각자 5분 이내로 후임자들에게 당부하고 싶은 말이나 제언이 있으면 말씀해 주시기 바랍니다. 곽상욱 오산시장님은 협의회 대표회장으로서 마지막 마무리 말씀도 해주시기 바랍니다.

최형식 후임이 잘해주길 바라는 거죠. 후임이 잘해야 지역이 발전하는 거니까요. 인수인계 작업을 하고 있습니다. 이것도 지방자치의 중요한 모델이라고 생각합니다. 전체적으로 정리를 해보니까 현재 진행하고 있는 현안이 80개, 과제 사업이 20개인데, 이런 사업들은 민선 8기, 9기, 10기로 이어져야 완성될 수 있는 것입니다. 이미 하고 있는 정책을 발전시키고 완성하는 것도 중요한 모델이 될 수 있다고 생각합니다. 정책의 연속성이 중요한데 후임이 전임 자치단체장의 정책을 무조건 단절시키기보다 계승할 것은 계승하고 본인의 색깔 있는 정책을 펼치면 좋지 않을까 생각합니다. 정리하면, 중요한 가치들은 공유하고 정책의 연속성은 이어갔으면 하는 것입니다.

김영종 전임자에 대한 '흔적 지우기'는 정말 엉뚱한 짓을 하는 것입니다. 최선을 다해 전임자가 해놓은 것을 더 발전시키고, 부족하면 개선하는 것이 필요합니다. '원천적으로 다시 시작하겠다. 안 하겠다.' 이런 것은 바람직하지 않습니다. 또 한 가지는 지역의 정체성을 정확하게 인식해야 합니다. 정체성을 잃어버리면 방향을 놓칩니다. 지역은 다양한데 그 지역에 대한 정체성을 정확하게 인식할 필요가 있습니다. 정체성에 대한 방향을 잃어버리면 지역에 맞지 않거나 다른 지역의 정책을 베끼는 우를 범할 수 있습니다. 종로는 역사와 문화의 도시입니다. 이를 잊지 않아야 합니다.

염태영 신임 단체장들은 행정에 대한 경험이라든지 깊이 있는 고민이 없다가 하루아침에 모든 결정권을 가지게 됩니다. 위험합니다. 자기가 결정할 수 있다고 다 결정하지 말고, 좀 더 합리적인 의사결정 시스템을 갖추고 결정해야 위험부담을 줄일 수 있다는 얘기를 하고 싶습니다. 그리고 측근들을 결코 전문직에 중용하지 말고 중요한 위치에 놓아서도 안 됩니다. 특히 비서실장은 외부에서 데리고 온 사람을 4~8년 하게 해서는 위험합니다. 저는 공무원 중에서 1~2년 동안만 비서실장으로 일하게 했습니다. 결코 시장의 자리가 모든 권한을 행사하고 권력을 구축하는 데 남용되어선 안 될 것입니다.

고윤환 저도 3선 하면서 비서실장은 1년 반 이상은 넘지 않게 했습니다. 수행비서는 1년 하면 무조건 바꿉니다. 나중에 3선을 하고 나니 제가 더 불편해지는 겁니다. 처음에는 비서가 알아서 척척했는데 나중에는 제가 더 많이 아니까 피곤하더라고요. 자치단체장은 모든 인사권과 예산권, 각종 인·허가권을 가지고 있습니다. 그래서 초선들은 사실 방대한 조직을 운영하고 정책을 결정하는 데 실수를 많이 할 수 있습니다. 그래서 초선 때에는 결정이나 지시 전에 반드시 부단체장이나 기획실장 등을 통해 본인이 하고 싶은 사항을 미리 검토한 다음 추진하는 것이 좋습니다. 정말 선출직들은 많은 다양한 목소리를 들어야 합니다. 실수로 지시해서 나중에 법적으로 문제가 되는 일들이 적지 않기 때문에 이 말씀을 꼭 드립니다.

곽상욱 대표회장 새로 당선된 시장·군수·구청장님들의 생각이 조금씩 다르고 지역 상황이나 재정여건이 다르므로 통일된 의견을 모으는 것이 어렵고,

때로는 성가시고 귀찮을 때도 있을 것입니다. 하지만 시장·군수·구청장들의 최종 목표는 '주민·시민이 최우선'이라는 생각은 모두 같을 것이므로 주민과 더욱 소통하고 협력하여 의견들을 하나하나 모아 나간다면 분명 성공한 시장·군수·구청장이 될 수 있다고 확신합니다.

저는 '시민의 삶을 자세히 살펴야 제대로 행정할 수 있다'라는 다산 정약용 선생의 위민찰물(爲民察物) 정신을 품고 시장 소임을 시작했습니다. '시민이 시장이다'라는 시정철학을 가지고 오로지 시민을 위한 시정에 마음을 다했고, 모든 정책을 시민의 처지에서 판단하고자 했습니다. 우리 지방자치는 참 많은 것을 이루었습니다. 그동안의 성과는 오로지 바로 우리 시민 여러분과 공직자 모두 함께 한마음으로 이룬 것들입니다. 마음을 다해 진심으로 감사의 말씀을 전하고자 합니다. 아울러 어려운 여건에도 많은 격려와 물심양면으로 도움을 주신 전국의 228분의 시장·군수·구청장님들께 깊이 감사드립니다.